IN GUTEN WIE IN SCHLECHTEN ZEITEN

Nele-Marie Brüdgam

IN GUTEN WIE IN SCHLECHTEN ZEITEN

Langzeitpaare erzählen ihre Erfolgsgeschichten

Schwarzkopf & Schwarzkopf
Verlag

Lebenswege, Liebeswege
Vorwort von Nele-Marie Brüdgam

Ich möchte keinen Tag missen aus dem Leben mit meiner Frau. An jeden einzelnen Tag erinnere ich mich gern«, sagt Alfred. Seit fast 70 Jahren sind Alfred und Gretel ein Paar, doch in der ersten Zeit verbrachten sie nur sehr wenige Tage miteinander: Bevor sie zusammen in eine Wohnung zogen, kannten Gretel und Alfred sich 13 Jahre, waren sie sechs Jahren verheiratet und hatten zwei gemeinsame Kinder bekommen. Im Jahr 1947 kehrte Alfred todkrank aus Krieg und Gefangenschaft zurück. Und langsam, ganz langsam konnte das Paar beginnen, sich das aufzubauen, was man »eine gemeinsame Existenz« nennt.

Annette, 32 Jahre alt, und Helge, 33, leben in einer Großstadt und sind seit 16 Jahren zusammen. Für Annette war Helge ihr erster Mann, für Helge war Annette seine erste Frau. Im Jahr 2000 heirateten sie. »Wir beide sind nie fremdgegangen, das heißt: Wir hatten noch nie im Leben andere Sexualpartner«, sagt Annette. Und: »Ich habe noch nie einen anderen Mann geküsst – ich sah mich nie dazu veranlasst.«

Auf Hans Koschnick wurden zwei Attentate verübt. Es geschah zwischen 1994 und 96, während jener Zeit leitete der einstige Bremer Bürgermeister den Wiederaufbau der bosnisch-herzegowinischen Stadt Mostar. »Unser Außenminister eröffnete ihm die Möglichkeit, die Sache abzubrechen, er sagte, er würde so eine Entscheidung mit großem Verständnis akzeptieren«, erzählt Christine Koschnick, Hans' Frau. »Aber ich hätte es nicht so gut gefunden, wenn mein Mann in dem Moment davongelaufen wäre, wo es darum ging, sich noch einmal zu bewähren.« Im Jahr 2004 feiert das Paar Goldene Hochzeit – ein Anlass, zurückzublicken und zu resümieren, zum Beispiel auf Christines Art: »Ich bin sehr zufrieden – auch wenn ich auf manches verzichten musste und einen Teil meines Lebens mehr oder weniger allein verbrachte.«

Als Brunhilde und Norbert sich verliebten, waren sie Jugendliche – und hatten es nicht ganz leicht: Er stammt aus einer Landwirtsfamilie und sollte den Hof übernehmen, ihr war die Landwirtschaft fremd. Doch das ist lange her, 40 Jahre bald. Über Jahrzehnte packten die beiden gemeinsam an im Betrieb, heute arbeiten sie getrennt. Norbert sagt: »Wir hängen sehr aneinander. Heute noch genauso wie früher. Ich gehe morgens um sechs Uhr zur Arbeit, und nach einer Stunde vermisse ich meine Frau schon. Manchmal fragt man sich, ob das noch normal ist.«

»Unsere Ehe ist ein Wunder«, findet Pierre. An einem Tag im Frühling 1989 sahen Pierre und Julia sich zum ersten Mal. Am selben Abend machte er ihr einen Heiratsantrag, ein halbes Jahr später feierten sie Hochzeit. »Es war von Anfang an, als hätten wir uns schon ewig gekannt! Zwischen uns herrschte absolute Übereinstimmung!« Dennoch kamen auch schwierige Zeiten, und als sie schon zwei gemeinsame Kinder hatten, trennten sie sich für ein knappes Jahr. Heute weiß Pierre: »Nur wenn Julia bei mir ist, fühle ich mich komplett.«

Macht bis hierhin: zehn Persönlichkeiten, die unterschiedlicher wohl kaum sein könnten. Bis auf das Eine, Entscheidende: Sie alle leben seit Jahrzehnten in glücklichen Partnerschaften. Ihr großer Wunsch ist es, für immer mit demselben Partner zusammenzubleiben. Ihre Partnerschaft bereichert ihre Persönlichkeit, ihr Leben.

Vor einiger Zeit stellte ich fest, dass es für diese Art von Partnerschaften noch keinen treffenden Namen gab. Manch einer spricht oder schreibt von »lang haltenden Beziehungen«, das ist mir zu ungenau. Also habe ich mir einen neuen Begriff ausgedacht: Langzeitpaare.

Paare, die – zumindest aus heutiger Sicht – ungewöhnlich lange zusammen sind. Paare wie Annette und Helge – junge Menschen, die schon ihr halbes Leben miteinander verbracht haben. Paare wie Alfred und Gretel, die seit 70 Jahren zusammenhalten.

Und alles, was dazwischen liegt: Das sind für mich Langzeitpaare. Um glückliche, erfolgreiche Langzeitpartnerschaften geht es in diesem Buch.

Schon vor Erscheinen des Buches meldeten sich Skeptiker zu Wort: »Langzeitpaare? Das klingt aber nicht sehr sexy!« Oder auch: »Der Begriff erinnert mich an ›Langzeitarbeitslose‹!« Und so weiter. Natürlich steht es jedem frei, der Sache einen anderen Namen zu geben, nur zu! Andererseits denke ich: Womöglich hat die Skepsis weniger mit dem Begriff zu tun als mit der Sache an sich? Wer die Gleichung aufstellt: »Lange Zeit + Paar = unsexy«; für wen »lange Zeit« grundsätzlich etwas Unangenehmes ist, gleichbedeutend mit »Langeweile« – für solche Menschen kommt eine Langzeitpartnerschaft vielleicht gar nicht in Frage. Oder aber, wer weiß, vielleicht hatten sie einfach noch keine Möglichkeit, langfristiges Glück selbst zu erleben?

Für mich persönlich lautet die Gleichung: »Lange Zeit + Paar = Glück«. Kurz nach meinem 16. Geburtstag, im Jahr 1984, war ich zum ersten Mal ernsthaft verliebt. Mit Mitte 20 erntete ich verständnislose bis mitleidige Kommentare, wenn ich Gleichaltrigen erzählte, dass ich weiterhin mit meinem ersten Freund zusammen war. Wiederum einige Jahre später, als Anfang 30-Jährige, begann man, mir Fragen zu stellen: »So lange schon? Und es ist nicht langweilig? So was gibt es?« Heute erlebe ich sehr oft begeisterte Reaktionen: »20 Jahre, wie schön! Ach, das hätte ich auch gern gehabt! Wie kriegt ihr das bloß hin?« Auf Partys und in Mittagspausen befragt man mich wie einen Interviewpartner, und immer wieder erkläre ich: »Ja, mein Mann und ich haben uns viel zu erzählen, stundenlang, jeden Tag. Nein, wir haben kein gemeinsames Wohnzimmer, sondern jeder ein eigenes Zimmer. Ja, es gibt gelegentlich schlechte Stimmung, ab und an auch Streit. Nein, ich kann mir keinen Grund vorstellen, mich jemals zu trennen. Ja, ich könnte manchmal weinen vor lauter Liebe.« Und und und.

Manche Aspekte der Beziehung zwischen meinem Mann und mir könnten viele Paare, viele Personen mit Sicherheit für sich nicht akzeptieren. Umgekehrt kann auch ich mir nicht vorstellen,

Lebensnormen und -formen anderer Langzeitpaare eins zu eins auf meine Partnerschaft zu übertragen. So entstand die Idee: Statt »Patentrezepte« zu nennen oder gar die Leser zu belehren, stellt dieses Buch ganz unterschiedliche Langzeitpartnerschaften vor. Zwölf Langzeitpaare und drei Einzelpersonen erzählen in ihren eigenen Worten, wie sie ihre Partnerschaft gestalten. Sie beschreiben, wie aus knisternder Verliebtheit bedingungslose Liebe wurde. Sie berichten von den großen Strategien und den kleinen Alltäglichkeiten, die ihre Liebe glücklich machen. Von Hochgefühlen, Zweifeln, Krisen und Versöhnungen. So entsteht ein Kaleidoskop realer Liebes- und Lebensgeschichten. Unbewertet und unkommentiert. Denn selbstverständlich muss jeder Leser selbst entscheiden, was ihn an diesen Paargeschichten interessiert oder erstaunt, was er bedenkens- oder gar nachahmenswert findet, was ihn fasziniert, berührt, verführt oder verschreckt.

Bei der Auswahl der Paare, die mit ihren Berichten zu diesem Buch beitragen, bin ich folgendermaßen vorgegangen: Zum einen sollten möglichst unterschiedliche Persönlichkeiten zu Wort kommen, möglichst viele verschiedene Formen der Langzeitpartnerschaft berücksichtigt werden. Zum anderen wollte ich mir (und den Lesern) Auftritte von Wichtigtuern, Selbstdarstellern und Spinnern ersparen. Deshalb habe ich darauf verzichtet, lauthals zur Teilnahme an diesem Buchprojekt aufzurufen, ich habe keine Pressemitteilungen versandt, keine Anzeigen geschaltet, keine Casting-Agenturen kontaktiert. Stattdessen habe ich selbst gezielt Paare gesucht, die ganz verschiedene Kriterien erfüllen: Paare aus ganz Deutschland, aus Dörfern, Klein- und Großstädten, aus katholischen und protestantischen Gegenden; Paare jeden Alters, Kinderlose, Kinderreiche; Hetero- und Homosexuelle; Vertreter verschiedener Berufsgruppen, vielleicht auch ein, zwei Prominente; Menschen mit bewegten, mit geradlinigen Lebensläufen sowie ein Paar, bei dem einer der Partner pflegebedürftig ist. Mit Hilfe eines großen Netzwerkes aus Freunden, Verwandten und Kollegen fanden sich schließlich reichlich Langzeitpaare, die zur Teilnahme am Buchprojekt bereit waren – und die in ihrer Gesamtheit alle meine Kriterien abdeckten.

Mit jedem Paar habe ich mehrere, zum Teil sehr lange Vorgespräche geführt, ich habe meine Buchidee ausführlich vorgestellt und erklärt, was auf die Paare zukäme. Wir haben einander viele Fragen gestellt und beantwortet. Wie zu erwarten war, gab es Menschen, die aufgrund dieser Vorgespräche ihr Einverständnis zum Mitmachen zurückzogen; den meisten von ihnen missfiel die Aussicht, über tief liegende Gefühle und auch schmerzhafte Erinnerungen zu sprechen. Einige Paare vermuteten, dass Partnerschaftsgespräche im Rahmen dieses Buchprojektes ihrer Liebe nicht gut tun würden. Ein Paar sagte 24 Stunden vor unserem großen persönlichen Gesprächstermin ab: »Wir haben Streit! Es geht nicht, wir können Sie leider nicht treffen!«

Fast allen Menschen, die in diesem Buch zu Wort kommen, habe ich die Möglichkeit eröffnet, anonym zu bleiben. Denn Wahrhaftigkeit ist hier das wichtigste Gebot – es geht ja um reale Lebens- und Liebesläufe, nicht um konkrete Namen. Sechs von 13 Paaren entschieden sich dafür, ihre Geschichte unter geändertem Namen zu veröffentlichen; in zwei Fällen habe ich zudem Alter, Beruf und Wohnort geringfügig verfremdet. Unter echtem Vor- und Zunamen treten selbstverständlich die bekannten Persönlichkeiten auf: Patrick Lindner, Michael Link und das Ehepaar Koschnick. Namen von Freunden der Langzeitpaare, die in den Geschichten erwähnt werden, wurden grundsätzlich geändert.

Für unsere Hauptgespräche, anhand derer die einzelnen Kapitel entstanden, habe ich alle Paare in ihrem privaten Umfeld besucht, und zwar im Zeitraum von September 2003 bis Januar 2004. 13 von 15 Gesprächen fanden bei den Langzeitpaaren zu Hause statt, in der Regel dauerten diese Gespräche drei bis fünf Stunden.

Ich habe keine Interviews geführt, sondern meine Gesprächspartner zum Erzählen ermuntert. Die Schwerpunkte haben also die Paare gesetzt – nur so kann der Leser erfahren, welche Aspekte ihrer Partnerschaft den Paaren am wichtigsten sind. Zwar bin ich – für den Fall der Fälle – zu jedem Treffen mit einer siebenseitigen Frageliste angereist. Aber in erster Linie sah ich es nicht als meine Aufgabe an, vorgefertigte Fragen »abzuhaken«; sondern ich wollte die Gespräche moderieren, in interessante Richtungen lenken – und jeweils dort gründlich »nachhaken«, wo ich merkte: »Hier geht es ans Eingemachte!« Vor jedem Gespräch hatte ich klar gemacht: »Wenn es Ihnen zu viel, zu schwierig oder zu schmerzhaft wird – gleich Bescheid sagen, bitte! Dann können wir das Thema wechseln oder unser Gespräch ganz beenden.« Kein einziges Mal nahm ein Gesprächspartner dieses Angebot wahr. Aber mehrere Male rollten Tränen, und es waren nicht nur Freudentränen.

Natürlich interessiere ich mich brennend zum Beispiel dafür, wie Langzeitpaare Liebe, Treue und Vertrauen definieren; wie sie mit Meinungsverschiedenheiten und Konflikten umgehen; was sie aneinander bewundern, welche Art von Komplimenten sie einander machen; was sie aneinander kritisieren; welchen Stellenwert die Sexualität hat. Aber neben solchen großen, grundsätzlichen Themen hatte ich auf meiner Frageliste auch viele kleinere, alltägliche Dinge berücksichtigt – wie diese: Stehen sie morgens gleichzeitig auf, frühstücken sie zusammen? Was nervt im Alltag, ist zum Beispiel einer unordentlicher oder unpünktlicher als der andere? Schenkt er ihr manchmal Blumen? – Wunschgemäß beantworteten sich die allermeisten Fragen im Laufe der Gespräche von selbst.

Alle Gespräche wurden auf Tonträger aufgezeichnet und danach schriftlich erfasst. Bei der anschließenden Bearbeitung der Protokolle – also bei der Erstellung der Dialoge und Monologe, die hier als einzelne Kapitel erscheinen – habe ich mich bemüht, die Formulierungen meiner Gesprächspartner möglichst wortgenau, zumindest aber sinngemäß wiederzugeben. Da ich der Meinung bin, dass Unsicherheiten und Selbstwidersprüche viel über Persönlichkeiten aussagen, habe ich auch diese nicht aus den Texten gekürzt. Vor der Veröffentlichung bekam jedes Paar »sein Kapitel« zu lesen, jedes Paar erklärte sich mit der Veröffentlichung einverstanden. Bei diesen Gelegenheiten bekam ich auch zu hören, dass einiges in den Geschichten »nicht mehr aktuell« sei; zum Beispiel ist ein Paar umgezogen, bei einem anderen gibt es ein neues Problem. Trotzdem habe ich die Kapitel nachträglich nicht geändert. Jede der hier beschriebenen Partnerschaften ist dynamisch, insofern entspricht jeder Text einer Momentaufnahme. Schon in wenigen Monaten kann sich wieder vieles geändert haben. Nur bin ich mir ziemlich sicher, dass alle Langzeitpaare aus diesem Buch noch lange zusammenbleiben werden.

Einen einzigen Kommentar – keine Bewertung! – genehmige ich mir in diesem Buch: Fast alle glücklichen Langzeitpartner, denen ich begegnet bin, wirkten auf mich erstaunlich jung. Hätte ich ihr Lebensalter nicht gewusst, hätte ich sie deutlich jünger eingeschätzt, als sie sind. Ist etwa doch etwas dran an dem Sprichwort: »Liebe hält jung«? Jetzt gerade ertappe ich mich dabei, wie ich anfange, es zu glauben!

Ansonsten ist beim Vergleich der 15 Langzeitpaare festzustellen: Die Unterschiede zwischen ihnen sind deutlicher und größer als die Parallelen. Beispielweise beim Thema »Gegensätze ziehen sich an«. Patrick Lindner glaubt, dass diese These zutrifft, genauso wie Brunhilde: »Norbert und ich sind in vielerlei Hinsicht gegensätzlich. Wahrscheinlich ist das einer der Gründe dafür, dass es so gut klappt mit uns beiden.« Rüdiger aber sagt: »Ich bin nicht der Meinung, dass man sich zusammenraufen sollte. Da unterdrückt man nur die Wünsche. ›Gegensätze ziehen sich an‹ – so ein Quatsch!«

Oder zum Thema Treue: »Überhaupt kein Problem mit einem Seitensprung« hat Julia. »Das ist völlig okay.« Roland empfindet anders: »So schön irgendwelche Phasen oder Momente auch sein könnten, sie stehen in keiner Relation zu den Tränen, Schmerzen und Verletzungen, die sie bringen.« Bei Isabell und Christoph ist »Treue die Ausgangssituation. Da sind wir uns absolut einig, ohne dass wir groß darüber gesprochen hätten. Ganz sicher hat keiner von uns das Bedürfnis fremdzugehen, und wir haben es auch nicht gemacht.« Klaus und Margot hatten von Anfang an die Vereinbarung: Ihm sind Seitensprünge erlaubt, ihr nicht.

»Wir sagen einander oft ›Ich liebe dich‹«, erzählt Brunhilde; ihr Mann Norbert ergänzt: »Sehr oft. Ich mag das, ich finde es schön, und wir lieben uns ja auch wirklich.« Die Worte »Ich liebe dich« auszusprechen ist mehreren Paaren wichtig, auch Simone und Franziska: »Wenn man es empfindet, sagt und hört man es gern.«

Doch Rüdiger hält es für eine »abgegriffene Formulierung, die den eigentlichen Umstand entwertet«. Und auch Jörg meint: »›Ich liebe dich‹ fällt aus. Geht nicht, da ist bei mir eine Sperre. Das läuft für mich unter ›abgenutzte Floskel‹.«

Ebenso deutliche Unterschiede gibt es mit Hinblick auf die Fragen: Sind Kompromisse sinnvoll und nötig? Ist es Schicksal oder Arbeit, die zu einer glücklichen Beziehung führt? Kann Krankheit ein Trennungsgrund sein? Ist die Vorstellung schön, miteinander alt zu werden? Und in noch vielen weiteren Fragen lassen sich bemerkenswerte Unterschiede zwischen Langzeitpaaren feststellen.

Als wichtigste Übereinstimmungen in den Langzeit-Liebesgeschichten fallen mir auf: Für alle Paare ist Zärtlichkeit wichtig; und alle Paare reden sehr viel miteinander. Wer jetzt meint, letztere Feststellung sei überflüssig, weil selbstverständlich, der hat sich verschätzt. Denn eine Vielzahl von Erhebungen ergab: Im Durchschnitt reden Paare pro Tag viereinhalb bis zehn Minuten miteinander. Anders bei unseren Paaren: Eine Stunde täglich reservieren Anja und Martin ausschließlich für Gespräche. »Wir können jeden Tag stundenlang an einem Tisch sitzen und uns unterhalten«, sagt Norbert. Edda redet viel mit ihrem Mann, obwohl er – aufgrund seiner Krankheit – nicht mehr sprechen kann. Für Claus ist es »das Wichtigste, dass man sich immer etwas zu erzählen hat«. Gaby und Rüdiger finden es normal, »laut nachzudenken«. Roland und Franz-Josef »haben einander teilweise schlimme Sachen an den Kopf geworfen. Aber viel entscheidender ist, dass man überhaupt miteinander spricht.« Auch bei allen anderen Langzeitpaaren wird – zumindest zwischen den Zeilen – deutlich: Sie sind immer im Dialog; sie reden über Beobachtungen und Ideen, über Ängste, über Bedürfnisse; sie lieben es, gemeinsam Erinnerungen wachzurufen; sie loben, hinterfragen und kritisieren einander; sie lassen einander an allen Enttäuschungen, allen Freuden teilhaben. Und viele plappern gern miteinander über Alltägliches – über die so genannten Banalitäten. Sicher ist ihr anhaltender Dialog auch ein Grund dafür, dass die meisten Langzeitpaare ein eigenes Vokabular entwickelt haben, dass die Partner sich oft ähnlicher Worte bedienen.

Im Großen und Ganzen aber deutet alles darauf hin: Es gibt so viele Möglichkeiten, eine glückliche Langzeitpartnerschaft zu führen, wie es glückliche Langzeitpaare gibt.

Nele-Marie Brüdgam, im März 2004

»Manchmal siezen wir uns tagelang«

Isabell (35) und Christoph (38) sind seit 16 Jahren ein Paar. Sie leben zusammen in München, sind unverheiratet und haben keine Kinder. Beide arbeiten in der Medienbranche.

Isabell und Christoph haben mich zu sich nach Hause eingeladen, sie wohnen in einer Zweizimmer-Altbauwohnung. Isabell ist sehr schlank und zart, ihr langes Haar trägt sie hochgesteckt – auf den ersten Blick hat sie die Ausstrahlung einer Ballerina. Mein erster Eindruck von Christoph: Ein typischer Medienmann – er trägt korrekte und zugleich modische Kleidung, er hat ein offenes, kommunikatives Wesen. Christoph wirkt zudem einige Jahre jünger, als er ist.

Isabell hat für uns Antipasti vorbereitet, die wir während unseres langen Gespräches naschen, dazu gibt es Wein. An diesem Abend wird viel gelacht, und bei diesem Paar fällt mir ganz besonders auf: Die beiden bestätigen einander sehr oft – während einer erzählt, wirft der andere immer wieder Worte ein wie »Ja, richtig!«, »Genau!«, »Stimmt!«.

Isabell: Ich kann mir nicht mehr vorstellen, ohne Christoph durchs Leben zu gehen. Das finde ich schön und gleichzeitig ein bisschen erschreckend: Diese Unvorstellbarkeit, ohne Christoph zu leben, bedeutet ja auch eine Abhängigkeit. Vor ihm hatte ich zwei Beziehungen, in denen die Jungen bestimmender waren als ich. Als ich dann Christoph kennen lernte, llte ich unabhängig bleiben und bewusst mein eigenes Le- führen – mit eigenen Freunden, mit eigenen Zielen. Ich mich nicht erinnern, wann es sich gewandelt hat. Aber muss ich mir eingestehen: Du bist nicht mehr alleine, ph ist ein Teil von dir.

Christoph: Mir geht es genauso. Dieses Gefühl ist im Laufe der Jahre in mir herangewachsen. Aber ich erinnere mich an bestimmte Momente des Begreifens: Isabell und ich konnten uns jahrelang nur an den Wochenenden sehen. Ich lag allein im Bett und dachte: »Ohne Isabell leben zu müssen – das wäre eine Katastrophe.« Dann ist da ja immer die Frage: »Was wäre danach? Wie würdest du dann leben? Wie könnte eine neue Beziehung aussehen?« Meine Schlussfolgerung war: Isabell würde mir nicht nur total fehlen, sondern es wäre der Untergang! Vor ungefähr drei Jahren hatte ich ein Gespräch mit einer Freundin von mir, die Psychologin ist. Sie hinterfragte: »So perfekt kann eure Beziehung ja auch wieder nicht sein. Sonst würdet ihr euch nicht nur am Wochenende sehen. Warum ist es denn so toll mit Isabell?« Auf dieses »Warum« bin ich angesprungen. Ich antwortete: »Ich könnte diese Beziehung nicht aufgeben, ich könnte Isabell nicht aufgeben. Denn das hieße, ein Stück von mir aufzugeben.« Zu jenem Zeitpunkt wusste ich zwar schon genau, wie es um mich steht, aber es war ein wichtiger Bestätigungsmoment.

Isabell: An solche Momente kann ich mich bei mir nicht erinnern. Mir beweist eher das Gegenteil, dass ich ohne dich nicht kann: die Tatsache, dass ich die Beziehung nicht in Frage stelle. Dass sie so normal für mich ist, so selbstverständlich.

Christoph: Das ist für mich auch die Regel: diese Selbstverständlichkeit.

Isabell: Genau. Ich kann mir ein anderes Leben nicht vorstellen. Und so entstehen Ängste: Man weiß ja nie, es kann so vieles passieren. Gerade während der Wochenendbeziehung machte ich mir solche Sorgen, wenn du mit dem Auto unterwegs warst!

Christoph: Ich ja auch, wenn du gekommen bist. Es kann so schnell passieren!

Isabell: Ich mache mir auch heute oft große Sorgen um dich.

Christoph: Ich mir auch um dich. Früher kannte ich dieses Gefühl der Besorgnis überhaupt nicht. Meine Eltern sagten immer: »Ich mache mir Sorgen um ...« Und ich konnte das nicht nachempfinden. Bis es dann anfing, dass ich es selbst spürte. Dass ich auf die Uhr guckte und dachte: »Sie müsste schon da sein ... Natürlich, es wird schon nichts passiert sein ... Und wenn doch? ... Ach, sie ist nur ein bisschen verspätet ... Vielleicht steckt sie im Stau ...«

*

Isabell: Jetzt klingen wir bestimmt wie ganz besorgte, nachdenkliche Menschen. Aber so sind wir nicht immer! Wir lachen sehr viel zusammen, das ist ganz wesentlich.

Christoph: Sehr, sehr viel. Ich versuche gern, Isabell zu unterhalten. Das ist eine Rolle, die ich schon von Anfang an gespielt habe. Und sie ist meiner Meinung nach das kritischste Publikum.

Isabell: Christoph ist ein extrovertierter Typ, der gern im Mittelpunkt steht. Er kann gut in verschiedene Rollen schlüpfen – das macht er im Alltag ab und zu ganz gern, und er hat auch mal in einer Theatergruppe mitgespielt. Ihn authentisch zu erleben – ich glaube, das gelingt fast nur mir.

Christoph: Isabell ist ein sehr konstanter, rationaler Mensch. Extrem verlässlich. Sie ist eher introvertiert, aber sie hat auch extrovertiertere Phasen, geht aus sich heraus, stellt sich dar. Was mir sehr an ihr gefällt: ihr trockener, intelligenter und charmanter Humor. Sie kann aus einer ruhigen Situation heraus treffsicher einen Witz auf den Punkt landen.

Isabell: Für was ich Christoph bewundere, ist sein gutes Gedächtnis. Er kann heute noch Schulstunden wiedergeben. Bei »Wer wird Millionär?« weiß er fast jede Antwort. Eine Zeit lang haben wir beim Abwaschen immer »Wer wird Millionär?« gespielt. Christoph dachte sich die Fragen aus, ich musste antworten. Vorhin hat er gerade ein Architekturquiz mit mir veranstaltet. Allerdings hörte er nicht mehr auf, und mir fehlte das Durchhaltevermögen. An sich finde ich diese Spiele, diese Ideen schon ganz nett und lustig – nur manchmal eben auch etwas lästig.

Christoph: Ich mache das natürlich, damit es nicht langweilig wird beim Abwaschen. Und auch, um auszutesten: Wie ist Isabell drauf? Hinzu kommt ein gewisser Eigennutz: Früher, während des Studiums, hatte man Kontakt zu viel mehr Menschen, Themen und Ideen. Heute ist die Situation eingeschränkter: Man hat einen kleineren Bekanntenkreis, macht im Prinzip immer die gleiche Arbeit. Es sind relativ wenige Themen, um die man kreist. Durch die Ratespiele bringe ich ab und zu neue Themen ins Programm. Aus dem gleichen Grund machen wir einen Italienischkurs an der Volkshochschule. Um unseren Horizont minimal zu erweitern.

Isabell: Das war eine gemeinsame Idee. Am Anfang rechneten wir damit, dass es vielleicht auch schwierige Momente geben würde in dem Kurs.

Christoph: Während des Studiums habe ich Deutsch für Ausländer unterrichtet und ein bisschen Politik, ein bisschen Geschichte. Wenn Paare in einem Kurs waren, kriegten sie sich irgendwann im Laufe des Unterrichts in die Wolle, und zwar öffentlich. Es gab kein einziges Paar, bei dem das nicht passierte. Darum habe ich gedacht, das würde bei uns bestimmt auch passieren. Isabell und ich waren vorher in all den Jahren nie gemeinsam in einem Kurs.

Isabell: Es hätte passieren können, dass ich hinter Christoph – vorlaut wie er ist – hätte zurückstecken müssen.

Christoph: Dass ich mich aufgespielt hätte und Isabell das Gefühl bekommen hätte, dadurch käme ihr weniger Aufmerksamkeit zu. Deshalb habe ich mich in den ersten Stunden extrem zurückgenommen. Aber ich wusste: Das halte ich nicht ewig durch.

Isabell: Nun sind wir schon einige Zeit in dem Kurs, und es läuft hervorragend, es macht Spaß. Es ist auch lustig, zu Hause über die anderen Teilnehmer zu sprechen und zu sehen, dass Christoph sie genauso einschätzt wie ich.

*

Isabell: In unserer Beziehung gab es sehr viele sehr unterschiedliche Phasen. Wir sind in zwei sehr kleinen Nachbardörfern aufgewachsen. Vom Sehen kannten wir uns schon recht lange – man kannte sich einfach in dieser Gegend. Dann, an meinem letzten Schultag der zwölften Klasse, kam ich aus der Schule und traf dort Christoph. Ich fragte ihn: »Was machst du denn hier?«

Christoph: Ich wollte Plakate ankleben: Werbung für meine Kabarettaufführung. Für mich war es zwei Jahre nach dem Abi. Ich hatte meinen Wehrdienst geleistet und mir anschließend noch ein Jahr Zeit gelassen, bevor ich das Studium aufnahm. Ich habe gejobbt und verschiedene Dinge ausprobiert: eine Dorfzeitung, ein bisschen Kabarett. Es war eine kleine Sache, 60 bis 90 Minuten Unterhaltung im Schulklassenzimmer, mehr oder weniger vor Bekannten.

Isabell: Christoph schweift übrigens gern aus, und ich bringe ihn wieder auf den Punkt. Also: Er lud mich ein zu der Vorstellung und freute sich unheimlich, als ich tatsächlich hinkam. An dem Abend habe ich mich super amüsiert – und ihn zum ersten Mal als interessanten Menschen wahrgenommen. Ein paar Tage danach stand er bei mir vor der Tür und entführte mich, wir machten einen kleinen Ausflug. Es war romantisch: Wir gingen spazieren ...

Christoph: ... und es kam zu einem Missverständnis.

Isabell: Genau, eigentlich sind wir nur wegen eines Missverständnisses zusammen! Wir saßen auf einem Baumstamm, Christoph reichte mir die Hand zum Aufstehen. Und ich ließ seine Hand nicht mehr los. Ich dachte: »Ach, wie nett, er nimmt meine Hand!«

Christoph: Eigentlich wollte ich nur höflich sein und ihr aufhelfen. Ich bin eher ein Spätzünder. Ich habe sehr, sehr gern ihre Hand gehalten beim Spazierengehen, aber es war nicht meine Absicht gewesen.

Isabell: Ich hatte gerade eine Beziehung hinter mir und war zufrieden als Single. Christoph fand ich nett, aber ich war nicht verliebt. Auch mit dem Händchenhalten habe ich nichts bezweckt. Ich wusste, dass er bald nach Berlin gehen würde zum Studieren. Es war im August, und im Oktober zog Christoph nach Berlin. Insofern war es nicht zukunftsträchtig mit uns beiden. Aber über all das dachte ich nicht viel nach – was eher untypisch ist für mich. Vielleicht war es ein guter Ausgangspunkt für unsere Beziehung, dass ich ausnahmsweise den Verstand ein bisschen beiseite ließ und mir sagte: »Mal gucken, was kommt.«

Christoph: Es kam so, dass wir uns nach dem ersten gemeinsamen Spaziergang fast täglich trafen. Und ich habe – anders als Isabell – viel gegrübelt: »Was wird daraus werden? In eineinhalb Monaten bin ich in Berlin ...«

*

Christoph: Auch während der ersten Zeit in Berlin fragte ich mich oft: »Wie wird es weitergehen? Wird es halten?« Isabell besuchte mich in den Weihnachtsferien in Berlin, wir waren beide unsicher. Sie wollte lieber in München studieren als in Berlin.

Isabell: München fand ich schön, und München lag näher. Aber so konkrete Pläne hatte ich noch gar nicht. Am Anfang unserer Beziehung machte ich mir kaum Gedanken über die Perspektiven. Weil auch viele Freunde und Bekannte sagten: »Ihr passt eigentlich gar nicht zusammen.« Christoph war damals deutlich extrovertierter, als er jetzt ist, ich war viel introvertierter als heute. Inzwischen haben wir uns auch in dieser Hinsicht angenähert.

Christoph: Ich fuhr oft von Berlin nach Hause. Freitags musste ich erst zur Uni, danach hatte ich noch einen Job, und nachts fuhr ich Hunderte von Kilometern mit dem Auto durch die DDR. Damals musste ich es mir immer wieder beweisen: »Wie sind die Gefühle, wenn du losfährst? Wie sind die Gefühle, wenn du ankommst?« Es führte letztendlich dazu, dass ich mir sagte: »Isabell ist mir sehr wichtig.«

Isabell: Am Anfang war es schon ein bisschen komisch, wenn wir uns zwei Wochen nicht gesehen hatten. Es gab Fremdheitsgefühle, man musste sich erst mal wieder aneinander gewöhnen. Ein Jahr, nachdem Christoph und ich uns angefreundet hatten, machte ich Abitur, und danach kam für mich zum ersten Mal richtige Ernsthaftigkeit ins Spiel: Ich hatte Christoph gern in Berlin besucht, aber es war nicht meine Traumstadt. Und es widersprach meiner emanzipierten Einstellung, einem Mann »nachzuziehen«. Doch schließlich habe ich es getan und ebenfalls in Berlin angefangen zu studieren. Im Nachhinein muss ich sagen: Es war meine beste Entscheidung überhaupt, nach Berlin zu gehen. Natürlich für die Beziehung. Aber auch für mich als Persönlichkeit – weil ich mir weit weg von zu Hause mein eigenes Leben aufbauen konnte. Die Anonymität der großen Uni hat mir sehr gut gefallen. Und Christoph hat mir keine Grenzen auferlegt, wir hatten beide unsere eigenen Freundschaften.

Christoph: Generell neige ich dazu, in Beziehungen nach und nach immer dominanter zu werden. Das war schon mit meinen Geschwistern so, es war auch in der Schule so. Wenn ich merke, dass ich diese dominante Rolle nicht mehr spielen kann, fühle ich mich meistens unwohler in dem Kreis und ziehe mich zurück. Isabell war der erste Mensch, bei dem ich merkte: Sie ist sehr stark – mit ihr kann es nur gut gehen, wenn ich ihr die dominante Rolle ein Stück weit abtrete. Meine Freiheit schränkte sie überhaupt nicht ein, das meine ich nicht. Im Gegenteil sagte sie: »Jeder von uns soll eigene Freunde haben, eigene Wege gehen.« Wir studierten unterschiedliche Fächer: Isabell Kommunikationswissenschaft, ich Politik. Auch neben der Uni hatte Isabell viele eigene Sachen: Sport, Freunde, Ausgehen. Es war mir von Anfang an klar, dass es so richtig war, und ich unterstütze sie in ihren Entscheidungen. Aber: Wenn es nach dem mir vertrauten Muster abgelaufen wäre, dann hätten wir mehr Zeit miteinander verbracht. Es hätte mehr Nähe zwischen uns gegeben, mehr Einbindung – mit Kontrolle hat so was für mich nichts zu tun. Ich hätte mir einfach gedacht, dass man häufiger zueinander sagt: »Komm, lass uns dies und jenes gemeinsam unternehmen.«

*

Isabell: Ein halbes Jahr lang wohnten wir in Berlin zusammen, bis ich ein eigenes Appartement in einem Studentenwohnheim fand. Unsere Wohnungen lagen nah beieinander, das fand ich schön: Jeder hatte seinen Bereich, aber man konnte auch relativ schnell zum anderen gehen. Kurz vor dem Examen mussten wir dann beide aus unseren Studentenwohnheimen ausziehen und suchten uns gemeinsam eine Wohnung.

Christoph: Isabell hat mich im Studium überholt. Sie fing später an und war früher fertig. Sie war die Erfolgreichere, ganz klar. Da hat sie mir Beine gemacht.

Isabell: Ich war auch nicht superschnell, aber du warst ein Trödler.

Christoph: Ja, ich habe sehr lange studiert. Das hing unter anderem damit zusammen, dass ich nebenher viel gejobbt habe. Vor allem war ich aber ein begeisterter Politik-Student. Irgendwann spezialisierte ich mich auf Außenpolitik, insbesondere auf die Beziehungen zwischen der Bundesrepublik Deutschland und der DDR. In diesem Bereich wollte ich später promovieren. Dann brach die DDR zusammen, und ich hätte gleich zu den Historikern wechseln können. Das wollte ich aber nicht. Also sah ich mich um nach einem neuen Gebiet, das für mich als Politologe interessant sein könnte …

Isabell: … und ich begann, Christoph ein bisschen Druck zu machen. Ich konnte mir nicht gut vorstellen, dass ich mein Studium abschließe, anfange zu arbeiten und noch mit einem Studenten zusammen bin. Das hätte ich nicht so schön gefunden.

Christoph: Und mir gefällt es überhaupt nicht, wenn jemand drängelt: »Sieh zu, dass du das fertig kriegst.« Ich befürchtete, mir irgendwann anhören zu müssen: »Ohne mich hättest du dein Studium nie abgeschlossen.«

Isabell: Aber ich habe dich doch nie ernsthaft bedrängt! Es war eine scherzhafte Übertreibung, als ich sagte: »Mit einem Studenten möchte ich nicht mehr so lange zusammenleben.«

Christoph: Das weiß ich ja. Sonst wäre es auch ganz schlimm für mich gewesen. Darum beschloss ich: »Okay, ich beende mein Studium – aber aus eigener Energie, aus eigenem Willen heraus.«

Isabell: Ich bewunderte dich sehr für die Leichtigkeit, mit der du lerntest. Ich musste immer stundenlang in Bibliotheken recherchieren, dann konzentriert am Schreibtisch sitzen, Konzepte machen. Du hast dich im Sommer einfach an einen See gesetzt und dort deine Diplomarbeit geschrieben. Du gingst auch ohne Vorbereitung in eine mündliche Prüfung und bekamst trotzdem eine Eins! Das könnte ich nicht.

Christoph: Bei Politik ist es ja auch immer eine Frage der Rhetorik.

Isabell: Ach, mach dich doch nicht klein! Du hast ganz ausgeprägte Fähigkeiten, die ich nicht habe!

*

Isabell: Am Ende des Studiums wohnten wir also wieder zusammen, ein Jahr lang. Dann fand Christoph eine Anstellung in Dresden. Später zog ich nach Frankfurt, auch aus beruflichen Gründen. Für ein paar Monate kam Christoph mit nach Frankfurt, dann fand er einen Job in der fränkischen Provinz. Dort blieb er für drei Jahre, zwischenzeitlich zog ich nach München. Während all der Jahre haben wir uns fast nur an den Wochenenden gesehen.

Christoph: Wir sehnten uns dann danach, zusammenzuwohnen. Aber wir waren auch ein bisschen ängstlich.

Isabell: Einerseits nervte die Fahrerei, und man war immer traurig, wenn man sich am Sonntagabend getrennt hat. Andererseits haben wir diese Wochenendbeziehung auch genossen. Man hatte Freiheiten, man konnte so lange arbeiten, wie man wollte. Zu Hause hat keiner gewartet. Alles Alltägliche – Putzen, Einkaufen und so weiter – erledigten wir unter der Woche. Und die Wochenenden waren Freizeit pur.

Christoph: Ja, es waren immer sehr schöne Wochenenden. Nach all der Zeit hatten wir es perfekt organisiert. Jeder wusste: Wer besucht wird, ist Gastgeber. Er organisiert etwas, einen Opernbesuch, einen Restaurantbesuch, einen Ausflug oder Ähnliches. Der andere war Gast und hat sich eingelassen.

Isabell: Ich fand es auch immer angenehm, dass es für mich noch eine zweite Heimat gab. Mal fuhr ich von der Großstadt in die ländliche Idylle, wo man stundenlang durch die Wälder streifen konnte, ohne dass einem jemand begegnete. Oder die Jahre zuvor: Da lernte ich am Wochenende mit Dresden eine sehr lebendige Stadt kennen, die sich von Woche zu Woche veränderte. Vor zwei Jahren ist Christoph dann nach München gekommen. Wir hatten ein bisschen die Befürchtung, dass es im Alltag nicht so klappt. Dass man sich über Kleinigkeiten streitet.

Christoph: In all den Jahren hatte man sich ja einige Marotten antrainiert. Hinzu kam: Ich war kein begeisterter Fan von München. Lieber wäre ich zurück nach Berlin gegangen.

Isabell: Ich auch. Aber dort herrscht ein eklatanter Arbeitsplatzmangel – deshalb waren wir ja beide aus Berlin weggegangen. München hat sich dann ergeben. Ich hatte hier einen neuen interessanten Job gefunden.

Christoph: Mittlerweile genieße ich es auch in München.

Isabell: Christoph ist Fußballfan. Er geht jetzt gerne ins Stadion. Es beruhigt mich dann ein bisschen, dass München doch nicht so grausam für ihn ist.

Christoph: Auch andere Dinge genieße ich in München: Die Stadt hat schöne Ecken, die Alpennähe gefällt mir. Wir machen oft Ausflüge in die Berge, wo wir höchste Gipfel erklimmen.

*

Isabell: Am Anfang war es dennoch nicht immer einfach für uns zusammenzuleben.

Christoph: Für mich war es ja nicht nur die neue Stadt und das Zusammenleben, sondern auch die berufliche Umstellung. Außerdem bin ich bei Isabell eingezogen, in ihre Wohnung. Für einen Großteil der Sachen, die ich besitze, ist hier kein Platz. Es kommt vor, dass ich ein Buch suche und es nicht finden kann, weil es irgendwo eingelagert ist. Nach wie vor ist es noch immer eher Isabells Wohnung als meine. Es hat sich eine gewisse Art des Wohnens eingebürgert, die mehr von Isabell geprägt ist. Als ich einzog, gab es drei Möglichkeiten: Man konnte sich daran anpassen, man konnte sich daran reiben, oder man konnte versuchen, einen Kompromiss zu finden. Wir sind den dritten Weg gegangen: Es gab manche Diskussionen, das erste Jahr war für uns beide anstrengend – anstrengender als vermutet. Aber es kam nie so weit, dass ich dachte: »Jetzt habe ich an der Beziehung keinen Spaß mehr.« Die Beziehung stand nie zur Debatte.

Isabell: Ich hätte es auch schöner gefunden, gemeinsam mit dir in eine andere Wohnung zu ziehen. Aber es gab keine Aussicht, in München eine genauso schöne, größere und bezahlbare Wohnung zu finden. Mittlerweile haben wir uns ganz gut eingespielt, oder, Christoph?

Christoph: Ja, sicher!

*

Christoph: Isabell war es auch, die mich auf die Idee brachte, in der Medienbranche zu arbeiten. Sie war die Erste von uns beiden, die in diesem Bereich tätig war, und ich fand es sehr interessant, was sie von der Arbeit erzählte. So wurde der Boden geebnet für meine berufliche Entwicklung. Ich fing in Dresden in dieser Branche an und bin später gelegentlich in Situationen gekommen, wo ich mich fragte: »Willst du da eigentlich weitermachen?« Immer kam ich zu dem Schluss: Eigentlich mache ich diese Arbeit sehr gern.

Isabell: Unter anderem auch deshalb, weil so viele Frauen in der Medienwelt arbeiten.

Christoph: Das auch, klar! Es ist eine Branche, in der überdurchschnittlich viele Frauen das Sagen haben. Und ich arbeite lieber mit Frauen zusammen als mit Männern. Schon beginnend mit dem Studium und im Wesentlichen im Berufsleben hatte ich immer mehr Kolleginnen, die zu Freundinnen geworden sind, als Kollegen oder andere Bekannte, mit denen ich Freundschaft schloss.

Isabell: Bei mir ist es relativ ausgeglichen. Vielleicht habe ich etwas mehr männliche Freunde als der Durchschnitt der Frauen.

Christoph: Ich mag es, wenn Isabell Freunde hat.

Isabell: Christoph ist so gut wie gar nicht eifersüchtig. Manchmal mir zu wenig.

Christoph: Ich genieße es ein bisschen, wenn wir auf Partys gehen, wo es andere junge Herren gibt, die Isabell charmant, interessant oder auch begehrenswert finden. Dann bin ich stolz auf meine Freundin. Und ich weiß, dass sie mit sehr guter Laune nach Hause kommt, wenn sie ein bisschen geflirtet hat.

Isabell: Davon kannst du profitieren?

Christoph: Ja, auf jeden Fall.
Isabell: Sehr raffiniert!

*

Christoph: Wir sind uns unserer Sache sehr sicher, wir gehören zusammen, es gibt keinen Grund zur Eifersucht.
Isabell: Ich glaube, wenn ich mich mit Freundinnen und Bekannten vergleiche, bin ich eher wenig eifersüchtig.
Christoph: Ich kenne das Gefühl der Eifersucht zwar, aber bei Isabell habe ich es noch nie erlebt. Bevor ich eifersüchtig werde, müssten deutliche Indizien auftauchen. Ich würde sie dann gleich ansprechen: »Isabell, was ist los? Ist unsere Beziehung an einem Punkt, wo du in eine andere Richtung tendierst?« Aber unsere Ausgangssituation ist Treue. Da sind wir uns absolut einig, ohne dass wir groß darüber gesprochen hätten. Es ist eigentlich eine Selbstverständlichkeit.
Isabell: Ja, ganz richtig. Dennoch habe ich ein minimales Rest-Misstrauen. Und zwar aus folgendem Grund: Christoph ist ein sehr charmanter Mensch – es kann vorkommen, dass eine Frau das missversteht. Gerade in der Zeit, als wir eine Wochenendbeziehung hatten, kam so was vor. Da hatten Frauen ein gesteigertes Interesse an ihm, und mein Eindruck war, dass er nicht so ganz klare Grenzen setzte. Da war ich schon ein klein wenig eifersüchtig.
Christoph: Das ist richtig, das ist verständlich, weil ich vielleicht nicht so schnell die Bremsen ziehe.
Isabell: Du machst Frauen Komplimente, du neigst auch mal zu Körperkontakt. Du berührst Menschen spontan beim Reden – was andere Männer so gut wie gar nicht machen. Wenn du es machst, keimt in manchen Frauen eine Hoffnung auf. Ich kenne diese Situation ja selbst: durch das Missverständnis, das zu unserer Beziehung geführt hat! Auch deine Freundlichkeit – alles ohne Absicht. Es wird nur oft falsch interpretiert. Und ich mag es natürlich nicht, wenn andere Frauen sich in dich verlieben. Ich habe kein Problem damit, wenn du Freundinnen hast. Meistens lerne ich sie irgendwann auch kennen, und dann verstehen wir uns alle ganz gut.

Christoph: Ich kommuniziere dir aber immer, was passiert.

Isabell: Ja, aber auf eine Art, wo ich häufig nicht so genau weiß: Wo ist es Spaß, wo ist es Ernst? Meistens reden wir auf einer spaßigen Ebene darüber.

Christoph: Ein Problem ist vielleicht: Ich handle oft sehr emotional, aus der Situation heraus. Dadurch kann es mal passieren, dass eine Frau sich falsche Hoffnungen macht. Aber ich denke: Es geschieht nichts hinter deinem Rücken, du musst dir keine Sorgen machen, ich gebe dir immer Bescheid.

Isabell: Das ist schon richtig ...

Christoph: Ja. Und Punkt.

*

Isabell: Zärtlichkeit ist uns beiden sehr wichtig, Christoph vielleicht noch mehr als mir.

Christoph: Ich brauche sehr viel Körperkontakt. Und zwar nicht nur mit Isabell, sondern auch unter Freunden und mit Kollegen. Wenn ich neu irgendwohin komme, thematisiere ich das sehr schnell, ich sage: »Achtung, Leute, es kann vorkommen, dass ich euch berühre, an den Armen oder den Händen. Wenn das irgendjemand nicht mag: Gleich sagen, bitte, ich stelle es sofort ein!« Wenn ich weiß, dass jemand es nicht mag, kann ich es umgehend auf Null runterfahren. Aber ich komme aus einer kinderreichen Familie, und wir haben uns sehr oft durch Berührungen ausgedrückt. Berührung mit der flachen Hand am Arm bedeutete immer eine Bestätigung. Das mache ich heute noch sehr oft. Das andere ist: Ich habe einen großen Hauthunger. Ich brauche es sehr, warme Haut zu spüren, zu streicheln. Ich habe ein großes Kuschelbedürfnis. Und ich überfalle Isabell immer mit meinen Attacken.

Isabell: Ja, und jetzt muss ich dich auch zwischendurch mal ganz dringend streicheln! ... Ein Freund von mir sagt immer, man könnte denken, wir seien erst seit ein paar Wochen zusammen.

Christoph: Das denken ganz viele.

Isabell: Und manche Freunde witzeln über uns: »Jetzt haben sie wieder ihre Kuschelanfälle!«

*

Christoph: Ich kann es auch überhaupt nicht verstehen, wenn Leute behaupten: »So viele Jahre lang immer mit derselben Frau – das ist doch langweilig!« Mit Isabell wird es mir, auch was die Sexualität angeht, niemals langweilig, überhaupt nicht!

Isabell: Es wird sicher anders im Laufe der Jahre. Die Schmetterlinge im Bauch, die Aufregung, die Spannung: Das alles lässt nach. Stattdessen ist sehr, sehr viel Vertrautheit da. Ich finde Vertrautheit schöner als Aufregung. Ich vermisse das Prickeln nicht, es ist ja sehr stark mit Unsicherheit verbunden. Wenn man einander noch nicht so vertraut ist, fragt man sich zum Beispiel: »Akzeptiert er mich jetzt so, wie ich aussehe?« Wenn man sich aber so lange kennt wie wir, wenn es keine Unsicherheiten mehr gibt, kann man sich viel weiter fallen lassen. Wir können uns fallen lassen. Es gibt für uns keine Grenzen.

Christoph: Das ist gut beschrieben. Ich denke, es gab auch in Bezug auf Sexualität viele verschiedene Phasen in unserer Beziehung. In der ersten Zeit habe ich das Prickeln sehr stark empfunden. Dann gab es eine Phase, knapp zwei Jahre, wo ich eher einen Durchhänger in dieser Hinsicht hatte. Ich war weniger emotional, generell und auch in unserer Beziehung. Schließlich ging es wieder bergauf, auf ein normales Niveau. Und dann gab es einen neuen Schub, als ich in Dresden lebte: Ich war selbst überrascht, dass ich immer früher anfing, mich auf die Wochenenden mit dir zu freuen. Ich dachte: »Es kann doch gar nicht sein! Ich empfinde es viel intensiver, viel stärker als vorher!« Zu der Zeit war ich mehr in dich verliebt als am Anfang. Zwei, drei Jahre später hat sich mein Verlangen nach dir noch einmal mehr gesteigert. Das alles hat viel mit Vertrautheit zu tun, auch viel mit dem Entdecken neuer Dinge. Es hat sich eine ganz neue Form der Emotionalität und auch der Sexualität entwickelt.

Isabell: In dieser Rolle fühle ich mich natürlich sehr wohl: Ich werde immer mehr begehrt von Christoph.

Christoph: Ich finde es sehr schwierig, es zu beschreiben, dafür Worte zu finden. Jedenfalls ist ganz bestimmt nichts langweiliger geworden. Sondern es ist von Jahr zu Jahr schöner geworden. Nicht kontinuierlich, aber insgesamt mit Sicherheit.

Isabell: Ich glaube auch, unsere Beziehung ist unter anderem deshalb so lebendig geblieben, weil sich unsere Lebensformen so oft geändert haben. Es waren eben keine 16 Jahre, die an einem Ort immer gleich verliefen.

Christoph: Du hast auch bestimmte Dinge gemacht, die mir sehr begehrenswert erschienen. Du warst erfolgreich im Geschäft, warst auf Geschäftsreisen, du lebst sehr aktiv.

Isabell: Ja, gut, die letzten drei Jahre waren schon sehr spannend. Ich war viel unterwegs und hatte eine Position, die mich mit »wichtigen Menschen« in Kontakt brachte. Ich genoss es, durch die Gegend zu fliegen und in tollen Hotels zu übernachten.

*

Isabell: Ganz sicher hat keiner von uns das Bedürfnis fremdzugehen, und wir haben es auch nicht gemacht, oder?

Christoph: Nein, das wüsstest du doch!

Isabell: Richtig. Die Frage war ja nicht ernst gemeint. Es ist auch in unserem Bekanntenkreis nicht üblich, dass die Leute fremdgehen – zumindest erfahren wir nichts davon. Insofern kennen wir das Modell des permanenten Fremdgehens gar nicht, außer aus den Medien. Ich bin ziemlich froh, dass Christoph nicht mein erster Freund war, dass es vor ihm jemanden gab. So habe ich einen gewissen Vergleich. Wäre er mein Erster gewesen, hätte ich möglicherweise das Gefühl, ich müsste es noch mit anderen ausprobieren. Es gab zwar immer mal Männer, die ich interessant fand, aber sie haben mich nicht wirklich gereizt. Nach zwei, drei Gesprächen dachte ich: »Ach, nein, die können ihm nicht das Wasser reichen!«

Christoph: Auch in dieser Hinsicht gab es verschiedene Phasen für mich: In den ersten fünf bis acht Jahren wären Affären nicht undenkbar gewesen. Aber ich habe es nie konkret darauf abgesehen, und es ergab sich keine Gelegenheit. Heute, muss ich sagen, macht mir der Gedanke an eine Affäre ein bisschen Angst. Natürlich bin ich ein neugieriger Mensch, natürlich mag ich gern Dinge ausprobieren. Aber: Noch mal neu anfangen? Oje! Alles wieder von vorne, alles sagen, alles diskutieren, meine ganzen Macken erklären müssen ...

Isabell: Bei Affären, bei One-Night-Stands ist das doch gar nicht nötig!

Christoph: Das stimmt, daran habe ich gar nicht gedacht. Ich habe gleich an eine neue Beziehung gedacht. Meine Hypothese ist: One-Night-Stands, Affären – das würde passieren in der Phase nach dir. Also: größter anzunehmender Unfall, GAU. Dir stößt etwas zu, du trennst dich, was auch immer – du bist nicht mehr da. Dann würde ich mich irgendwann auf eine Affäre einlassen. Wahrscheinlich würde ich innerlich sehr schnell einen Vergleich ziehen zu meinen Erfahrungen mit dir. Und ich schätze, dass ich zu dem Ergebnis käme: »Okay, mal ausprobiert, aber nicht der Rede wert.« Ich würde ganz sicher noch mehr Affären haben und wäre erst nach vielen Jahren wieder in der Lage, vielleicht eine neue Beziehung anzufangen.

*

Isabell: Wie man sieht: Wir gehen sehr offen miteinander um. Und in den ersten Jahren hatten wir nie Streit. Erst nach sieben, acht Jahren gab es ab und an einen Streit. Ich bin diejenige in der Beziehung, die eher streiten würde. Die sich verbal etwas heftiger über Themen auseinandersetzt als Christoph. Er zieht sich da eher zurück.

Christoph: Ich bin sehr harmoniebedürftig.

Isabell: Manchmal macht es mich rasend, wenn er nichts mehr sagt, nicht reagiert. Im Grunde genommen ist das für mich Streit: wenn ich das Gefühl habe, ich rede gegen eine Wand. Wenn es eine offene Frage gibt, die ich klären möchte, und Christoph macht da nicht mit – das ist für mich ganz schlimm.

Christoph: Wir haben sehr unterschiedliche familiäre Prägungen, was Streit angeht. Ich habe als Kind oft und heftig Streit miterlebt, was eine Belastung für mich war. Ich wollte nie, dass es in der Beziehung so weitergeht, wie ich es von zu Hause kannte: Diskussionen mit lauten Stimmen und unschönen Worten. Ich bin auch jemand, der nicht nur physische Nähe, sondern genauso mentale Nähe sehr braucht. Ich will Isabell im Gefühl sehr nah sein, ich will, dass wir ähnlich empfinden. Aber es gibt auch die andere Seite in meinem Naturell: Wenn schwierige Themen angesprochen werden müssen, dann spreche ich sie an.

Isabell: Wir haben ein befreundetes Paar – denen passiert es tatsächlich, dass sie wochenlang nicht miteinander reden, obwohl sie zusammenwohnen. Das können wir uns nicht vorstellen. Spätestens nach ein paar Stunden wäre wahrscheinlich Schluss damit.

Christoph: Nicht wahrscheinlich, sondern bestimmt!

*

Isabell: Ein Thema gibt es tatsächlich, über das wir immer wieder aneinander geraten: unsere Familien. Ganz kompliziert! Eigentlich kenne ich Christophs Familie überhaupt nicht. Er hat mich seinen Eltern nie vorgestellt, sie haben mich nie eingeladen. Ich habe sie zwar gesehen und auch mit ihnen gesprochen, weil sie im Nachbardorf meiner Familie leben. Aber sie haben mir gegenüber niemals echtes Interesse gezeigt. Nun ist Christophs familiäre Herkunft auch sehr schwierig. Seine Eltern haben wohl sehr negative Erfahrungen mit der Dorfgemeinschaft gemacht, es gab große Enttäuschungen. Stimmt das so, Christoph?

Christoph: Ja, genau. Diese Situation wurzelt in der Zeit des Nationalsozialismus, in der meine Eltern Kinder waren und von den Nachbarn sehr enttäuscht wurden.

Isabell: Aus dieser Enttäuschung heraus leben sie sehr zurückgezogen. Ich weiß nicht, ob es eine bewusste Entscheidung war, mich nie einzuladen. Aber Fakt ist: Sie haben es nie getan. Mittlerweile ist der Zeitpunkt schon lange verpasst. Wenn Christoph und ich in unsere Heimatdörfer fahren, besucht Christoph zwar meine Familie, aber ich nie seine. Dieser Zustand ist unglücklich, aber er ist auch kaum mehr rückgängig zu machen.

Christoph: Es ist sehr verfahren. Der Konflikt zwischen uns ist: Isabell hat eine negative Einschätzung des Ganzen – ich versuche sehr oft, meine Eltern zu verteidigen. Unbewussterweise komme ich in diese Position. Ohne dass ich ihr Verhalten tatsächlich gutheiße, meine ich, die Verhaltensweisen meiner Angehörigen verteidigen zu müssen.

Isabell: Diese Situation ist auch einer der Gründe, warum wir nicht verheiratet sind.

Christoph: Ich würde gerne heiraten, aber es ist mir nicht so wahnsinnig wichtig. Es muss nicht unbedingt sein.

Isabell: Man muss eigentlich eher andersherum fragen: Warum heiraten? Um unsere Liebe, unsere Beziehung nach außen zu demonstrieren? Das interessiert mich nicht. Es ist auch nicht so, dass ich grundsätzlich gegen das Heiraten wäre. Aber dann stellt sich die Frage: Wie heiraten? Eine kleine Hochzeit zu zweit? Bei einer größeren Hochzeit wäre es eigentlich selbstverständlich, die Eltern einzuladen. Nur könnte ich mir nicht vorstellen, unsere Hochzeit mit Christophs Eltern zu feiern. Andersherum könnte ich es mir für ihn aber auch nicht ohne seine Eltern vorstellen. Und überhaupt: Es geht ja auch ohne Heirat.

Christoph: Aber Kinder wollen wir!

Isabell: Wir reden häufig darüber: »Wie wäre es jetzt, wenn ein kleines Kind dabei wäre?« Nun, ich bin auf der Suche nach dem idealen Zeitpunkt, den es ja bekanntlich nicht gibt.

Christoph: Ich denke, ich kann für uns beide sagen: Wir hätten gern ein Kind.

Isabell: Das ist sicher richtig. Aber vielleicht sind wir ein typisches Beispiel für diese Akademiker-Generation. Der Mann kann ganz leicht sagen: »Ich hätte gern ein Kind.« Rein theoretisch würde er auch gern zu Hause bleiben mit dem Kind. Aber letztendlich tragen Frauen meist den größeren Teil der Konsequenzen als Männer. In meiner momentanen Situation würde ich nicht unbedingt ein Kind wollen, ich bin zurzeit arbeitslos. Mir wäre es lieber, ich hätte vorher einen Job und könnte auch danach relativ schnell wieder arbeiten.

Christoph: Als Mann ist es nicht unbedingt einfach, ein Erziehungsjahr zu nehmen, dessen bin ich mir bewusst. Aber ich denke: Wir schaffen das alles, keine Frage!

*

Isabell: Um noch einmal das Thema Konflikte anzusprechen: Wir geben uns manchmal andere Namen oder siezen uns, wir nehmen andere Rollen ein. Dann kann man Probleme viel leichter ansprechen, es ist nicht gleich so ernst, so schwer. »Können Sie vielleicht auch mal wieder den Abwasch machen?« Das klingt nicht so schwerwiegend wie: »Christoph, nun mach doch bitte endlich mal wieder den Abwasch!«

Christoph: Ganze Tage und Wochen siezen wir uns.

Isabell: Ja, manchmal. Auch, wenn wir einander Komplimente machen. Auf diese Art fällt es mir leichter, sowohl positive als auch negative Anmerkungen zu machen. Christoph ist eher derjenige, der direkte Komplimente macht.

Christoph: Ich finde dich sehr hübsch, ich begehre dich – das sage ich dir gern und oft, auf unterschiedliche Art und Weise. Auch du machst mir Komplimente.

Isabell: Nicht so viele wie du mir.

Christoph: Aber ich fühle mich dadurch sehr bestärkt. Deine Komplimente haben mehr Gewicht. Zum Beispiel holst du zu einer kleinen Rede aus, die darin endet: »Das ist etwas, was ich sehr an dir mag!« Was wir eher seltener zueinander sagen, ist: »Ich liebe dich.« Ich finde, das klingt ein bisschen kitschig. Bei uns ist es eher: »Ich hab dich lieb.«

Isabell: »Ich liebe dich« klingt so pathetisch. Es passt irgendwie nicht zu uns. Das Gefühl ist schon Liebe, aber »Ich liebe dich«?

Christoph: Es hat keine Tradition bei uns. Es sind eben andere Komplimente, die wir einander machen. Die haben einen größeren Wert. Und, ja: Manchmal bringe ich Isabell auch Blumen mit.

Isabell: Nach langer Erziehungsarbeit! Jahrelang hat Christoph es nie gemacht, aber seit zwei Jahren, seit er in München ist, tut er es ab und an.

Christoph: Die ersten zehn Jahre war es bei mir extrem verpönt. Für mich waren Klischees damit verbunden – ein schlechtes Gewissen oder dass man gute Stimmung machen will. In meinem Umfeld bekam ich mit: Männer schenken Blumen, weil ihnen gar nichts anderes mehr einfällt. Mittlerweile macht es mir aber sehr großen Spaß, Blumen auszusuchen. Ich gehe in einen Blumenladen, überlege mir, welche Blume Isabell gefallen würde, und denke mir eine kleine Geschichte dazu aus.

Isabell: Es ist schön, wie es jetzt ist. Ich möchte keine großen Rosensträuße bekommen. Ich verstehe, dass Christoph nicht die typische männliche Rolle einnehmen will. Ich will ja auch nicht die typische weibliche Rolle einnehmen.

Christoph: Wir reisen sehr viel und sehr gern zusammen. Vor kurzem waren wir in Ungarn, und Isabell freute sich über die schönen Sonnenblumenfelder. So entsteht für mich ein Bezug zu Blumen – nach dem Urlaub habe ich Isabell Sonnenblumen mitgebracht. Das war auch für mich eine richtige Freude, ihr dieses kleine Geschenk zu machen.

Isabell: Reisen ist wirklich ein großes Thema für uns, es ist immer eine Zeit, die wir sehr intensiv miteinander erleben. Erst kürzlich haben wir darüber gesprochen: Wir finden es beide wichtig, dass Partner eine ähnliche Vorstellung vom Reisen haben. Ich könnte mir nicht vorstellen mit jemandem zusammen zu sein, der zwei Wochen Strandurlaub macht – also das eine Extrem: totales Abhängen – oder einen Monat durch den Dschungel tigert – das andere Extrem: Abenteuer pur. Es passt bei uns sehr schön, ohne dass groß darüber gesprochen wird. Wir machen gern Ausflüge, wir besichtigen Städte und Sehenswürdigkeiten, wir wandern, wir mögen gute Hotels. Urlaub muss für uns beide abwechslungsreich sein.

Christoph: Ich finde unsere Reisen wunderschön, weil Isabell für mich die denkbar beste Begleitung ist. Irgendwohin fahren, etwas entdecken, etwas unternehmen: Ich könnte mir schlecht vorstellen, das mit jemand anderem zu machen. Isabell und ich empfinden auf Reisen das Gleiche, wir begeistern uns für das Gleiche, wir tauschen uns über unsere Erlebnisse aus, und wir haben sehr viel Spaß miteinander.

*

Isabell: Ja: Es gibt bei uns immer etwas zu erzählen, wir lachen viel miteinander – und andererseits sind viele Dinge klar, ohne dass wir groß darüber reden müssen. Nur habe ich vor kurzem ein Erlebnis gehabt, wo ich dachte: »Hoppla! Ganz so klar ist wohl doch nicht alles!« Ich erwartete etwas von Christoph, und er enttäuschte mich. Eigentlich war es eine ganz harmlose Sache: Ich hatte mir im Schwimmbad den Fuß gebrochen. Irgendwie bin ich noch allein nach Hause gekommen, was ganz dumm von mir war, ich weiß. Dann rief ich Christoph im Büro an, er hatte am nächsten Tag einen wichtigen Termin und noch einiges vorzubereiten – ich musste allein mit dem Taxi ins Krankenhaus fahren. Im Nachhinein denke ich, das war überhaupt nicht schlimm. Aber in dem Moment fühlte ich mich verdammt hilflos und allein gelassen.

Christoph: Bei dem Telefonat warst du sehr sachlich. Ich habe die Situation nicht richtig eingeschätzt. Auch an den zwei Tagen danach war ich nicht der Hilfsbereiteste. Erst am Tage drei habe ich wirklich begriffen, wie schwierig es ist, sich mit Krücken fortzubewegen, und wie unglücklich du warst. Entschuldige, bitte!

Isabell: Es ist schon lange entschuldigt. Aber was ich mit dieser Anekdote erklären wollte: Ich war in dieser Zeit sehr viel allein zu Hause, ich habe viel gegrübelt. Seitdem kann ich erahnen: Wenn ich einmal eine wirklich schlimme, womöglich tödliche Krankheit hätte, dann könnte das eventuell ein Trennungsgrund sein. Eigentlich ist es mir unvorstellbar, ohne Christoph zu leben. Aber wenn ich sehr krank werden würde, wäre ich vielleicht im Stande zu sagen: »Geht alle fort, lasst mich allein! Und lass auch du mich in Ruhe, Christoph!« Andererseits denke ich aber auch: Man soll nicht zu weit in die Zukunft blicken.

Christoph: Für mich wäre es grundsätzlich eine schöne Vorstellung, gemeinsam mit Isabell alt zu werden. Aber sie hat Recht:

Man weiß nie – es könnten Krankheiten oder Unfälle dazwischenkommen.

Isabell: Die Angst ist immer da. Sie ist sogar so groß, dass ich gar nicht daran denken mag, wie es ist, wenn wir alt sind. Zwei alte Menschen auf der Parkbank, die zärtlich miteinander umgehen: Das ist ja an sich ein schönes Bild. Ich könnte es mir auch für uns beide gut vorstellen. Aber ich möchte lieber nicht so weit blicken. Wer weiß, was inzwischen alles passiert ...

Christoph: Ja, eben. Das ist noch sehr weit weg. Natürlich, das romantische Bild, das alte Paar auf der Parkbank: Ich finde es schön, so was zu sehen. Es wirkt harmonisch – auch wenn man nicht weiß, wie diese alten Menschen tatsächlich zueinander stehen. Aber eigentlich denke ich schon: Das ist ein sehr erstrebenswertes Ziel.

»Lass nie die Sonne über einem Streit untergehen!«

Gretel (88) und Alfred (87) lernten sich 1934 kennen, sie heirateten 1942. Gretel war früher Postbeamtin; Alfred, gelernter Landwirt, arbeitete vor dem Krieg auf einem Gut, später war er im Getreidehandel tätig. Das Paar hat vier Kinder und lebt in einem Dorf bei Kiel.

Eine Bekannte von mir hat das Gespräch mit ihren Großeltern für mich arrangiert. Sie sagte mir: »Meine Oma wird perfekt frisiert sein, ein Kostüm und Pumps tragen. Aber das ist nichts Außergewöhnliches – sie macht sich jeden Tag so schön zurecht!« Als ich im Häuschen von Gretel und Alfred ankomme, begrüßt mich tatsächlich eine äußerst flotte Dame, die eher wie Mitte 70 wirkt als wie eine fast 90-Jährige. Auch Alfred ist sehr fit, er arbeitet bis heute jeden Tag viele Stunden im Garten.

Gretel und Alfred laden mich zu Kaffee und selbst gebackenem Kuchen in ihre kleine Stube ein, die mit vielen Fotos ihrer Kinder, Enkel und Urenkel dekoriert ist. Die Geschichte ihrer lebenslangen Liebe ist zugleich ein eindrucksvolles Stück deutsche Geschichte: Während des gesamten zweiten Weltkrieges lebten die beiden voneinander getrennt, danach verbrachte Alfred noch zwei Jahre in russischer Gefangenschaft. Mit großer Genauigkeit erinnern sich Gretel und Alfred an Zeiten, die 60 bis 70 Jahre zurückliegen, und mit fesselnder Lebendigkeit erzählen sie davon.

Als Abschiedsgeschenk bekomme ich selbst gekochte Marmelade aus Früchten des eigenen Gartens und selbst gebackene Plätzchen.

Alfred: Eigentlich ist es ganz einfach: Meine Frau gehört mir, und ich gehöre ihr. Mehr brauchen wir nicht.

Gretel: Natürlich zanken wir uns manchmal, das ist ganz normal, das gehört dazu. Aber wir haben ein Motto: »Lass nie die Sonne über einem Streit untergehen!« Bevor der Tag zu Ende geht, muss man sich einigen. Daran haben wir uns immer gehalten: Entweder der eine gab nach oder der andere.

Alfred: Es ist uns nie schwer gefallen.

Gretel: Nein, wirklich nicht.

Alfred: Unseren Kindern haben wir eine normale, friedliche und gesunde Ehe vorgelebt.

Gretel: Das sagen sie auch selbst immer wieder.

Alfred: Ja, sie sagen: »Ihr seid unsere großen Vorbilder!«

Gretel: Wir hatten drei Söhne und eine Tochter. Ein Sohn ist leider gestorben. Genauso wie wir haben unsere vier Kinder immer normale, zufriedene Ehen geführt. Sie alle hatten schon Silberhochzeit. Und sie haben uns zehn wunderbare Enkelkinder geschenkt.

Alfred: Der Sohn, der leider nicht mehr lebt, hat auch vier Kinder bekommen: erst einen Jungen, dann ein Mädchen, dann wieder einen Jungen, ein Mädchen. Und die anderen drei haben alle zwei Kinder, je einen Sohn und eine Tochter. Immer kam zuerst der Junge, dann das Mädchen.

Gretel: Ulkig, nicht? Wir haben auch drei Urenkel, und der vierte ist unterwegs.

*

Alfred: Wir beide sind ja im ersten Weltkrieg geboren.

Gretel: Mein Mann ist ein Jahr jünger als ich. Das hatte früher keine Bedeutung, aber heute denke ich manchmal, dass es gut so ist. So kann er noch ein bisschen mit mir durchs Leben gehen. Meistens sterben die Männer ja vor ihren Frauen.

Alfred: Aufgewachsen sind wir beide in der schweren Zeit, die auf den verlorenen ersten Weltkrieg folgte. Ich kam nach der Schule auf den Hof meines Onkels, um Landwirtschaft zu lernen. Dann bin ich in eine staatlich anerkannte Lehrwirtschaft gegangen, um ein Zeugnis zu bekommen.

Gretel: Er sollte Inspektor werden. Gutsinspektor, das war die Ausbildung.

Alfred: Am 1. Oktober 1934 mittags um 13.35 Uhr bestieg ich das größte Pferd des Lehrgutes, einen Schimmel. Gott sei Dank saß ich oben auf dem Pferd und wollte gerade losreiten – so konnte ich Gretel sehen, wie sie an der Scheune um die Ecke kam. Sie hatte zwei große Koffer dabei.

Gretel: Es war auch ein Lehrgut für Mädchen. Ich wurde dort Lehrling, mein Mann war Eleve – so hieß es bei den Jungen.

Alfred: Vom ersten Moment an mochte ich Gretel. Ich war ein junger Mann, 18 Jahre alt, da wirft man schon mal ein Auge auf ein Mädchen. Auf dem Lehrgut waren ja auch noch andere junge Mädchen, aber Gretel, sie war irgendwie ... Ich kann es schwer beschreiben, ich mochte sie einfach besonders gern. Sie kam dort an mit ihren großen Koffern – ich sehe es heute noch genau vor mir: Der Verwalter ging zu ihr, er hatte einen Handstock dabei und einen Hut auf. Er lüftete den Hut, begrüßte das Mädchen, dann nahm er ihr die Koffer ab und ging mit ihr ins Haus. Sie hatte einen Mantel an, ziemlich kurz, er ging ein Stückchen übers Knie und hatte einen grauen Pelzkragen. Ein kleines Hütchen hatte sie auch auf. Das registrierte ich alles in einem Augenblick. Nach der Arbeit, beim Abendbrot, wurde sie, die Neue, uns vorgestellt, und wir wurden ihr vorgestellt. Sie saß mir genau gegenüber an der langen Tafel.

Gretel: Ich hatte vorher ein Jahr lang in einem Pastorat den Hausstand geführt, so dass ich schon eine ganze Menge wusste. Dann kam ich auf das Lehrgut, wir arbeiteten dort bis zu 15 Stunden am Tag.

Alfred: Die 60-Stunden-Woche war damals normal.

Gretel: Ich war im Hausstand tätig, Alfred in der Landwirtschaft. Nach und nach bekamen die Herrschaften mit, dass wir uns mochten. Sie haben sehr aufgepasst auf uns, wegen der Moral. Wobei zwischen uns beiden wirklich alles ganz harmlos war. Und ich muss sagen: Im Vergleich zur heutigen Zeit waren wir damals ein bisschen dumm. Ich war 19 Jahre alt und noch in keiner Weise aufgeklärt. Wenn ich heute sehe, dass junge Leute mit 18 Jahren schon wie verheiratet zusammenleben, dann finde ich das nicht so schön. Aber so, wie sie damals auf uns aufpassten, war es auch ein bisschen übertrieben. Einmal kam unsere Gutsherrin mit meiner späteren Schwiegermutter zusammen. Die Gutsherrin sagte zu Alfreds Mutter: »Passen Sie auf Ihren Sohn auf! Er hat ein Auge auf ein junges Mädchen geworfen, das ich eingestellt habe.« Die Gutsherrin hatte eine 14-jährige Tochter, und ich kann mir vorstellen, dass sie es gern gehabt hätte, wenn ihre Tochter den Alfred bekommen hätte.

Alfred: Zu der Tochter haben wir bis heute Kontakt. Erst im vergangenen Sommer haben wir sie auf dem Gut besucht.

Gretel: Sie hat nie geheiratet.

*

Gretel: Damals auf dem Lehrgut haben wir zwar tüchtig gearbeitet, aber niemand beschwerte sich. Im Großen und Ganzen war es eine herrliche Zeit. Wir waren viele junge Leute, und alle haben immer gut zusammengehalten. Nach einem Jahr ging diese Zeit zu Ende.

Alfred: Gretel hatte sich für ein Jahr auf dem Hof verpflichtet, ich legte meine Prüfung ab.

Gretel: Wir sind beide am selben Tag von dort weggefahren. Dann besuchten wir zum ersten Mal gemeinsam Alfreds Eltern.

Alfred: Meine Eltern wussten, dass wir uns mochten. Dass wir eine gewisse Sympathie füreinander empfanden. Aber es war eine vollkommen ordentliche Sache, eine nette Freundschaft zwischen uns beiden.

Gretel: Ganz harmlos!

Alfred: Ja, so sieht man es heute. Damals war es das Normale.

Gretel: Ich kann mich noch gut an unseren ersten Kuss erinnern. Ich habe dich geküsst!

Alfred: Du hast mich zum Küssen verführt!

Gretel: Wir kannten uns schon länger, aber es war noch während der Zeit auf dem Lehrgut. Wir kletterten über einen Stacheldraht, du standest auf der einen Seite des Zaunes und ich auf der anderen. Dann drehtest du dich zu mir um, und da hab ich dir den ersten Kuss gegeben. Das weiß ich noch genau! Ja, wir mochten uns. Aber es war nicht so, dass wir dachten: »Jetzt sind wir ein Paar!«

Alfred: Nein, so haben wir damals nicht gedacht.

*

Gretel: Nach der Zeit auf dem Lehrgut ging ich zurück nach Westerland auf Sylt, wo ich bei meiner Tante und meinem Onkel aufgewachsen war.

Alfred: Ich wurde Wirtschafter auf einem großen Gut an der Ostsee.

Gretel: Alfred und ich blieben immer in Verbindung. Er besuchte uns in Westerland, oder wir trafen uns in Eckernförde bei seinen Eltern.

Alfred: Wir sahen uns aber nur selten. Manchmal lagen acht Wochen oder mehr dazwischen. Man hatte ja seine Arbeit, man war beschäftigt. Und am 20. Oktober 1936 wurde ich Soldat. Bis zum 24. Oktober 1938. Ich habe die Sudetenlandbesetzung mitgemacht – wie begeistert die Menschen dort waren, das ist unbeschreiblich!

Gretel: In der Zwischenzeit zog ich mit meinen Pflegeeltern von Sylt nach Hamburg-Othmarschen.

Alfred: Am 1. November 1938 habe ich auf dem Gut, wo ich vorher Wirtschafter gewesen war, als Verwalter angefangen – also eine Stufe höher als zuvor.

Gretel: Sie hatten die ganze Zeit dort auf ihn gewartet und den Posten für ihn freigehalten.

Alfred: Und dann fing ja der Krieg an, am 26. August 1939 war allgemeine Mobilmachung.

Gretel: Den Kriegsanfang habe ich in Hamburg erlebt. Es war eine schlimme Zeit.

Alfred: Am 26. August 1939 bekam ich morgens um vier Uhr meine Einberufung zum Kriegsdienst. Noch am selben Abend musste ich mich in Lübeck melden, und dann ging es ab, Richtung Polen. Durch Heckenschützen erlitt ich schon am zehnten Tag eine böse Verwundung.

*

Gretel: Im April 1941 musste Alfred nach Afrika, ich begleitete ihn bis Wiesbaden, von dort starteten die Flugzeuge. In Wiesbaden verlobten wir uns. Alfred hatte vorher schon einmal um meine Hand angehalten, aber meine Tante erwiderte ihm: »Werde du erst mal was! So kannst du sie noch nicht kriegen.« Und dann, in Wiesbaden, sagten wir zu seinen ganzen Soldatenfreunden: »Heute Abend feiern wir bei ›Mutter Engel‹ unsere Verlobung! Wir laden euch alle ein!« »Mutter Engel« war ein sehr gutes Lokal. Alfred und ich gingen am Abend dort hin und sahen einen Tisch, der festlich geschmückt war – ich erinnere mich noch an die ganzen schönen Maiglöckchen. Wir sagten: »Guck mal, da feiern noch andere etwas Besonderes!« – und gingen an dem Tisch vorbei. Da kamen Alfreds Freunde und fragten: »Wo wollt ihr hin? Hier ist unser Tisch!« Sie hatten den geschmückten Tisch für uns arrangiert! Es war ein herrlicher Abend. Dann riefen wir zu Hause an: »Heute haben wir uns verlobt!« Meine Tante war nicht gerade begeistert ... Am nächsten Tag fuhr ich zurück nach Hause, und mein Verlobter flog nach Afrika.

Alfred: Insgesamt blieb ich anderthalb Jahre dort, Casablanca war unser Standort. Ich war Hauptfeldwebel, und es war eine gute Zeit in Afrika. In Polen hatte ich unschöne Erfahrungen gemacht, Afrika tat mir gut.

Gretel: In jener Zeit schrieben wir uns viele Briefe, fast jeden Tag. Da war es schon eine große Liebe! Kürzlich haben wir die ganzen Briefe vernichtet.

Alfred: So was gehört nicht in Kinderhand. Unser ganzes junges Leben, unsere damaligen Gedankengänge – das war ja alles in den Briefen festgehalten. Das sind Sachen, die nur uns zwei etwas angehen.

Gretel: Alfred schickte mir auch viele wunderschöne Geschenke aus Afrika, unter anderem herrliche Stoffe und die schönste Unterwäsche!

Alfred: Nette Sachen à la Paris.

Gretel: Das kann man wohl sagen!

Alfred: Auch Kaffee konnte man damals schicken und Ölsardinen, all diese Dinge fehlten ja hier in Deutschland.

*

Gretel: Im Februar 1942 sahen wir uns wieder, zum ersten Mal nach unserer Verlobung. Wir hatten beschlossen zu heiraten, deshalb bekam Alfred 14 Tage Urlaub und konnte nach Hamburg kommen. Aber wir mussten nicht heiraten, wir wollten es. Wenige Tage vor der Hochzeit reiste Alfred an, ich hatte schon alles organisiert. Mein Brautkleid war aus Seide, die er mir aus Afrika geschickt hatte. Das Kleid war wundervoll – ich hatte eine ganz tolle Schneiderin, die später leider bei den Angriffen zu Tode kam. Und mein Schleier war sechs Meter lang, meine Schwägerin hatte ihn mir aus Paris geschickt. Die Feier war aber ganz klein, nur 16 Leute waren wir, die allernächsten Verwandten. Jeder brachte etwas zu essen mit, es gab ja nicht viel. Unsere Hochzeitsnacht verbrachten wir in einem Hotel in Hamburg, das später dem Erdboden gleich gemacht wurde. Am Tag nach der Hochzeit fuhren wir zu meinen Schwiegereltern nach Kiel. Und da bekam Alfred abends Fieber, 42 Grad. Es war die Malaria tropica. Ich musste wieder zurück nach Hamburg, ich arbeitete bei der Reichspostdirektion.

Alfred: Und ich lag im Marinelazarett Kiel.

Gretel: Ja, das war eine schlimme Sache. Was für ein Glück, dass du die Malaria nie wieder gekriegt hast!

Alfred: Ein paar Wochen dauerte es, bis ich wieder gesund war und zurück nach Afrika konnte. Eigentlich wurde man aussortiert, wenn man Malaria hatte. Aber ich war ja Hauptfeldwebel, der Spieß von dem Verein. Ich war nicht so einfach zu ersetzen, und ich wollte auch zurück, ich hatte da eine fantastische Funktion. Ich hätte es bedauert, wenn ich hätte hier bleiben müssen. Und die Alternative war ja nur Russland. Da bin ich zwar später auch noch hingekommen, aber erst mal: Afrika. Bis am 7. November 1942 der Amerikaner an der Küste Marokkos landete.

Gretel: 600 Schiffe waren das! Ich las es in der Zeitung und machte mir natürlich schlimme Sorgen. Zu dem Zeitpunkt war ich in anderen Umständen.

Alfred: Unser erster Sohn wurde 1943 geboren. Nach unserer Hochzeit waren wir zwei noch einmal zusammen gewesen.

Gretel: Zur Hochzeit deiner Schwester warst du zu Hause.

Alfred: Es kam alles hin. Alles war legal und ordentlich.

*

Alfred: Kurz nachdem der Amerikaner in Marokko angelangt war, bekam meine Frau Post von der Inspektion. Sie wusste, dass ich in Sicherheit war. Bis Ende Dezember blieb ich interniert in Melilla, also Spanisch-Marokko am Mittelmeer.

Gretel: Und dann sollte er mit dem Flugzeug nach Hause fliegen. Aber Alfred sagte: »Nein, der Spieß kann nicht als erster nach Deutschland fliegen.«

Alfred: Ich blieb erst mal bei meinen Leuten in Melilla. Das Flugzeug, mit dem ich hätte fliegen sollen, wurde über dem Mittelmeer abgeschossen. Wäre ich da mit eingestiegen ...

Gretel: ... wärest du tot.

Alfred: Aber ich hatte ja gesagt: »Hier gehöre ich hin. Wenn der letzte Mann mit dem letzten Flugzeug wegfliegt, dann komme ich mit.« Und das habe ich getan. Anfang 1943 kam ich zurück, erst mal nach Wiesbaden und dann nach Harburg, in die Kaserne südlich der Elbe.

Gretel: Ich lebte damals noch in Hamburg bei meinen Pflegeeltern. Die ersten fünf Jahre unserer jungen Ehe haben wir uns kaum gesehen.

Alfred: Wir hatten ja beide Dienst. Nur ab und zu haben wir uns besucht.

Gretel: Sehr selten, es war schon traurig, und manchmal gab es Tränen beim Abschied. Aber ich denke: Trotzdem waren wir eigentlich zufrieden. Wir haben nicht viel gejammert.

Alfred: Es war nun mal die Zeit. Wir kannten es nicht anders, wir waren diszipliniert.

Gretel: Am 15. Juni 1943 kam unser ältester Sohn auf die Welt, um vier Uhr morgens. Eine Stunde später war Alarm, wir mussten in den Keller.

Alfred: Dann wurde es immer schlimmer mit den Angriffen.

Gretel: Und als das Baby drei Wochen alt war, brachte Alfred uns zu seiner Familie nach Schleswig-Holstein.

Alfred: Ich blieb erst mal in Harburg in der Kaserne und machte Aufräumarbeiten in Hamburg. Nach den schweren Luftangriffen im Sommer 1943 lag die Stadt in Schutt und Asche. Ich erspare es mir lieber, die grauenvollen Bilder ausführlich zu beschreiben.

Gretel: Hier im Dorf gibt es ein Strohdachhäuschen, das war das Altenteil von Alfreds Familie. Auf der einen Seite wohnte Alfreds Oma, auf der anderen wir. Zuerst ich allein mit unserem ersten Sohn. Später kam Alfred dazu, und zwei unserer Kinder wurden in dem Häuschen geboren. Die Kinderbetten waren übereinander auf dem Flur.

*

Gretel: Im Herbst 1943 kam mein Mann nach Russland. Am Abend davor konnten wir uns noch einmal sehen, er besuchte uns hier im Dorf.

Alfred: Eigentlich sollte ich gar nicht nach Russland. Ich war in Harburg und beantragte Ernteurlaub, um meinem Onkel auf seinem Gut helfen zu können. Dieser Urlaub musste bewilligt werden, was normalerweise kein Problem war. Nur: Leider kam da ein Offizier dazwischen, ein ganz arroganter! Er fragte mich scheinheilig: »Auf dem Gut gibt es doch bestimmt Gänse und Enten?« Klar: Er wollte, dass ich ihn besteche, dass ich ihm etwas von dem Gut mitbringe. Da habe ich auf stur geschaltet. Wenn mir einer so dumm kommt, da kann ich nicht gegen an. Schließlich eröffnete mir der Offizier, dass aus Russland Ersatz angefordert sei. Als ich später in Russland ankam, wusste man dort von nichts.

Gretel: Nur weil Alfred nicht gesagt hatte, »ich bringe Ihnen eine Gans mit«, schickte der Offizier ihn nach Russland. Bestechung und solche Sachen – so was liegt meinem Mann nicht. Grundsätzlich bin ich sehr, sehr froh darüber, dass er immer korrekt ist. Aber in dem Moment war es schlimm. Wir dachten, er kommt in Ernteurlaub – und dann geht's nach Russland!

Alfred: Noch am selben Nachmittag ging die Reise los. Wir wurden von Harburg nach Lübeck verlegt. Und von Lübeck aus bin ich zu meiner Frau ins Dorf gefahren. Erst am Abend kam ich dort an, es war schon dunkel.

Gretel: Ich sehe jetzt noch dein entsetztes Gesicht vor mir. O Gott! Es war so schlimm!

Alfred: In derselben Nacht musste ich zurück nach Lübeck, mit dem letzten Zug bin ich gefahren.

*

Gretel: 1944 sahen wir uns noch einmal. Mein Mann war in Russland verwundet worden.

Alfred: Mein Bein war lädiert. Ich kam nach Königsberg und wurde dort versorgt.

Gretel: Ich besuchte ihn in Königsberg, dort fand ich es wunderschön! Hier war ja schon ein Angriff nach dem anderen, Kiel wurde zu 80 Prozent zerstört. Aber in Königsberg war es zum damaligen Zeitpunkt wie im tiefsten Frieden. Wir fuhren dann gemeinsam nach Danzig, und von dort aus: Er wieder nach Russland, ich nach Hause. Zwei Wochen, nachdem wir auseinander gegangen waren, begannen die Angriffe auf Königsberg. Sie haben die Stadt dem Erdboden gleich gemacht.

Alfred: Ich bin in Danzig auf den Dampfer, zurück über die Ostsee nach Riga, und von Riga wieder an die Front.

Gretel: Weihnachten 1944 bekam ich die letzte Nachricht von meinem Mann, danach hörte ich acht Monate lang nichts von ihm. Ich wusste nicht, wo er war, ob er überhaupt noch lebte. Am 11. Februar 45 wurde unser zweiter Sohn geboren. Bei uns kamen ständig ganz viele Soldaten an, ich bin immer am Hafen herumgelaufen und habe jeden gefragt, ob er mir etwas über meinen Mann sagen könnte. Aber niemand wusste etwas. Erst im August überbrachte mir ein Freund meines Mannes die Nachricht, dass Alfred Gott sei Dank lebte. Er war in Gefangenschaft.

*

Gretel: Die ganzen Jahre ohne meinen Mann – das war eine schwierige Zeit für mich. Unter anderem aus finanziellen

Gründen: Ich war zwar Beamtin, aber als ich die zwei Jungen hatte, hörte ich natürlich auf zu arbeiten. Es hieß, man könne Geld von der Gemeinde bekommen – aber man müsste alles zurückzahlen, wenn der Mann aus der Gefangenschaft nach Hause käme. Ich konnte mir nicht vorstellen, wie wir das bewerkstelligen sollten. Also habe ich das Geld abgelehnt und mich als Beamtin auszahlen lassen. Wie sich später herausstellte, war das ein Riesenfehler. Denn im Endeffekt musste niemand Geld an die Gemeinde zurückzahlen. Wegen dieser ganzen Sache habe ich heute keine Pension.

Alfred: Aber ich hatte in Afrika einiges verdient. Im Krieg konnte man nicht viel ausgeben, so hatten wir etwas zurückgelegt.

Gretel: Das Geld war vor allem für unsere erste eigene Wohnung nach dem Krieg vorgesehen – wir besaßen ja noch nicht einmal Möbel. Letztendlich gab es dann keine andere Möglichkeit, als die Rücklagen für das Notwendigste im Alltag aufzubrauchen.

*

Alfred: Am 3. Juli 1947 kam ich zurück aus der Gefangenschaft.

Gretel: Mein Mann war todkrank. Er war fast verhungert, er bestand nur noch aus Haut und Knochen. Seine Lunge, sein Herz, alles war kaputt. Sogar sein Kopf war ganz klein geworden. Ein ganzes Jahr haben meine Schwiegermutter und ich gebraucht, um ihn wieder aufzupäppeln.

Alfred: Ein ganzes Jahr. Bis Mitte 1948.

Gretel: Wir wohnten zusammen in dem kleinen Strohdachhäuschen – es war das erste Mal, das mein Mann und ich zusammenlebten.

Alfred: Nach dem Krieg war ich beruflich aus der Bahn geworfen. Hier in der Gegend wurden viele Bauern aus Ostpreußen angesiedelt, für sie nahm man Flächen von den großen Gütern ab. Und die Stelle, wo ich früher als Verwalter gearbeitet hatte, war inzwischen anderweitig vergeben. Obwohl sie dort lange auf mich gewartet hatten.

Gretel: So lange haben sie gewartet! Sie wollten dich so gern wiederhaben!

Alfred: Ich war ja 1939 eingezogen worden, und das Leben auf diesem Gut ging weiter. Als ich mich 1948 von der Gefangenschaft erholt hatte, musste ich mir einen neuen Arbeitsplatz suchen und hatte schließlich Glück: Ich fand eine Anstellung bei einem Getreidehändler.

Gretel: Aber das Geld war knapp. Unsere Tochter wurde geboren, zu fünft hatten wir nur 200 Mark im Monat!

Alfred: Ja, aber das war ganz normal damals. Kaum jemand hatte mehr Geld. Später wurde ich Prokurist.

Gretel: Finanziell hat es sich nicht ausgewirkt.

Alfred: Andere Leute verdienten auch nicht mehr. 1952 ergab sich dann die Möglichkeit, ein Grundstück zu kaufen und dieses kleine Haus zu bauen. Ich bekam Geld von meiner Firma geliehen, meine Frau erbte etwas, und es gab öffentliche Zuschüsse. Im März 1953 sind wir hier eingezogen, und wir hatten den großen Garten.

Gretel: Wir haben viel aus dem Garten gelebt.

Alfred: Wir hatten alles, was es an Gemüse gibt, wir konnten uns sehr gut behelfen.

*

Gretel: 1957 kam unser dritter Sohn. Noch heute sagt er immer wieder: »Mama, wir hatten die schönste Jugend, die man sich vorstellen kann.« Die Ostsee liegt ja direkt vor der Tür, und in den Sommerferien kamen uns alle Nichten und Neffen besuchen. Das Haus war voll mit Kindern, mit Leben, es war herrlich! Nur finanziell war es immer ein bisschen knapp. Die Kinder haben es nie so gemerkt, es war eine wunderschöne Kindheit für sie. Aber für mich war es manchmal schwierig: Vier Kinder zu erziehen, das ist auch eine Menge Arbeit – und mein Mann hatte wenig Zeit für die Kinder, manchmal musste er bis zehn Uhr abends arbeiten. Einmal bin ich vor Erschöpfung umgefallen und kam für drei Wochen ins Krankenhaus, während dieser Zeit musste meine Schwiegermutter mich zu Hause vertreten. Die Hausarbeit war damals ja viel anstrengender als heute. Zum Beispiel gab es noch keine Waschmaschinen, die Wäsche von uns sechs Familienmitgliedern habe ich mit der Hand gewaschen. Was für mich das schönste Geschenk war: als wir warmes Leitungswasser bekamen. Andererseits haben wir damals alles gar nicht als so anstrengend empfunden. Wir kannten es nicht anders, und zum Glück bin ich jemand, der hart arbeiten kann. Im Nachhinein denke ich: Die Zeit, in der unsere Kinder heranwuchsen, war eine sehr glückliche Zeit – wahrscheinlich war es sogar unsere schönste Zeit.

Alfred: Ja, es war sehr schön damals. Auch als die Kinder aus der Schule kamen und ins Berufsleben einstiegen, waren wir sehr zufrieden. Für uns war es ein großes Glück zu sehen, mit welcher Freude, mit welchem Ehrgeiz und Fleiß unsere Kinder an ihre Aufgaben herangingen.

Gretel: Ja, das taten sie alle. Und so ist aus ihnen allen etwas geworden. Einer unserer Söhne ist Diplom-Ingenieur, einer wurde sogar Professor, mit 36 Jahren schon.

Alfred: Unser Doktor sagte immer: »Vater, Mutter, eines kann ich euch sagen. Das, was ihr uns von zu Hause mitgegeben habt, ist unbezahlbar!« Mit der Erziehung haben wir unsere Kinder auf den richtigen Weg geführt. Fleiß und Verantwortungsbewusstsein: Das haben wir ihnen immer vorgelebt.

Gretel: Im Alltag war ich mehr für die Erziehung zuständig als mein Mann – weil ich ja immer zu Hause war. Nur wenn etwas Besonderes passierte, musste mein Mann einschreiten. Zum Beispiel hat einmal unser Ältester zusammen mit Freunden versehentlich eine Gartenlaube angezündet. Die Gartenlaube gehörte einem ziemlich wohlhabenden Mann, aber er wollte 1000 Mark von uns haben. Für uns war das ein Heidengeld, wir wussten nicht, wo wir 1000 Mark hernehmen sollten! Also schrieb mein Mann einen freundlichen Brief, so was kann er sehr gut. Er bat den Besitzer der Gartenlaube, einmal an seine eigene Jugend zu denken. Und er erklärte, dass die Kinder ganz bestimmt nicht mit böser Absicht gehandelt hatten. Da wurde der Geschädigte einsichtig und sagte: »Nun, dann vergessen wir die Sache eben.« Aber solche Zwischenfälle waren sehr selten. Unsere Kinder haben uns wenig Sorgen gemacht. Es sind wunderbare Kinder! Und es war natürlich ganz, ganz schlimm, ein furchtbarer Schock, als einer unserer Söhne starb, der Professor. Er war Kardiologe.

Alfred: Chefarzt in München. Wir haben ihn, seine Frau und seine vier Kinder manchmal besucht.

Gretel: Er war unser zweitältester Sohn. Ein ganz Tüchtiger und ein sehr, sehr lieber Mensch! Vor fünf Jahren starb er an Leukämie, es war eine Berufskrankheit, er hatte immer viel mit Röntgenstrahlen zu tun. So vielen Kranken hatte er geholfen, aber ihm konnte man nicht helfen! Mit 52 Jahren hat es ihn mitten aus dem Leben gerissen.

*

Alfred: Wenn man nun schon so vieles gemeinsam erlebt hat, sich so lange kennt, dann gehört man einfach zusammen.

Gretel: Mein Mann sagt auch heute noch zu mir, dass er mich liebt und dass er mich immer wieder heiraten würde.

Alfred: Von dem Moment an, als ich aus der Kriegsgefangenschaft zurückkam, waren wir immer zusammen. Nach all diesen Jahren ist man einander vertraut. Jeder kennt die Schwächen des anderen und akzeptiert sie. Es sind ja alles nur Kleinigkeiten – die muss man einander nicht übel nehmen, und wir sind beide auch gar nicht nachtragend.

Gretel: Wenn wir uns einmal zanken, fangen wir irgendwann an zu lachen, und dann ist alles wieder gut. Wir lachen uns fast kaputt miteinander! Dafür bewundere ich meinen Mann: Er hat so viel Humor, er kann so lustig sein!

Alfred: Ja, damit bringe ich alles wieder ins Lot.

Gretel: Er ist überall beliebt und hat einen großen Freundeskreis.

Alfred: Ich bin Jäger, ich habe sehr viel Kontakt. Überall, wo ich hinkomme, werde ich mit großem Hallo begrüßt.

Gretel: Ich bin bei den Landfrauen, und wenn Alfred mich abholt, hat er für jede ein lustiges Wort. Das ist eine Begabung, das kann nicht jeder, das schätze ich sehr an Alfred! Es hilft einem im Leben, wenn man viele Freunde hat. Ich bin auch in einem Kartenclub, schon ewig spielen wir Frauen regelmäßig zusammen. Natürlich stirbt mal eine weg, mal kommt eine neu dazu. Aber im Großen und Ganzen ist es derselbe Kartenclub seit 40 Jahren. Außerdem kommen die Kinder oft zu uns, fast jeden Tag ist jemand zu Besuch. Wir haben immer noch ganz viel Leben im Haus, wir haben viel Spaß miteinander.

*

Alfred: Angeblich gibt es ja Probleme bei vielen Ehepaaren, wenn der Mann in Rente geht. Aber bei uns, ganz ehrlich, war es nie ein Problem, jeden Tag zusammen zu Hause zu sein.

Gretel: Mein Mann hat ja den Garten! Sein Hobby!

Alfred: Für mich war es so: Mit 63 Jahren bekam ich die Möglichkeit, in den vorgezogenen Ruhestand zu gehen. Von da an habe ich weniger gearbeitet, hatte Freizeit und konnte mich langsam an den Ruhestand gewöhnen. Meine Frau und ich stellten fest: Wir beide ergänzen uns wundervoll! Ich helfe viel im Haushalt ...

Gretel: ... aber das meiste mache ich. Wir haben keine Haushaltshilfe. Mein Mann unterstützt mich ein bisschen im Haus, wenn er kann. Aber er hat auch eine Menge im Garten zu tun.

Alfred: Meine Frau geht morgens aus dem Haus.

Gretel: Ja, ich gehe jeden Morgen eine Stunde spazieren. Und im Sommer bade ich täglich in der Ostsee. Dieses Jahr habe ich 59-mal gebadet. Ich brauche das, es hält mich frisch.

Alfred: Währenddessen räume ich ein bisschen auf, ich schlage die Läufer aus und fege die Küche.

Gretel: Ja, das stimmt, das machst du jeden Tag.

Alfred: Dann bereite ich das Frühstück vor mit allem Drum und Dran. Wenn Gretel wieder zu Hause ist, sage ich, »setz dich, bitte«, und schenke ihr den Kaffee ein. Nach dem Frühstück räumen wir gemeinsam den Tisch ab, ich mache den Abwasch.

Gretel: Du tust es freiwillig. Ich könnte es auch tun, es würde mir nichts ausmachen.

Alfred: Es ist einfach so: Ich möchte mich an der Hausarbeit beteiligen. Ich bin kein Pascha, der nach dem Essen sagt: »Danke schön, ich bin satt« – und einfach verschwindet.

Gretel: Nach dem Frühstücksabwasch geht mein Mann in den Garten. Wir essen gemeinsam zu Mittag, wir trinken am Nachmittag gemeinsam Kaffee. Aber zwischen den Mahlzeiten ist Alfred viel im Garten. So hat jeder von uns seinen eigenen Bereich.

Alfred: Nach dem Abendbrot sieht meine Frau oft fern, meistens sitze ich dann im Nebenraum. Sie dreht den Ton ein bisschen lauter, damit ich zuhören kann. Aber ich muss nicht immer neben meiner Frau sitzen, wenn sie fernsieht.

*

Gretel: Wir machen manches getrennt. Richtig viele gemeinsame Interessen haben wir eigentlich nicht. Am wichtigsten sind uns beiden natürlich die Kinder, die Enkel, die ganze Familie. Aber ich interessiere mich zum Beispiel auch sehr für Literatur, dafür hat mein Mann wenig übrig. Ich glaube, ich besitze ungefähr 1000 Bücher. Früher bin ich auch ganz viel ins Theater gegangen. Schon damals in Hamburg erlebte ich herrliche Theaterabende.

Alfred: In Hamburg sind wir auch mal zusammen im Theater gewesen.

Gretel: Ja, da konnte ich dich einmal überreden. Und als unser Sohn in München lebte, bin ich auch dort ins Theater gegangen. Dieser Sohn sorgte viel dafür, dass wir Abwechslung hatten. Ich wäre auch gern mehr gereist. Aber das war einfach nicht drin.

Alfred: Ganz ehrlich: Dafür reichte das Geld nicht. Mit vier Kindern war es ohne Reisen schon schwierig genug, über die Runden zu kommen. Außerdem wurde mein Reisebedarf im Krieg gedeckt. Seitdem gibt es für mich eigentlich nichts Schöneres als das Zuhause. Später sind meine Frau und ich trotzdem mal in den Schwarzwald gefahren.

Gretel: Leider nur für zwei Wochen. Aber ich bin ja auch alleine verreist, es waren wunderschöne Reisen: Einmal bin ich mit einer Reisegesellschaft dreieinhalb Wochen lang durch Frankreich gefahren, einmal dreieinhalb Wochen durch Italien.

Alfred: Ich hatte nichts dagegen. Im Gegenteil: Ich fand es gut, dass meine Frau sich endlich auch einmal erholen konnte.

Gretel: Es waren große Bildungsreisen, herrliche Erlebnisse! Einmal ist meine Schwägerin mitgekommen, einmal bin ich mit Freunden gefahren. Wir alle hatten vorher schon viel gelesen über die Länder, wir hatten uns gründlich auf die Reisen vorbereitet.

Alfred: Es war nicht genug Geld vorhanden, um für uns beide große Reisen zu bezahlen. Und ohnehin war ich immer froh, im Urlaub zu Hause sein zu können. So haben wir beide unseren Urlaub genossen.

*

Gretel: In finanziellen Dingen waren wir uns immer einig.

Alfred: Prinzipiell sind wir beide dagegen, bei der Bank in die roten Zahlen zu kommen. Das wäre für uns eine ganz grausame Angelegenheit! Wenn einmal eine größere Anschaffung geplant war, zum Beispiel ein Autokauf, sagte meine Frau zu mir: »Rechne es genau durch, Alfred. Du weißt ja, für den Haushalt brauchen wir soundso viel.« Das lief immer reibungslos.

Gretel: Wir lebten wahrlich nie im Überfluss. Aber ich war auch nie unzufrieden, in keiner Weise. Ich bin ein sehr zufriedener Mensch. Heute scheint es mir so, dass viele Ehen auseinander gehen, weil die Frauen ihren Beruf und ihr eigenes Geld haben. Sie denken sich: »Wenn mein Mann nicht so spurt, wie ich es will – dann gehe ich eben weg.« Das konnten die Frauen meiner Generation nicht, sie hatten ja kein Geld.

Alfred: Das Zeitalter der Emanzipation begann ja erst viel später.

Gretel: Auch wenn ich eigenes Geld gehabt hätte – ganz sicher hätte ich mich nie von meinem Mann getrennt, weil ich immer glücklich mit ihm war. Ich hatte zwar auch meinen Beruf. Aber es war selbstverständlich, dass eine Frau aufhörte zu arbeiten, wenn Kinder kamen. Heute ist es eigentlich nicht mehr selbstverständlich. Dennoch haben unsere Kinder es genauso gemacht wie wir: Unsere Tochter und unsere drei Schwiegertöchter haben aufgehört zu arbeiten, als sie Mütter wurden. Insofern denke ich: Wir waren ihnen ein Vorbild.

*

Alfred: Wir waren nie übermäßig euphorisch, aber wir haben uns auch nie beklagt. Im Grunde genommen haben wir uns in jeder Hinsicht an das gesunde Mittelmaß gehalten.

Gretel: Wir sind nie sehr anspruchsvoll gewesen, das macht viel aus.

Alfred: So können wir heute beide sagen: Wir hatten und haben ein gutes Leben. Ein ganz wichtiger Teil davon ist die Ehe. Dass man einander so nah ist, dass man sich so gern hat, das ist sehr viel wert.

Gretel: Wir sind uns auch immer treu geblieben.

Alfred: Über all die Jahre, trotz der langen Trennung durch den Krieg.

Gretel: Man erlebte es damals ja oft: Die Männer kamen aus der Gefangenschaft, und ihre Frauen hatten inzwischen einen anderen.

Alfred: Aber wir zwei haben immer zusammengehalten, waren immer gut zueinander. Ich möchte keinen Tag missen aus dem Leben mit meiner Frau. An jeden einzelnen Tag erinnere ich mich gern: vom zarten Kennenlernen vor 70 Jahren bis heute.

»Buddies fürs Leben«

Gaby (46) und Rüdiger (58) lernten sich vor 18 Jahren bei der Arbeit kennen. Beide sind Lehrer: Gaby unterrichtet Kunst und Mathematik, Rüdiger lehrt Mathematik und Physik. Schon bevor sie Rüdiger traf, träumte Gaby vom Segeln. Nach einiger Zeit gelang es ihr, Rüdiger für diese Leidenschaft zu interessieren. 1993 fuhren die beiden los Richtung Atlantik. Sie umsegelten gemeinsam die Welt und kehrten erst 1999 zurück nach Darmstadt. Unterwegs heirateten sie. Über ihre Reise schrieben sie gemeinsam ein Buch, ein zweites Fachbuch zum Thema Weltumseglung ist in Vorbereitung. Das Paar hat keine Kinder.

Ich besuche Gaby und Rüdiger in ihrer kleinen Wohnung in Darmstadt. Sowohl ihre Wohnungseinrichtung als auch ihre Kleidung wirken vor allem zweckmäßig – ganz so, wie man es sich von echten Abenteurern vorstellt. Die beiden begegnen mir sehr freundschaftlich. Zur Begrüßung gibt es ein köstliches asiatisches Mittagessen. Während unseres Gespräches erzählen sie einander kleine Anekdoten, und sie stellen mir hin und wieder Fragen zu meinem Leben, zu meiner Beziehung: Die beiden tauschen sich gern aus – untereinander und mit anderen. Und sie erwähnen immer wieder, dass es schon fast ungerecht sei, wie gut es ihnen gehe.

Gaby: Wir werden oft angesprochen: »So lange zu zweit auf so engem Raum? In so einem kleinen Schiff? Wie schafft man das?«

Rüdiger: Auf einem Boot wie unserem ist der Raum tatsächlich sehr begrenzt.

Gaby: Das Vorschiff ist so groß wie ein Doppelbett.

Rüdiger: Und unser »Salon« – so nennt man beim Schiff den Raum, in dem man lebt – hat eine Fläche von zirka zwei mal drei Metern. Natürlich hält man sich auch viel draußen im Cockpit auf. Trotzdem gibt es sehr wenig Platz. Aber ich glaube nicht, dass der Raum entscheidet. Viel bedeutender ist der Umstand, dass man von einem Boot nicht wegrennen kann – selbst wenn es doppelt so groß ist wie unseres. Zu Hause kann man die Tür hinter sich zuknallen und in den Park gehen, wenn man wütend ist. Auf See ist das unmöglich: Zum einen natürlich, weil es draußen ganz einfach keinen Park gibt, sondern Wasser. Und zum anderen, was viel wichtiger ist: Auf dem Boot muss man zusammenarbeiten. Wir wissen: Wir sind ein Team, wir können nicht wütend aufeinander sein und gegeneinander arbeiten.

Gaby: Es geht ja nicht darum, wochenlang auf engem Raum zusammenzusitzen. Man hat ja eine Aufgabe auf See.

Rüdiger: Es gibt allerdings ganz viele Paare, die eine Weltumseglung starten und sich unterwegs trennen. Sie haben schon Konflikte, bevor sie losfahren, und während der Fahrt werden diese noch massiver. Die Fahrt von Europa in die Karibik dauert ja ungefähr vier Wochen, irgendwo auf dem Atlantik bricht die Partnerschaft auseinander. Gaby und ich hatten aber keine Konflikte. Wir haben das gemeinsame Segeln auch vorher ausgetestet, auf einer Jolle, also auf noch viel engerem Raum.

Gaby: Immer nur für ein paar Wochen, aber zum Teil unter extremen Bedingungen. Einmal hat es zwei Wochen lang ununterbrochen geregnet. Man stelle sich das so vor: Es ist enger als in einem Smart. Man sitzt mit den Knien unterm Kinn, kann sich nicht rühren, kann sich nicht mal ausstrecken. Ich denke, das Ganze ist vergleichbar mit der Situation, dass man auf einer Straße im Auto einschneit und tagelang gefangen ist. Da gibt es sicherlich Leute, die sich selbst oder gegenseitig umbringen würden. Aber bei uns funktionierte es. Wir waren auch einmal zusammen mit dem Motorrad unterwegs. Das war eine Art Probeurlaub, sechs Wochen Marokko. Da konnten wir einander auch nicht aus dem Weg gehen.

Rüdiger: Wir haben gemeinsam Sachen gemacht, bei denen man wirklich zusammenarbeiten muss. Für mich war das eine völlig neue Erfahrung. Als wir uns kennen lernten, war ich vierzig Jahre alt und hatte schon einige Beziehungen hinter mir. Es hat mich überrascht, dass Gaby nicht anfing zu jammern, wenn es mal unbequem wurde. Von meinen früheren Freundinnen war ich ganz anderes gewohnt. Ich stellte fest: Aha, Gaby ist jemand, mit dem ich etwas unternehmen kann. So eine Frau hatte ich eigentlich immer gesucht. Ich war sehr beeindruckt.

*

Gaby: Wir sind beide abenteuerlustig. Darum haben wir uns auch gefunden. Das war der Angelpunkt, schon als wir uns kennen lernten. Ich habe eine Freundin, die kenne ich seit meinem zehnten Lebensjahr. Früher habe ich mit ihr die tollsten Unternehmungen gemacht, wir zwei haben die Welt auf den Kopf gestellt! Später, als wir getrennt mit Männern in den Urlaub gefahren sind, war es meistens todlangweilig: Händchenhalten, Eis essen gehen, am Strand die Zeitung lesen ... Ich habe dann immer darauf gehofft, dass irgendetwas passiert, dass es nass und kalt und eklig wird, dass es mal spannend wird. Seit jener Zeit habe ich davon geträumt, einen Mann zu finden, der ähnlich tickt wie ich. Rüdiger ist der erste Mann, mit dem ich gern zusammen verreise. Es war von Anfang an toll.

Rüdiger: Ich wollte immer etwas Besonderes unternehmen. An Segeln hatte ich gar nicht gedacht, das war Gabys Idee. Ich bin gern Motorrad gefahren, Ski gefahren, auf Berge gestiegen. Und das wollte ich nicht gern allein machen.

Gaby: Wir kannten uns erst ganz kurz, da hat Rüdiger mich schon auf einen Dreitausender geschleppt. Einfach so.

Rüdiger: Allein finde ich es langweilig. Man muss sich austauschen können, und das wollte ich mit einer Frau machen. Aber ich habe mich nicht darauf versteift, eine Frau zu finden, die haargenau dieselben Interessen hat wie ich. Wenn ich gedacht hätte: »Ich will eine Frau, die Ski fährt und Motorrad« – dann hätte ich garantiert keine gefunden. Ich wusste nur genau, was ich nicht wollte. Ich wollte bestimmte Desaster nicht wiederholen. Deshalb ist meine Theorie: Die zweite Auflage ist stabiler. Man lernt in der ersten Partnerschaft, welche Fehler man später vermeiden sollte.

Gaby: Wir haben uns 1984 in der Schule kennen gelernt. Rüdiger war 40 und schon ein erfahrener Lehrer. Ich war 28 Jahre alt und hatte gerade mein Referendariat begonnen. Es war eine stressige Zeit für mich, eine neue Beziehung passte da am allerwenigsten rein. Irgendwie haben wir uns dann aber trotzdem verliebt. So bin ich auf Wolke sieben durch mein Referendariat geschwebt. Wolke sieben hat mich auch durch das Examen getragen, plötzlich wurde alles viel leichter. Wir waren schon sehr schnell ein richtiges Team und haben gemeinsam meinen Unterricht vorbereitet.

*

Rüdiger: Aber am Anfang wären wir fast aneinander vorbeigelaufen. Ich wusste nur, dass du Kunstlehrerin bist. Mit Künstlerinnen hatte ich schlechte Erfahrungen gemacht. Ich fand dich zwar sehr hübsch und sehr nett, aber Kunst, na ja ... Dann erzähltest du mir, dass du auch Mathe studiert hattest. Sehr interessant!

Gaby: Und ich wäre fast an dir vorbeigelaufen, weil du manchmal ein bisschen ruppig wirkst, wenn man dich noch nicht gut kennt. Zum Beispiel hast du einmal zu mir gesagt: »Zwischen Männern und Frauen kann es keine Freundschaften geben.«

Rüdiger: So habe ich das nicht gesagt. Ich konnte es mir nur nicht vorstellen. Wegen meiner schlechten Erfahrungen.

Gaby: Du hast deine Thesen überspitzt formuliert und mich damit irritiert. Du warst ein bisschen machomäßig, wie damals der Typ aus der »Camel«-Werbung. Supercool auch. Irgendwie mochte ich dich schon gern leiden. Aber ich hatte zum Beispiel die Idee, du könntest nie zärtlich sein. An den ersten Abenden haben wir keinerlei Zärtlichkeiten ausgetauscht. Es gab ein paar verkorkste Dates, und dann hast du mich noch einmal gefragt, ob wir uns treffen. Für mich war klar: »Das ist der letzte Versuch!« Aber ich malte gerade ein Bild, es war mein erster Auftrag als Künstlerin. Und mittendrin riefst du an. Ich sagte: »Ich will malen, ich gehe jetzt nicht weg. Morgen gerne, heute nicht.« Da warst du richtig beleidigt.

Rüdiger: Ich war damals an dem Punkt, wo ich dachte: »Wenn die Frauen was wollen, dann sollen sie anrufen. Ich melde mich nur einmal.« Aber irgendwie habe ich am nächsten Tag doch noch ...

Gaby: Du hast angerufen und gefragt: »Na was ist, gehen wir jetzt?« Wieder so ruppig. Na gut, der Abend endete sehr schön, bei dir zu Hause ...

*

Rüdiger: Ich hatte damals eine große Altbauwohnung, für mich alleine war sie eigentlich viel zu groß. Zwei Jahre vorher war meine frühere Freundin ausgezogen. Gaby und ich wollten erst mal nicht zusammenwohnen. Vielmehr: Ich wollte das nicht. Aber sie war immer öfter bei mir, es hat sich einfach so ergeben und war ja auch sehr schön. Gaby hat dann ihre Wohnung aufgegeben, und ich beschloss, mir eine zusätzliche kleine Bude zu suchen, um ab und zu allein zu sein. Das war so eine fixe Idee von mir. Was sich aber als völliger Quatsch herausgestellt hat, weil wir wirklich zusammengeklebt haben wie die Kletten.

Gaby: Mittlerweile hatten wir auch schon den Entschluss gefasst, eine Weltumseglung zu machen. Wir kannten uns knapp zwei Jahre, da habe ich Rüdiger auf ein Segelboot gelotst.

Rüdiger: Ich glaubte an das Klischee: »Segler sind alle blau-weiß gekleidet und sprechen ihre Seglersprache.« Mir war das zu vereinsmeierisch.

Gaby: Aber ich träumte von der Weltumseglung, obwohl ich kaum Segelerfahrungen gesammelt hatte.

Rüdiger: Ich konnte mir das überhaupt nicht vorstellen. Wenn man jeden Monat sein Gehalt bekommt, kann man sich schon finanziell nicht vorstellen, wie so was gehen soll.

Gaby: Als Rüdiger dann angebissen hat ...

Rüdiger: Gaby hat mich während einer Motorradtour auf Mallorca auf ein Segelboot gelockt. Es war wunderschön und ein bisschen spannend: Die Sonne ging unter, und wir hatten zuerst keine Ahnung, wo wir eigentlich den Anker werfen sollten. Aber dann lagen wir in dieser Bucht, es war ein ganz samtweicher Abend. Das Wasser war glasklar, wir hatten kaltes Bier im Kühlschrank, dazu Musik von den Dire Straits, es war einfach wildromantisch. Ich wusste sofort: Das ist toll, das gefällt mir. Motorradfahren fand ich natürlich auch toll. Aber Motorradfahren ist eigentlich sehr einfach. Beim Segeln merkte ich sofort: Da muss man viel mehr können, auch technisch. Das hat mich total fasziniert. Ich bin Gaby sehr dankbar, dass sie mich zum Segeln und schließlich zur Weltumsegelung verleitet hat. Das hat mein Leben unendlich bereichert. Ich glaube, von selber hätte ich mich nicht getraut. Das muss ich zu meiner Schande gestehen.

Gaby: Ich habe manchmal fast ein schlechtes Gewissen, weil ich Rüdiger so aus der Bahn geworfen habe.

Rüdiger: Wir sind dann sogar zwei Jahre früher los, als wir eigentlich geplant hatten.

Gaby: Es war völlig absurd. Ich sagte: »Und wenn wir einfach jetzt schon losfahren?« Und dann hat es bei ihm wieder gezündet. »Meinst du, das geht?« Wir haben einander die Bälle zugespielt, und Pingpong: Plötzlich stand der Plan. So war es bei uns eigentlich von dem Moment an, wo klar war, dass wir ein Paar sind.

Rüdiger: Wir waren nicht einfach nur zusammen, wir haben immer fast alles zusammen gemacht. Bei uns gab es noch nie die Situation, dass wir uns peinlich anschweigen. Eine frühere Freundin von mir hatte neulich den Plan, mit ihrem Mann nach Australien zu fahren. Sie wollten sich ein Auto mieten und durch das Land fahren. Da fragte sie mich doch allen Ernstes: »Sag mal, wie macht man das, wenn man Hunderte von Kilometern zusammen im Auto sitzt? Was redet man denn da?« Die sind seit 20 Jahren zusammen! Und da macht sie sich Gedanken, worüber sie mit ihrem Mann reden soll! Unvorstellbar! Gaby und ich denken laut nach ...

Gaby: Wir amüsieren uns gemeinsam über etwas, das wir sehen, wir lachen miteinander.

Rüdiger: Wenn man einander Theater vorspielt, also wenn man im Alltag eine Rolle spielt, tauscht man sich nicht wirklich aus. Das ist bei uns überhaupt nicht der Fall. Ich glaube manchmal, wenn uns jemand anderes hören würde, der wäre entsetzt: »Wie reden die denn miteinander?« Weil er die Ironie nicht versteht. Wir sind sehr ironisch teilweise, aber nicht gemein, sondern witzig ironisch. Und wir tragen keine Masken. Es gibt ein Buch von Beate Kammler, über die Atlantiküberquerung eines Paares. Sie beschreibt ganz deutlich, wie das ist mit den Masken auf so einer Reise. Das kann natürlich nicht gut gehen.

Gaby: Sie hatte Perücken dabei und zwanzig Bikinis, um ihren Mann zu überraschen.

Rüdiger: Wenn einer völlig verquollen aus der Koje kriecht, und der andere kann den Anblick nicht ertragen: Da ist nichts zu machen. Dann ist es vorbei, da geht gar nichts mehr.

Gaby: Wenn man sich drei Wochen lang die Haare nicht waschen kann, sieht man furchtbar aus und fühlt sich auch so. Ich finde, das Segeln selber ist total unerotisch. Die Anspannung ist groß, und das Interesse ist anders orientiert. Man hat auch immer eine Antenne auf Wind und Wellen gerichtet. »Was macht das Boot? Kommt da ein anderes Schiff?«

Rüdiger: Ja, die Reise war schon teilweise erotikfeindlich: Wenn es gefährlich ist, hat man einfach keinen Nerv für so etwas. Trotzdem war es zum Teil wunderschön. Nur ganz anders als dieses Südsee-Klischee.

Gaby: Es gibt eine Art von Erotik, die hat mit Fremdheit zu tun – oder mit dem Überwinden von Fremdheit. Das verschwindet ja in jeder Beziehung irgendwann. Der Fall einer sechsjährigen Weltumseglung ist da sicher extrem. Die andere Art von Erotik: Das ist, wenn man einander sehr vertraut ist, wenn es eine tiefe Freundschaft gibt. Diese zweite Art von Erotik ist mir wichtiger.

Rüdiger: Es hängt auch mit dem Alter zusammen. Ich bin sicher, dass ein sehr junger Mensch ein ganz anderes Sexualverhalten hat als ein älterer, biologisch bedingt. Nur schade, dass durch diese extreme Sexualität in der Jugendzeit andere Sachen so unwichtig erscheinen. Das Ganze führt ja oft zu einer falschen Partnerwahl. Wenn man älter ist, ist Sex nach wie vor eine tolle Sache, aber nicht mehr so dominant. Ich kann damit gut leben. Mir tun die Leute Leid, die damit nicht fertig werden und versuchen, immer so weiter zu leben wie in der Jugend.

*

Gaby: Zärtlichkeit ist ganz wichtig, ohne möchte ich nicht leben. Und: Rüdiger ist mein bester Freund. Fast von Anfang an, seitdem wir uns kennen. Seitdem ich mit ihm zusammen bin, muss ich nicht mehr zu einer Freundin laufen, um etwas mit ihr zu besprechen. Andererseits ergänzen wir uns auch ganz hervorragend. Mit Technik ist Rüdiger viel versierter als ich. Was Motoren oder Elektrik angeht, halte ich mich heraus. Und wenn es da etwas zu entscheiden gibt, bekomme ich von ihm eine laientaugliche Erörterung der unterschiedlichen Möglichkeiten.

Rüdiger: Ich sage dann zum Beispiel: »Wenn ich das auf diese Weise mache, dann haben wir folgendes Risiko ...«

Gaby: Oder er sagt »Wenn ich ganz sicher gehen will, mache ich das anders, aber das wird teuer.« Es kommt alles auf den Tisch, und dann entscheiden wir gemeinsam. Manches haben wir aber auch aufgeteilt. Ich verwalte zum Beispiel das Geld.

Rüdiger: Das macht sie sehr gut. Ich kann mich voll auf sie verlassen.

Gaby: Es gibt ja Paare, wo die Frau nicht weiß, was ihr Mann verdient. Das finde ich unvorstellbar. Ich weiß nicht nur, was Rüdiger verdient, ich buche es auch um.

Rüdiger: Es gibt Leute, die behaupten, Gaby hätte bei uns das Sagen. Was ich ganz gelassen hinnehme. Weil es schlicht und einfach nicht stimmt. Nach außen sieht es vielleicht so aus, weil Gaby der kommunikativere Partner ist. Früher, in der ersten Zeit unserer Beziehung, war Gaby tatsächlich ziemlich dominant. Da musste ich erst mal bestimmte Sachen klarstellen.

Gaby: Und es war gut, dass er das getan hat. Wenn man dem anderen immer auf der Nase rumtanzen kann, wird es ja irgendwann auch uninteressant. Rüdiger war der Erste, der zu mir sagte: »Bis hierher und nicht weiter. Du spinnst wohl!«

Rüdiger: So war es zum Beispiel in Bezug auf das Motorradfahren. Das konnte sie nicht leiden.

Gaby: Ja, das stimmt.

Rüdiger: Sie wollte mir partout das Motorrad ausreden.

Gaby: Um die Reise zu finanzieren, haben wir alles verkauft, was wir besaßen. Das Auto, alle Möbel, alles weg. Nur das Motorrad war heilig. Es wurde im Keller eingelagert. Jetzt haben wir uns eine Wohnung gekauft, und eines der Kriterien bei der Auswahl war: Es muss eine Garage für das Motorrad dabei sein. So was ist hier in Darmstadt ganz schön schwer zu finden! Es hört sich jetzt vielleicht so an, als würden wir uns ständig über Motorräder streiten. So ist es aber ganz und gar nicht! Meistens wollen wir genau das Gleiche, haben gleiche Ideen und Wünsche. Gerade beim Reisen merkt man das. Wir reisen meistens relativ ungeplant, lassen alles offen: Wo bleiben wir die Nacht? Wo essen wir? Wo fahren wir als nächstes hin? All so was entscheiden wir spontan. Ganz oft, wenn einer sagt: »Ach, hier ist es so schön, wollen wir nicht zwei Tage länger bleiben?« Dann meint der andere: »Genau das habe ich auch gerade gedacht.« Absolut synchron.

Rüdiger: Völlig symmetrisch.

Gaby: Worüber viele Männer sich aufregen: Dass es bei uns, wenn wir Segeln, keinen Chef oder Skipper gibt. Wir halten manchmal Vorträge über die Reise, und dann sitzen meist Männer im Publikum, die sich über das Segeln als »richtige« Männer definieren. Es ist ja eine der letzten Männerdomänen: Der Skipper befiehlt, die anderen spuren. Beziehungsweise die Frau, wenn sie als Paar unterwegs sind. Der Mann hat das absolute Kommando.

Rüdiger: Der Kapitän kommandiert: Das passt in der Situation, wenn ein Kapitän für viele Leute entscheiden muss, weil die Diskussionen sonst zu lang würden. Aber bei uns beiden gibt es keine Diskussionen. Wir beraten uns miteinander. Große Entrüstung, wenn wir erzählen, dass wir ein Skipperteam sind!

Gaby: Die meinen, es sei okay so: Der Mann ist am Ruder und gibt die Befehle. Wir haben es oft erlebt, dass so ein Boot anlegt, und die Frau ist ganz aufgelöst. Sie hat in seinen Augen alles falsch gemacht, er brüllt mit ihr rum.

Rüdiger: Absolute Karikaturen von Beziehungen!

Gaby: Bei uns gibt es keinen Skipper, weil wir in der Lage sind, uns abzustimmen.

Rüdiger: Das finden viele zunächst völlig unsinnig. Aber weil wir es auf diese Weise nun mal geschafft haben, um die Welt zu segeln, scheint es ja offensichtlich doch zu gehen.

Gaby: Dann wird ganz skeptisch gefragt: »Aber wer entscheidet denn? Einer muss doch entscheiden!« Unser Prinzip ist ganz einfach. Derjenige von uns, der in der jeweiligen Situation vorsichtiger ist oder mehr Bedenken hat, der bekommt Recht. Wenn sich zum Beispiel die Frage stellt: »Kommen wir zwischen den Klippen hindurch oder fahren wir besser außen herum?« Falls es einem von uns nicht geheuer ist, geht es außen rum. Ganz klar.

Rüdiger: Das Prinzip, dem Vorsichtigeren nachzugeben, bedeutet auch: Man mutet einander keine Angst zu.

*

Rüdiger: Nachts wechseln wir einander immer ab. Einer hält Wache, der andere schläft. Da ist dieses Vertrauen auch ganz wichtig. Wer wacht, hat Verantwortung für den anderen. Das sind ganz starke Gefühle, die man dann für den anderen hat.

Gaby: Ja, das ist ganz heftig, nachts so mitten auf dem Meer. Noch Wochen voraus und hinter einem kein Land. Das kann man gar nicht beschreiben: dieser Wahnsinnshimmel, dieses Meer, dieses Boot ...

Rüdiger: Und man selbst, so ganz klein, ist aufeinander angewiesen.

Gaby: Man fühlt sich auch unheimlich stark. Die Gedanken werden pathetisch, philosophisch. In so einem Moment zu wissen: Rüdiger schläft jetzt, ich bin sein Schutz, ich bin wirklich verantwortlich ...

Rüdiger: Und das nicht nur in ruhigen, sondern auch in harten, gefährlichen Nächten.

Gaby: Wenn ich dann weiß: Meine Schicht ist eigentlich zu Ende, aber Rüdiger hat es gerade eben erst geschafft einzuschlafen. Dann versuche ich durchzuhalten, damit er noch ein bisschen länger schlafen kann. Wenn es jetzt eine Crew wäre und nicht ein Paar, das sich liebt, würde man sagen: »Schon eine Minute drüber, wo bleibt der denn?« Bei uns ist das anders, bei uns geht es darum: Ich sorge jetzt mehr für ihn als für mich. Klingt alles sehr kitschig. Aber wenn sich die Wellen brechen, draußen ist es ganz schwarz und fürchterlich – und dann guckt man in die Koje und sieht ein Haarbüschel, das aus dem Schlafsack lugt. Dann hat man so ein zärtliches Gefühl. Das ist für mich Liebe.

Rüdiger: Liebe ist auf jeden Fall etwas ganz anderes als das, was kitschig in Filmen verkauft wird. Es ist auch falsch, das überhaupt in einem Film beschreiben zu wollen.

Gaby: Liebe ist auch: Schwäche zu zeigen. Die Schwächen des anderen zu akzeptieren und zu wissen, meine Schwächen werden angenommen. Sich verletzbar machen und die Verletzbarkeit des anderen schätzen. Und: sich nie verstellen. Man selbst sein.

Rüdiger: Wobei mir das alles auch ein bisschen Angst macht. Oder: Angst ist vielleicht übertrieben, vielleicht ist es eher Sorge. Also, es ist gefährlich, alles zu idealisieren. Es entsteht eine Abhängigkeit, und es besteht die Gefahr, dass man mal abstürzt. Das ist mir schon bewusst. Unsere Beziehung funktioniert wirklich total gut, aber ich weiß halt, dass man nie »nie« sagen soll. Was indirekt bedeutet, man sollte auch nie »für immer« sagen.

Gaby: Wir haben schon öfter über dieses Thema gesprochen: Man ist so stark auf die eine Person fixiert, und wenn die Person nicht mehr da ist, warum auch immer, durch einen Unfall ...

Rüdiger: Ja, genau. Es kann einen weghauen durch einen Unfall oder durch eine Krankheit. Wenn man so lange zusammen ist und so aufeinander fixiert ist, müsste einem die Gefahr eigentlich bewusst sein.

*

Gaby: Wir haben unterwegs auch geheiratet. 1993 sind wir losgefahren, und 1997 war die Trauung.

Rüdiger: Ich wollte eigentlich nie heiraten. Weil ich es nicht nötig finde. Wenn man sich gut versteht, muss man es sich nicht zusätzlich durch eine Heirat beweisen. Und der Staat hat sowieso nichts in meinem Privatleben zu suchen.

Gaby: Ich wollte in der Südsee heiraten. Das war bei mir so ein Kleinmädchenwunsch.

Rüdiger: Ich wollte es nicht unbedingt, aber ich wollte ihr auch nicht den Spaß verderben. Zu dem Zeitpunkt war für mich klar, dass ich mit Gaby zusammenbleiben will. Dass ich der Heirat dann doch zugestimmt habe, hing mit dem Gedanken zusammen: Die Reise war gefährlich. Es hätte passieren können, dass einer von uns beiden unterwegs stirbt. Wenn einer über Bord geht und weg ist, was macht dann der andere? Ich habe gedacht: Ich werde eine gute Pension bekommen, und wenn ich über Bord gehe, soll Gaby das Geld haben. Das war mein pragmatischer Grund.

Gaby: Sein Heiratsantrag war ziemlich unromantisch.

Rüdiger: Das definiert Gaby so.

Gaby: Wir waren auf einer wunderschönen Insel in der Karibik. Rüdiger planschte im seichten Wasser und fühlte sich total wohl. Und dann kam: »Verdammt noch mal, dann heiraten wir eben!« So von Ferne, aus dem Wasser. Dennoch kannte ich Rüdiger auch gut genug, um zu wissen, dass ihm eine Heirat auf Fidschi gefallen würde.

Rüdiger: Es war sehr schön, gar keine Frage.

Gaby: Es war so romantisch! Kaum auszuhalten! Ich weiß, dass Rüdiger auch etwas ergriffen war.

Rüdiger: Es war sehr schön, das ist keine Frage. Aber, wie gesagt …

Gaby: Ich bin die Heirat insofern auch rational angegangen, als ich mich in Deutschland nach den Möglichkeiten erkundigt habe. Nach unserer Zeit in der Karibik habe ich die Weltreise kurz unterbrochen und bin nach Hause geflogen, um meine Mutter zu besuchen und einiges zu organisieren. Ich bin zum Standesamt gegangen, habe gefragt: »Wo kann man in der Südsee heiraten?« Ich wollte ja, dass die Ehe auch in Deutschland anerkannt wird. Der Standesbeamte war sehr nett und hat recherchiert ...

Rüdiger: Du hast mir erzählt, dass er alle Informationen auf einer CD hatte. Er hatte eine Heirats-CD-ROM!

Gaby: Da konnte er für mich raussuchen, wo die Heirat in der Südsee am einfachsten ist. In Tonga zum Beispiel muss man drei Fürsprecher haben, die mit dem König verwandt sind. In Samoa muss man vier Wochen vorher ein Aufgebot bestellen. Und in Fidschi braucht man nur zwei Trauzeugen und einen Reisepass. So wurde es für uns Fidschi. Wir haben keine Band angeheuert und keine Komparsen und kein Buffet bestellt. Es war ein Dorf ohne elektrischen Strom, alle liefen barfuß. Es gab keinen Reichtum, und es wurde ein Essen vorbereitet mit dem, was zur Verfügung stand. Nichts Großartiges, und trotzdem fantastisch. Es gefällt mir auch zu sagen: »Das ist Rüdiger, mein Mann.« Klingt viel schöner als »mein Freund«.

Rüdiger: Ich musste mich erst mal an die Formulierung gewöhnen.

*

Gaby: Du sagst auch nie »Ich liebe dich«.

Rüdiger: Richtig. Ich sage es nicht.

Gaby: Ich schon. Ich frage auch manchmal »Liebst du mich?« Das findest du immer ganz furchtbar.

Rüdiger: Nein, ich finde das nicht furchtbar. Für mich ist es aber eine abgegriffene Formulierung, die den eigentlichen Umstand entwertet. Von den allermeisten Leuten wird sie in den allermeisten Fällen falsch benutzt. Deshalb sträubt sich in mir etwas, diese Worte zu benutzen. Ich weiß aber, dass du anders denkst, das ist auch total in Ordnung. Nur, was mich stören kann: Wenn du deine Frage zu oft wiederholst. Dann sage ich:

»Weißt du doch!« Ich bin zusätzlich auch der Meinung: Wenn man es nicht merkt, ist es auch nicht da. Worte können das Gefühl nicht verstärken.

Gaby: Mir passiert manchmal Folgendes: Wenn ich zum Beispiel in der Stadt bin und da spielt irgendwo an der Ecke eine Musikgruppe, und es geht mir unter die Haut – dann wünsche ich mir, dass du bei mir wärest.

Rüdiger: Kenne ich auch gut, dieses Gefühl: »Wäre schön, jetzt zusammen zu sein.«

Gaby: Oder wenn irgendwas Schlimmes passiert. Dann denke ich gleich: »Wo ist Rüdiger? Der muss mich jetzt trösten!« In beiden Extremen, bei Glück und Unglück, empfinde ich Sehnsucht nach dir.

*

Gaby: Andererseits ist es auch mal schön, allein zu sein. Abends lange in einem spannenden Buch zu lesen oder irgendeinen blöden Film zu gucken oder die »Lindenstraße« womöglich. Und dabei eine ganze Schachtel Pralinen zu naschen. Was ich einfach nicht täte, wenn Rüdiger dabei wäre. Wir haben auch getrennte Zimmer, so dass jeder sich zurückziehen kann. Abends im Bett alleine lesen: Darauf möchte ich nicht verzichten! Oder morgens im Bett die »Brigitte« lesen mit einer Tasse Kaffee dabei – das geht eben nicht, wenn man ein Schlafzimmer hat mit einem Ehebett.

Rüdiger: »Lindenstraße« und »Brigitte« – also, ganz ehrlich: Darüber muss ich lachen! Oder auch: mich ärgern. Ich finde das bescheuert. Es ist schade, seine Freizeit mit so was zu verschwenden. Aber das ist ja Gabys Sache. Und wenn ich in die Computerzeitschrift reinschaue, rollt Gaby die Augen. »Dieser ganze Technikkram!« Da liegt sie mir manchmal schon ganz schön in den Ohren. Da muss ich dann sagen: »Jetzt aber mal langsam!«

Gaby: Es ufert bei Rüdiger manchmal aus. Er kann stundenlang, bis in die Nacht am Computer sitzen!

Rüdiger: Jetzt kommen wir wieder ans Eingemachte: Gaby ist manchmal schon eifersüchtig darauf, dass ich mich mit so einer Sache so intensiv beschäftige, dass sie dann abgemeldet ist. Aber ich kann mich halt in eine Sache sehr vertiefen: je komplizierter, desto schöner. Beispielsweise auch auf der Reise ... Also, ich mag sehr gerne Physik. Und wenn ich etwas wirklich kompliziertes Theoretisches durcharbeiten möchte, dann geht das schlecht, wenn Gaby dabeisitzt und darüber lästert. Und sie lästert halt gern über die seltsamen Physiker. Also habe ich es so geregelt: Gaby schläft morgens gerne. Auf dem Boot, wenn wir auf dem Ozean waren, habe ich sie schlafen lassen und habe morgens bei einer Tasse Kaffee Physik gemacht. Das sind Sachen, die man regeln kann. Es lohnt sich nicht, darüber zu streiten. Man macht es einfach und hat seine Ruhe.

Gaby: Wichtig finde ich, dass keiner auf irgendwas total verzichten muss, weil es dem anderen nicht passt. Nur über das Ausmaß kann man diskutieren. Aber dem anderen etwas zu nehmen, finde ich nicht gut.

Rüdiger: Ich bin auch nicht der Meinung, dass man sich zusammenraufen sollte. Das halte ich für Unsinn. Da unterdrückt man nur die Wünsche. »Gegensätze ziehen sich an« – so ein Quatsch!

*

Gaby: Bei Paaren, mit denen wir befreundet sind, ist manches komplizierter als bei uns. Sie laden einander zum Beispiel zum Essen ein. So was gibt es bei uns nicht. Wir haben ja nur ein Konto. Wenn einer den anderen einladen würde, wäre es von unserem gemeinsamen Geld. Das ergibt ja keinen Sinn.

Rüdiger: Wir machen einander auch keine Geschenke. Höchstens mal eine Kleinigkeit. Ich habe Gaby mal einen Drachen geschenkt.

Gaby: Nichts Teures. Es geht um die Überraschung, um eine nette Idee.

Rüdiger: Wenn einem gerade mal was einfällt. Dem Zwang, immer etwas zu Weihnachten oder zum Geburtstag zu schenken, unterwerfen wir uns nicht.

Gaby: Dieses Jahr hätten wir auch wieder fast unseren Hochzeitstag vergessen. Bis jemand anrief, um uns zu gratulieren. Es ist schon seltsam: Wir machen uns kaum Komplimente gegenseitig. Wenn Rüdiger sagt: »Du bist so dusselig!« – das kann ein Kompliment sein.

Rüdiger: Ja genau, so was zum Beispiel. Gaby ist ja eigentlich ganz schlau, aber wenn sie etwas Dummes macht, sage ich schon mal: »So dusselig!« Das ist dann durchaus liebevoll gemeint – ich weiß, dass sie es auch so empfindet. Diese ganzen gängigen Komplimente finde ich entsetzlich. Das sind immer irgendwelche geschraubten Sachen, die ja oft nicht zutreffen. »Du bist göttlich!« Was für ein Käse! Aber: Neulich hatten wir am Schiff ein technisches Problem. Gaby hatte eine deutlich bessere Idee als ich. Und dann sage ich: »Mensch, du bist toll!«

Gaby: Das ist ein Lob, eine Anerkennung.

Rüdiger: Aber dass ich sagen würde: »Du hast schöne Augen« – das kommt nicht in Frage.

Gaby: Könntest du ruhig mal sagen! Wenn ich beim Frisör war – kein Wort über die neue Frisur. Rüdiger sagt höchstens: »Wieso hast du denn deine schönen Haare abschneiden lassen?« Na ja, da weiß ich dann endlich, dass meine Haare ihm vorher gefallen haben. Es läuft bei Rüdiger immer auf dieser Schiene. Wie auch der Heiratsantrag: »Verdammt, dann heiraten wir eben!« Es würde mich sehr irritieren, wenn er jetzt anfinge, in wohlgesetzten Worten Komplimente zu machen.

*

Rüdiger: Über Fremdgehen und Treue haben wir nie groß diskutiert. Es hat sich so ergeben, dass wir einander treu sind. Ich denke zwar, wenn man so eine lange, intensive Beziehung hat, kann eine Nacht das nicht kaputtmachen. Aber es würde mit Sicherheit eine heftige Verletzung und einen Konflikt geben.

Gaby: Schlimmer sind doch die Lügen, die Heimlichkeiten.

Rüdiger: Ja klar, das kommt dann noch dazu.

Gaby: Wenn man sich so nah ist oder so offen miteinander umgeht wie wir, wäre es, glaube ich, schlimmer, dass der eine den anderen anlügt. Nicht betrügen, sondern belügen ist das Schlimme. Damit tut man dem anderen weh. Und das ist es nicht wert.

Rüdiger: Man wägt ja immer ab: Was ist die Sache wert? Alle Leute, die im fortgeschrittenen Alter eine langjährige Beziehung mit so was aufs Spiel setzen, die sind in meinen Augen dumm. Sex ist was Tolles, Wunderschönes, aber letztlich ist es immer dasselbe, und jünger wird man davon auch nicht. Dafür das über Jahrzehnte Gewachsene aufs Spiel zu setzen, ist dumm. Aber ich weiß nicht, wie dumm ich sein könnte. Weiß man nie. Offensichtlich gibt es viele Männer in meinem Alter, die sich eine Jüngere suchen. Ich bin mir ziemlich sicher, dass ich das nicht tun werde. Weil mir zu viel an der Beziehung liegt und weil mir aufgrund von früheren Erfahrungen klar ist, was ich verlieren würde. Ich kann mir überhaupt nicht vorstellen, dass ich mehr gewinnen als verlieren würde. Gar nicht, null.

Gaby: Es ist mittlerweile eine Art Urvertrauen, das uns verbindet: Vor unserer Weltumseglung waren wir beide noch nie auf einem Ozean gewesen. Dass wir zusammen auf den Atlantik gefahren sind, war der erste große Schritt in Richtung Urvertrauen. Dann haben wir unterwegs gemeinsam mit dem Tauchen angefangen. Und wieder: »Der passt schon auf mich auf. Wir beide zusammen, wir werden das schon schaffen.« Hättest du das allein angefangen, Rüdiger?

Rüdiger: Nein. Kann ich mir nicht vorstellen.

Gaby: Beim Tauchen nennt man denjenigen, der einen begleitet, den »Buddy«. Man taucht nie allein, sondern man nimmt einen Buddy mit, der die Zeichensprache versteht. Und wir sind mittlerweile auch »Buddies fürs Leben«, nicht nur fürs Tauchen. Wir verstehen die Zeichen, wir wissen immer, was los ist. Es muss nicht lange geredet werden. Man kann spontan sein. Und man ist nie allein.

»Bis heute erleben wir immer wieder Flitterwochen«

Margot (71) und Klaus (70) lernten sich vor 43 Jahren kennen und heirateten ein halbes Jahr später. Sie kommen aus Deutschland, leben aber seit vielen Jahren in einer österreichischen Kleinstadt. Margot war als Soziologin beratend und lehrend tätig, Klaus ist emeritierter Professor für Geschichtswissenschaft, noch heute sind beide gelegentlich berufstätig. Das Paar hat drei Kinder.

Margot und Klaus haben mich eingeladen in ihr geräumiges und behaglich eingerichtetes Einfamilienhaus. Die beiden sehen jünger aus, als sie sind, Margot wirkt elegant, Klaus eher sportlich, und beide tragen Freizeitkleidung. Zunächst trinken wir gemeinsam Kaffee und essen Kuchen, später gibt es Abendessen – und immer gibt es etwas zu erzählen, viele Stunden lang. Mir fällt auf, dass die beiden ein sehr ähnliches Vokabular verwenden, auch formulieren beide sehr überlegt, sehr exakt. Sie sind ganz eindeutig ein hervorragend eingespieltes Gesprächsteam, ihr Umgang miteinander wirkt respektvoll und unverblümt zugleich.

Klaus: Unsere Beziehung ist eigentlich durch einen Irrtum zustande gekommen. Ich besuchte eine Freundin von mir. Sie öffnete die Tür, ich schaute an ihr vorbei ins Treppenhaus und sah dort ein paar wunderschöne Beine. Was sich später als Irrtum herausstellte. Als ich später feststellte, dass die Beine doch nicht so schön sind, hat es mich nicht gestört. Aber im ersten Moment dachte ich allein aufgrund der Beine: »Die Frau muss ich kennen lernen!«

Margot: Klaus fragte mich, ob ich mit ihm spazieren gehen wollte – ich lehnte ab. Ich hatte weder Lust auf einen Spaziergang noch Interesse daran, einen Mann kennen zu lernen. Denn ich war zu dem Zeitpunkt ziemlich ausgelastet: Ich machte gerade mein Examen, danach wollte ich in eine andere Stadt ziehen.

Klaus: Und ich war darauf aus, jemanden fürs Leben kennen zu lernen, ich wollte unter die Haube. Jahrelang hatte ich das Leben eines Casanova, eines Don Juan geführt. Dann schloss ich mein Studium ab und wollte promovieren. Eine Promotion kostet viel Zeit – und es ist auch sehr aufwändig, ständig verschiedene Frauen zu treffen. Um mich der Wissenschaft widmen zu können, brauchte ich einen Halt. Hinzu kam, dass ich guten Gewissens zu anderen Frauen sagen können wollte: »Jetzt ist Schluss, jetzt bin ich unterm Deckel.« So war in mir der starke Wunsch, eine Frau zu finden, die gut für mich wäre, für die ich gut wäre, und mit ihr eine gewisse Ruhe einkehren zu lassen in mein Leben. Ich hatte damals zwar eine feste Freundin, aber sie wollte nicht heiraten. Sie war Studentin und fühlte sich zu jung für die Ehe.

Margot: Wir sahen uns zum zweiten Mal, gingen spontan zusammen ins Kino.

Klaus: Als wir ein paar Abende miteinander gesprochen hatten und auch miteinander geschlafen hatten, war für mich klar: Das ist die Frau! Wobei ich gleich vorwegnehmen möchte: In jenem Moment hatte ich noch keine Ahnung, dass Margot aus einer wohlhabenden Familie kommt. Das erfuhr ich erst sehr viel später.

Margot: Ich glaube, schon am zweiten Abend fragtest du mich, ob ich dich heiraten wollte.

Klaus: Ja, möglich, dass ich dir schon am zweiten Abend das Ultimatum stellte: »Entweder du heiratest mich, oder unsere Beziehung ist zu Ende.« Eine lockere Beziehung wäre für mich Zeitverschwendung gewesen, sie hätte meinem damaligen Bedürfnis nicht entsprochen. So musste Margot sich sehr schnell entscheiden.

Margot: Ungefähr ein Jahr zuvor hatte ich beschlossen: Für mich musste Sexualität nicht unbedingt in Kombination mit Heiratsplänen stattfinden. Damals war das eine ungewöhnliche Haltung, zumal für eine »Tochter aus gutem Haus«. Aber mich machte dieser Entschluss frei. Ich hatte mir die Möglichkeit geschaffen, mit Männern und mit Sexualität locker umzugehen. Für mein sexuelles Leben war gesorgt, ohne dass ich mich binden musste.

Klaus: Meine Frau hatte sich sexuell selbstständig gemacht. Sie erzählte mir, dass sie eine sexuelle Beziehung mit einem Ausländer hatte.

Margot: Niemand wusste davon: Ich hatte einen Mann gefunden, der genauso wie ich keine Freundschaft, sondern nur Sexualität wollte.

Klaus: Aber mir hast du davon erzählt.

Margot: Wir beide haben von Anfang an sehr offen miteinander geredet, und wir tun es eigentlich bis heute.

Klaus: Zu der Zeit war es wirklich nicht gang und gäbe, dass Frauen sich auf solche Abenteuer einließen. Mir imponierte das aber, wie Margot sich verhielt. Es bedeutete für mich: Sie ist nicht konformistisch. Sie weiß, was sie will, sie hat Stand. Ich wollte ja kein nettes kleines Weibchen um mich herum haben, sondern jemanden, mit dem ich mich auch auseinander setzen kann. Eine Frau, die ihre Meinung hat und selbstständig agieren kann.

Margot: Am zweiten Abend, als Klaus bei mir war, fühlte ich mich von der Lebhaftigkeit seiner Augen angesprochen. Das war zunächst das einzige Emotionale. Wir erzählten uns voneinander, wir tauschten uns über alle möglichen Dinge aus. Als er gehen wollte, nahm Klaus mich in seine Arme. Ich merkte, er wollte schmusen, und dann setzten wir uns noch mal hin. Ich sagte zu ihm: »Hör zu, nur schmusen ist nicht. Entweder ganz oder gar nicht!« Auch das war für damalige Zeiten sehr ungewöhnlich ...

Klaus: ... und es hat mir imponiert.

Margot: Im Nachhinein fand ich es sehr gut, dass ich Klaus damals nicht als sexuell bedürftige Frau begegnet war. Dass sexuelle Bedürftigkeit für mich nicht der Hauptgrund gewesen war, eine Ehe einzugehen. Meine Kriterien an einen Ehemann waren eher: »Wie gut harmonieren wir in Bezug auf unsere Sicht der Welt, in Bezug auf Politik, auf Glauben? Passen unsere Geisteshaltungen zueinander?« Natürlich auch: »Wie nah können wir einander körperlich sein?« Aber ich konnte mich frei von körperlichen Bedürfnissen für die Ehe entscheiden. Der Zeitpunkt war zwar etwas ungünstig, wegen meines Examens. Einige Monate später ...

Klaus: Du hast mich zappeln lassen! Und ich sagte: »Mädchen, das lasse ich mir nicht gefallen! Du weißt, wie ich denke. Du hast zu entscheiden, und zwar schnell!« Es gab sogar ein paar Wochen, in denen ich nichts von mir hören ließ, weil ich mich nicht länger hinhalten lassen wollte.

Margot: In jenen Wochen habe ich dich gar nicht so sehr vermisst, denn ich musste lernen, lernen, lernen. Nach meinem Examen nahm ich den Kontakt zu dir wieder auf. Und Anfang 1961, also ungefähr drei Monate, nachdem wir uns kennen gelernt hatten, sagte ich Ja.

*

Klaus: Wir beide sind uns einig darin: In der Anfangszeit waren wir nicht eigentlich ineinander verliebt. Es gab eine große Zuneigung meinerseits zu Margot. Mir war auch ganz klar: Mit dieser Frau will ich im Alter einmal Händchen haltend auf einer Bank rumsitzen im Sonnenschein. Nur kann ich es nicht als Verliebtsein bezeichnen – es fehlte die Dummheit, die Kopflosigkeit des Verliebtseins.

Margot: Am Anfang waren wir in diesem Sinne nicht verliebt. Erst später haben wir solche Phasen gehabt.

Klaus: So richtige Flitterwochen. Im wahrsten Sinne des Wortes. Immer wieder, bis heute.

Margot: Besonders bei Vollmond, da kann ich ausflippen. Am Anfang fand ich Klaus zwar faszinierend. Aber wir waren rational.

Klaus: Es gab zum Beispiel die rationale Abmachung, dass ich mich von meiner Freundin trennen würde, mit der ich damals noch zusammen war. Es ist mir sehr schwer gefallen, denn auch wenn ich neben jener Freundin unendlich viele Seitensprünge gemacht hatte, war sie ein sehr nettes Mädchen.

Margot: Ja, ich sagte zu Klaus: »Wenn du wirklich vorhast, dass wir heiraten, dann kannst du nicht mit dieser Frau zusammenbleiben. Es wäre auch ihr gegenüber unfair.«

Klaus: Mir tat es weh, mich von dem Mädchen zu trennen.

Margot: Ich besuchte Klaus, kurz nachdem er mit ihr gesprochen hatte. Er war sehr traurig, er weinte. Damit gab er mir das Gefühl: Er ist ein Mensch, der sich ernsthaft binden kann. Ich wusste ja, was er für Frauengeschichten hinter sich hatte. Aber ich stellte fest, dass er nicht leichtfertig Ade sagt. Klaus stellte mir dann auch einige Frauen vor, mit denen er kurzfristige Verhältnisse gehabt hatte. Das waren wirklich tolle Frauen, so dass ich mir sagte: »Das ist ein hohes Niveau. Diese Frauen sind ein weiterer Beweis dafür, dass Klaus kein oberflächlicher Mensch ist.«

Klaus: Ich habe mir von Margot ein sehr rationales Bild gemacht. Ich schrieb Listen auf, in denen ich sie charakterisierte. Im Großen und Ganzen ist über die Jahre hinweg alles zugetroffen. Ich wusste auch, wo ich Schwierigkeiten zu erwarten hatte bei ihr und fragte mich: »Kannst du damit umgehen?« Ich kam zu der Auffassung: »Es gibt zwar einige Spannungsmomente, die mich belasten werden – aber ich kann gegensteuern. Und wenn ich alles zusammennehme, dann haut es hin.« Äußerlich war Margot sehr damenhaft, das imponierte mir. Aus meiner Kindheit, von meiner Erziehung her, schwebte mir als Idealfrau immer eine schlanke, groß gewachsene Germanin vor. Dem entsprach sie eigentlich sehr gut. Als ich sie bei ihrem Studium beobachtete, merkte ich auch sehr schnell, dass sie nicht gerade eine riesige Geistesleuchte ist. Die Intellektualität war bei ihr damals wenig ausgeprägt. Ich hätte mir schon gewünscht, dass da ein bisschen mehr vorhanden gewesen wäre. Aber ich merkte auch, dass es Entwicklungssubstanz gab. Später habe ich versucht, sie zu fördern.

Margot: Sicherlich habe ich nicht so differenzierte Überlegungen angestellt wie Klaus. Aber auch ich dachte gründlich über uns nach und fand, dass es eigentlich klappen müsste. Außerdem sagte ich mir: »Margot, du musst jetzt auch mal Mut haben, Ja zu sagen.« Dann schrieb ich Klaus einen langen Brief mit lauter Punkten, die für mich eventuell fragwürdig wären in Bezug auf ein Leben mit ihm. Bis heute hebe ich alle seine Briefe auf, und erst kürzlich habe ich noch einmal Klaus' Antwort auf diesen Brief nachgelesen. Er hat jeden Punkt genau beantwortet, er hat dazu Stellung bezogen und versucht, meine Bedenken zu zerstreuen. Eines meiner Bedenken war damals: »Wir sind gleich alt – wie wird es in 40 oder 50 Jahren aussehen? Vielleicht wird er dann ein Bedürfnis nach einer jüngeren Frau haben? Vielleicht wäre eine zehn Jahre jüngere Frau besser für ihn und ein zehn Jahre älterer Mann besser für mich?« Aber Klaus war in der Lage, mich zu überzeugen, so dass ich den Eindruck bekam: »Mit dem Mann möchte ich es versuchen.« Dazu trug natürlich auch sehr stark bei, dass wir uns einfach gerne in den Armen lagen. Wir erlebten von Anfang an und haben bis heute eine wirklich sehr gute Sexualität miteinander.

*

Klaus: Kurz nachdem Margot mir das Jawort gegeben hatte, verlobten wir uns. Was unserer Meinung nach nicht nötig gewesen wäre, aber Margots Familie wünschte es. Drei Monate nach der Verlobung feierten wir Hochzeit.

Margot: Wir zogen in unsere erste gemeinsame Wohnung ...

Klaus: ... ich hatte mein Ziel erreicht.

Margot: Zwischen Klaus' Briefen habe ich eine Notiz von mir gefunden, die ich ungefähr zwei Monate nach unserer Hochzeit aufgeschrieben hatte. Darin steht: »Ich fange an, Klaus zu lieben.« Und ich denke, dass auch Klaus damals anfing, mich zu lieben.

Klaus: Ehrlicherweise muss ich dazu noch Folgendes sagen: Trotz meiner vielen Abenteuer, die ich vor Margot hatte, waren Frauen für mich eigentlich immer hehre Wesen – das hatte mit meiner Erziehung zu tun. Wenn eine Frau sich körperlich einließ, war es ein Geschenk. Margot aber gab mir das Gefühl: »Sie ist gar nicht so hehr, sondern hat einfach gerne Sex. Sie ist zu vielem bereit und ergreift auch mal die Initiative. Bei ihr kann ich ein richtiger Mann sein.« Das war ein beglückendes Gefühl. Margot hat mir in dieser Beziehung sehr geholfen. Mit ihr erlebte ich, dass es einen Kosmos gibt, an dessen Anfang ich erst stand. Jetzt hieß es für mich, diesen Kosmos gründlich zu erkunden. Und ich begann, mich zu fragen: »Wie ist es wohl bei anderen Frauen? Wie reagieren sie in diesem erweiterten Kosmos?« Es war kein schlichtes Bedürfnis nach sexuellen Erlebnissen mit anderen Frauen, das war nicht der Punkt. Sondern es ging um das Erforschen weiblicher Sexualität im Zusammenspiel mit meiner neu erlebten Männlichkeit. Die Ergebnisse waren durchaus interessant.

Margot: Es stand von Anfang an fest, dass Klaus Seitensprünge machen würde. Aufgrund meiner eigenen Erfahrungen wusste ich ja: Sexualität kann lustvoll gelebt werden, ohne dass dadurch eine langfristige emotionale Bindung entsteht. Also akzeptierte ich es, dass Klaus fremdging. Klaus sagte: »Du wirst nichts davon erfahren. Man kann noch so tolerant sein – wenn man konkret von einem Seitensprung erfährt, ist es doch schmerzhaft.« Unter der Voraussetzung, dass die Seitensprünge unsere Beziehung und unser tägliches Leben nicht beeinträchtigen würden, war es für mich kein Problem. Ich habe mir damals aufgeschrieben: »Wenn ich die wichtigste Frau in seinem Leben bleibe und wir miteinander glücklich sind, dann müsste das gehen.« Bald kamen die Kinder, später begann ich wieder zu arbeiten, ich machte den Haushalt, ich hatte keine Putzhilfe. Ich war ausgelastet, und in der Sexualität mit Klaus stimmte alles hervorragend. Viele Jahre lang verschwendete ich keinen Gedanken daran, selbst einmal auszubüchsen. Und ich wusste: Wenn ich es täte ...

Klaus: ... dann hätte ich mich aller Wahrscheinlichkeit nach von dir getrennt.

Margot: Du hättest es nicht ertragen können.

Klaus: Ich hatte in dieser Hinsicht sehr schlechte Erfahrungen gemacht. Aufgrund dieser Erfahrungen hatte ich massive Angst, dass mich mein Körper im Stich lässt, dass ich krank werde. Daraus entstand die Schlussfolgerung: Ich kann es einer Frau nicht verbieten, ich kann ihr nur sagen, wie es um mich steht bei solchen Sachen. Wenn Seitensprünge stattfinden, mache ich das nicht mit.

Margot: Als die Kinder größer wurden, hätte ich es mir vorstellen können, auch mal einen Seitensprung zu machen. Aber ich hätte es ja geheim halten müssen – und wusste, dass ich es gar nicht geheim halten kann. Ab und zu ist nämlich etwas von Klaus' Seitensprüngen auch herausgekommen. Ich habe ihm nie nachspioniert, habe nicht einmal nachgefragt, wenn er nachts spät nach Hause kam. Trotzdem kam mir hin und wieder etwas zu Ohren. Obwohl viele es mir nicht glauben: Es war mir ganz egal, ob Klaus mit jemandem ins Bett ging oder nicht. Weil ich wusste, dass es diese Ehe nicht betrifft. Allerdings denke ich, dass Klaus in Bezug auf eventuelle Seitensprünge meinerseits nicht nur Angst hatte, krank zu werden. Er befürchtete auch, mich zu verlieren.

Klaus: Ja, möglich. Ich war mir nicht hundertprozentig sicher, was Margot anbelangte. Unter anderem wohl auch, weil ich vor ihr keine Frau kennen gelernt hatte, derer ich wirklich sicher sein konnte.

Margot: Ich sagte mir: »Unsere Ehe werde ich nicht wegen so etwas aufs Spiel setzen.«

Klaus: Mir ging auch noch ein anderer Gedanke durch den Kopf: Ich war mir meines eigenen Wertes in Bezug auf Frauen und auf Ehe bewusst, ich war mir meiner Männlichkeit bewusst. Es wäre auch sehr unwahrscheinlich gewesen, dass Margot aus intellektuellen Bedürfnissen heraus etwas mit einem Mann angefangen hätte. Denn auf der intellektuellen Ebene dürften es andere Männer schwer haben, Margot etwas zukommen zu lassen, was ich ihr nicht auch zukommen lasse. Wäre sie dann trotzdem das Risiko eingegangen, hätte das bedeutet: Sie weiß meinen Wert nicht einzuschätzen. Und eine Frau, die mich nicht erkennt, ist nicht die richtige Frau für mich.

*

Margot: Manchmal habe ich sie ein bisschen als Zwang empfunden, diese rigorose Begrenzung. So konnte ich auch nie sagen, dass ich wirklich glücklich bin in meiner Ehe. Vor mir und vor anderen Leuten habe ich nur sagen können: »Ich bin mit meinem Leben mit Klaus zufrieden. Ich würde ihn wieder heiraten.«

Klaus: Das habe ich auch erst vor kurzer Zeit erfahren, es war mir so nie bewusst geworden. Ich war mir dieser »rigorosen Begrenzung« auch nie ganz sicher. Denn unser Leben lief eben so toll und so prima für mich, dass es mir wohl nicht leicht gefallen wäre, mich von ihr zu trennen, selbst wenn sie etwas mit einem anderen Mann gemacht hätte. Sie reagierte sehr extrem auf meine Begrenzung, die vielleicht gar nicht so rigoros gemeint war. Margot entzog sich in ihrem Verhalten den anderen Männern komplett. Dabei hätte ich überhaupt nichts dagegen gehabt, wenn sie einmal mit irgendeinem Mann rumgeschmust hätte und heftig geflirtet hätte. Aber es gab bestimmte Punkte, da machte es bei mir »Klick«, und ich konnte nicht gegen an. Machmal beim Tanzen, da gibt es eine bestimmte Körperhaltung, es gibt bestimmte, ganz feine Ausdruckweisen in ihrem Gesicht. Oder wenn ein Mann ihre Brüste berührte: Dann kamen für mich diese schlimmen Kicks. Vor diesen Zuständen hatte ich eine riesige Angst. Ich habe viel daran gearbeitet, aber ich habe es nie in den Griff bekommen. Theoretisch hätte ich Margot mehr Freiheit zugebilligt. In der Praxis ertrug ich es nicht.

Margot: Du hättest es nicht ausgehalten, wenn ich fremdgegangen wäre. In den ersten Jahren unserer Ehe beschäftigten wir uns also mit dem gegenseitigen Erfahren von Toleranzgrenzen in der Sexualität ...

Klaus: Aber doch nicht nur, Margot! ...

Margot: Aber wir sind ja jetzt beim Thema Sexualität. Und in diesem Zusammenhang fällt mir ein: Nach ziemlich genau zwölf Jahren gab es einen Punkt, an dem jeder genau wusste, was er dem anderen in diesem Bereich nicht zumuten kann. Dazwischen lagen die Jahre, in denen wir auch mal Gruppensex machten, was durchaus auch bei anderen Familien üblich war ...

Klaus: ... in gewissen Kreisen war es gang und gäbe. Ach ja, die sechziger Jahre!

Margot: In solchen Situationen haben wir uns gegenseitig als sehr fair erlebt. Einmal hatten wir eine Erfahrung mit einer zweiten Frau, und ich sagte: »Ich möchte nicht wieder mit einer anderen Frau und dir zusammen sein.« Klaus hat das respektiert. Einmal gab es eine Vierersituation, der andere Mann wollte an mich heran, und ich machte einen Rückzieher, weil ich merkte, wie Klaus versteinerte. Also, wir lernten unsere Grenzen kennen und respektieren. Dann erzählte mir eine Frau, dass sie schon öfters mit Klaus geschlafen hatte. Er hatte sie zu uns nach Hause gebracht als eine nette Freundin, ohne mich zu informieren, dass er intim mit dieser Frau zusammen war. Ich war sehr erbost und sagte Klaus: »Es geht nicht, dass du eine Frau, mit der du schläfst, in unser Haus bringst, ohne dass ich Bescheid weiß. Das will ich nicht.« Früher war ich mir dessen gar nicht so bewusst gewesen. Erst nach all den Erfahrungen während der ersten zwölf Jahre konnte ich das so präzise formulieren. Nach dieser Zeit hatte ich auch verstanden, wo Klaus' Empfindlichkeiten lagen. Ich muss sagen, ich habe mich dann wirklich in Bezug auf Männer zu einem Neutrum entwickelt, mich reduziert. Kein flirtendes Auge mehr, keine kokette Geste.

Klaus: Und ich habe es leider Gottes nicht erkannt, sonst hätte ich eingegriffen. Ich hätte mit ihr darüber gesprochen, hätte ihr gesagt, dass sie sich meinetwegen nicht zu reduzieren braucht. Aber wir haben nie darüber gesprochen!

Margot: Es war dann auch kein Thema mehr, weil wir beide miteinander zufrieden waren in dem Bereich. Du warst nie über die Maßen von zu Hause weg, ich habe nichts vermisst. Das Einzige, bis heute, was ich mir durchaus vorstellen könnte: Mal mit einer Frau einen Seitensprung zu haben. Mit dem Thema bin ich bis heute noch nicht durch.

*

Klaus: Ja, das könnte sehr interessant sein. Ich würde gerne bei so einer Situation dabei sein, nicht unbedingt aktiv, sondern als Zuschauer. Ich weiß aus meinen Erfahrungen heraus, wie außerordentlich reizvoll so etwas sein kann. Vermutlich habe ich auch einen leicht voyeuristischen Trieb in mir. Ich würde nicht eifersüchtig sein, ich könnte es ohne weiteres ertragen, es würde mir sogar Spaß machen. Was mir aber nicht so großen Spaß machen würde, hat mit unserem Alter zu tun: Im Alter lassen die körperlichen Möglichkeiten etwas nach. Wenn die Bedürfnisse befriedigt worden sind, wenn man einen guten Orgasmus hatte, dann vergeht Zeit, bis sich wieder ein Bedürfnis aufbaut.

Margot: Da muss ich widersprechen.

Klaus: Wie auch immer: Das sind meine Bedenken. Und wenn ich sozusagen auf dem Trockenen hocke, bis Margots Bedürfnisse wieder da sind, dann sehe ich nicht ein, warum das Ganze sein muss. Ich sehe es nicht ein, in dieser Hinsicht der Leidtragende der ganzen Angelegenheit zu sein.

Margot: Also, ich denke, ich würde sogar am gleichen Tag wieder mit dir schlafen können.

Klaus: Na, da traue ich dir eben nicht so ganz über den Weg. Ich bin davon nicht überzeugt, Margot.

Margot: Das finde ich wirklich schlimm. Nun ja.

Klaus: Ich habe mir gründliche Gedanken darüber gemacht, Margot. Ich weiß, wovon ich rede.

*

Margot: Das ist – nicht nur, was die Sexualität betrifft – ein Problem für mich in unserer Ehe gewesen: Klaus ist ein Mensch, mit dem man zwar sehr gut zusammenleben kann, es kann sehr schön und lustig mit ihm sein, er ist sehr fröhlich. Doch macht er alles, alles sehr gründlich. Ganz egal, in welchem Bereich. Er hat alles gründlichst recherchiert und weiß Bescheid. Zusätzlich zu dem, was emotional passiert, muss alles durchdacht und analysiert werden – so erlebe ich es. Außerdem weiß Klaus – und zwar objektiv gesehen – vieles, wenn nicht alles besser. Er ist kein »Besserwisser«, sondern er weiß es tatsächlich, oder er weiß zumindest, welches Buch er aufschlagen muss, um etwas nachzuschauen. Manchmal ist dieses Verhalten penetrant. Diese Neugier, dieses Wissen kann fantastisch und lebendig sein, aber es kann einen auch erdrücken. Zeitweise hatte ich den Anspruch mitzuziehen. Zwischenzeitlich habe ich eingesehen, dass ich nicht mitziehen kann, dass der Versuch unsinnig ist. Ich bin so, wie ich bin, und interessiere mich für das, was ich mache.

Klaus: Ich habe eine Art Lebensleitlinie, seit meiner Kindheit. Eine Weisheit, die von Goethe stammt: »Wer immer strebend sich bemüht, den können wir erlösen.« Ich möchte mich selbst in möglichst vielen Bereichen vervollkommnen. Sei es in der Wissenschaft, in der Kultur oder im Sport. Und ich bin mir bewusst: Für andere Menschen muss es etwas Schlimmes sein, dass ich es immer besser haben will oder es besser machen will. Das ist ja eine ständige Herausforderung.

Margot: Vollkommen perfektionistisch.

Klaus: Man stößt dabei auch permanent an die eigenen Grenzen. Aber ich genieße es, wenn ich mal mit jemandem zusammen bin, der mir überlegen ist! Ah, da bin ich selig!

Margot: Das kommt aber selten vor, dass du so jemandem begegnest.

Klaus: Wenn ich mit einem Physiker zusammen bin, der mir etwas beibringen kann, oder wenn ich auf prima Argumente stoße, die meine derzeitige Meinung in Frage stellen: dann blühe ich auf. Da fängt für mich erst das Leben so richtig an!

Margot: Aber wenn du dann mit so jemandem zusammenleben müsstest, wäre das etwas anderes.

Klaus: Genau! Das weiß ich ja, Margot, das weiß ich ja. Nur kann ich aus dieser Haut nicht so einfach raus.

Margot: Diese Haut ist inzwischen ja auch akzeptiert.

*

Klaus: Jetzt muss aber auch gesagt werden, dass Margot ihrerseits durchaus vieles besser kann und weiß als ich. Eine Sache zum Beispiel: Margot ist eine hervorragende Köchin. Ich könnte mir keine gute Ehe vorstellen, wenn ich Dinge essen müsste, die mir nicht schmecken. An dem Spruch »Liebe geht durch den Magen« ist etwas dran. Auch wenn er banal klingen mag. Außerdem, und das ist wirklich ganz bewundernswert an Margot: Sie kann hervorragend mit Menschen umgehen. Sie hat ein offenes Wesen, sie kann wunderbar kommunizieren, auch mit Fremden. Die allermeisten Menschen finden Margot auf den ersten Blick oder auf den ersten Satz hin sympathisch. Ich habe da viel mehr Schwierigkeiten, und mit mir haben viele Menschen mehr Schwierigkeiten.

Margot: Das war für mich auch beruflich sehr positiv. Wegen Klaus' Arbeit sind wir oft umgezogen in andere Städte, trotzdem habe auch ich beruflich immer wieder Fuß gefasst. Ob es in der Beratung war, ob ich Seminare geleitet habe: Ich konnte mich immer wieder an die Gegebenheiten anpassen und habe positive Reaktionen erlebt. Ich brauche keine Hobbys, sondern ich brauche soziale Kontakte. Und der Umgang mit Menschen: Das ist das, was ich wirklich kann.

Klaus: Bei Margot ist es keine anerzogene Freundlichkeit, sondern sie hat eine Ausstrahlung, durch die die Menschen sofort für sie eingenommen sind. Meine Frau kann auch harte Dinge sagen, ohne dass man sie ihr übel nimmt. Was natürlich bei der Erziehung unserer Kinder eine wichtige Rolle spielte. Sie macht so was mit einer Perfektion, einer Natürlichkeit – das könnte ich niemals. Und noch eine Fähigkeit, die ich an ihr ganz besonders bewundere: Sie kann menschliche Dummheit sehr viel besser ertragen als ich. Es gibt noch viele, viele andere Dinge: Sie hat organisatorisches Geschick, sie versteht den Haushalt fantastisch zu organisieren. Und die Verwaltungsarbeiten, Steuern, Versicherungen, Arztrechnungen: Das macht sie alles perfekt. Ich wäre dazu nie in der Lage. Ansonsten, was ich in unserer Beziehung als zentralen Punkt erlebe: Wir haben Entscheidungen wichtiger Art immer zusammen getroffen.

Margot: Immer im Dialog.

Klaus: Sehr wichtig war für mich in unserer Ehe zugleich der Freiraum, den wir uns beide ließen.

Margot: Das kann ich unterstreichen.

Klaus: Wir lassen einander einen ganz großen Freiraum. Bis auf die Ausnahme mit der Sexualität. Da hat Margot mir einen sehr viel größeren Freiraum eingeräumt als ich ihr.

*

Margot: Dazu müssen wir wohl noch erklären: Für mich hat sich etwas verändert in unserer Beziehung. Durch ein enttäuschendes Erlebnis, das aber in seiner Folge auch sehr viele positive Wirkungen hatte. Vorausschicken muss ich, dass es bei mir vielleicht etwa zwanzig Jahre lang einen gewissen Stillstand gab. Und seit drei Jahren ist eine Weiterentwicklung in Gang gekommen, ein Wachstumsprozess. Aber durch ein Scheiß-Erlebnis ...

Klaus: Ich habe zwanzig Jahre lang eine Beziehung zu einer anderen Frau gehabt, eine relativ intime Beziehung, ohne dabei unser Eheleben zu stören. Margot hat nichts davon gemerkt – das war für mich auch das oberste Prinzip in dieser Nebenbeziehung mit einer Frau, die ich sehr schätze, die ich zweifelsohne auch lieb habe. Diese Nebenbeziehung stellte aber nie ein Risiko für unsere Ehe dar! Eines lieben Tages, vor ein paar Jahren, fragte Margot mich ganz direkt: »Hast du mit dieser anderen Frau geschlafen?« Margot kannte diese Frau, ich hatte sie auch ins Haus gebracht, und es hatte sich eine gute Bekanntschaft entwickelt. Mit jener Frau hatte ich abgemacht: Wenn Margot einmal fragen sollte, würde ich alles leugnen. Aber als Margot mich tatsächlich fragte, empfand ich: Ihr steht die Wahrheit zu. Somit habe ich die andere ...

Margot: ... verraten ...

Klaus: ... obwohl ich mir der Risiken und Folgewirkungen einigermaßen bewusst war. Ich habe Margot gestanden, dass ich sie zwanzig Jahre mehr oder minder raffiniert hintergangen hatte, belogen hatte. Nie in der Hinsicht, dass ich sie nicht liebte oder dass ich mich von ihr scheiden lassen wollte. Auch die andere Frau wusste: Die Ehe mit Margot war für mich immer das Primäre.

Margot: Sonst wäre es rausgekommen. Es war im Wesentlichen eine Freundschaft, die Klaus und diese Frau verband. Wir beide hatten immer Freundinnen und Freunde. Ich bin auch ohne Klaus mit Freundinnen in Urlaub gefahren, wir hatten immer Außenkontakte. Ich war nie misstrauisch Klaus gegenüber. Zumal ich ja einst deutlich ausgesprochen hatte: »Es geht nicht, dass du eine Frau in unser Haus bringst, mit der du eine Beziehung hast.« Und ich kannte diese Frau, ich habe öfters mit ihr und Klaus an einem Tisch gesessen. Aber es war nichts zu spüren, nichts! Auch im Alltag mit Klaus: Wir lebten zusammen, wir schliefen zusammen, alles war so wie immer. Ich wäre nicht im Traum darauf gekommen, was Klaus mit der anderen Frau hatte. Aber dann, irgendwann, gab es ein paar Anzeichen. Als ich es erfuhr, brach für mich natürlich eine Welt zusammen! Ich hatte diese Frau schätzen gelernt, sie war sympathisch und verantwortungsbewusst. Ich sagte zu Klaus: »Mir steht es nicht zu, das Ende eurer Freundschaft zu verlangen. Aber ich weiß nicht«, so habe ich es formuliert, »ob ich die Sexualität in eurer Beziehung werde tolerieren können.« Dann habe ich mich ein halbes Jahr lang mit der Situation auseinander gesetzt, bis ich zu dem Schluss kam: »Okay, bleibt befreundet, aber wenn ihr noch mal miteinander schlaft, dann gehe ich, das mache ich nicht mit!« Das habe ich der Frau gesagt, und ich habe es Klaus gesagt. Jetzt stehe ich da und muss mich darauf verlassen. Klaus möchte die Freundschaft beibehalten. Sie ist eine temperamentvolle Frau, sportlich und lustig. Sie hat ihm vieles gegeben, was ich ihm nicht gegeben habe. Das war auch für mein Selbstwertgefühl ziemlich schwierig. Dann habe ich ganz viel gelesen, Belletristik und Fachliteratur. Ich habe meine Gedanken geordnet und einen dicken Aktenordner vollgeschrieben. Unterkriegen lassen wollte ich mich nicht, und unsere Ehe auflösen, das wollte ich auch nicht. Im Gegenteil, Klaus und ich haben uns in den Armen gelegen, wir waren beide total fertig.

Klaus: Ich kann dazu in diesem Kontext nur wenig sagen. Man kann das unter sehr verschiedenen Aspekten sehen, in sehr verschiedenen Dimensionen betrachten. Also, diese Beziehung bin ich nicht eingegangen, weil ich irgendeine Art Defizit erlebte mit Margot. Es war auch nicht mal die Sexualität mit der anderen Frau, auch nicht, dass sie jünger ist. Es ist sehr kompliziert. Ich selbst bin noch nicht ganz dahinter gestiegen, was da wie und warum passierte. Unter einem bestimmten Aspekt war ich ein Schuft, habe gelogen, habe Margot sexuell hintergangen. Es tut mir unendlich Leid. Ich habe auch der anderen Frau gegenüber massive Schuldgefühle, genauso wie Margot gegenüber.

Margot: Ja, sie hat sich wirklich in Liebe an dich gebunden.

Klaus: Aber das Putzige – ich habe keinen anderen Ausdruck dafür –, das Putzige ist: Der einzige wirkliche Profiteur aus der ganzen Sache bin ich. Ich weiß, das klingt hart, klingt böse. Aber während die Nebenbeziehung lief und jetzt hinterher auch, was unsere Ehe angeht: Ich habe immer profitiert. Die Entwicklung, die meine Frau in den vergangenen Jahren genommen hat, finde ich begeisternswert, fantastisch! Margot war mir immer ein toller Kumpel, ich habe keinerlei Mangel erlebt. Banal ausgedrückt: Ich habe sie geliebt. Und die andere Frau habe ich nicht für irgendwelche Triebe missbraucht. Insofern ist diese ganze Sache für mich selbst eine Art Rätsel. Ein Phänomen, das ich nicht durchschaue.

Margot: Bis darauf, dass er meine Grenze – »Bring so eine Frau nicht in unser Haus« – missachtet hat, kann ich das Ganze sogar tolerieren. Das wirklich Schlimme ist aber, dass Klaus diese Frau wie eine Ehefrau vor die Alternative stellte: Wenn sie mit einem anderen Mann etwas anfinge, würde er ihr sexuell nicht mehr zur Verfügung stehen. Klaus hat diese Frau über die Maßen intim an sich gebunden. Damit hat er aus meiner Sicht eine weitere Grenze verletzt. Es gibt zwar Literatur dazu, es gibt eine Theorie, die besagt: Nebenbeziehungen dienen der Hauptbeziehung. Das kann ich in gewisser Weise nachvollziehen. Dennoch melden sich daneben die Innereien, auch wenn es mittlerweile nicht mehr ganz so heftig ist. Eifersucht ist ein weites Thema. Und ich glaube, ich war gar nicht so eifersüchtig, sondern ich fühlte mich vor allem betrogen. Wenn ich durch die Stadt ging, dachte ich: »Jetzt müsste es jeder sehen, dass du 20 Jahre lang an der Nase rumgeführt worden bist. Dass du betrogen worden bist!«

Klaus: Heute empfinde ich es so: Margot ist sehr viel besorgter um mich als vorher.

Margot: Anders besorgt. Ich lege dir nicht mehr deine Pillen hin ...

Klaus: Nein, denn diese Bemutterung ging mir sogar manchmal auf den Wecker. Jetzt erlebe ich eine existentielle Besorgnis um mich. Das ist für mich etwas anderes, etwas viel Schöneres, etwas viel Bedeutsameres. Früher ist meine Frau nie auf den Gedanken gekommen, mit mir schwimmen zu gehen und mich als Trainer zu engagieren. Inzwischen tut sie es – ein tolles Erlebnis. Und sie hat für meine Begriffe einen ordentlichen Schub an Intellektualität dazugelegt. Dem Leitspruch – »Wer immer strebend sich bemüht, den können wir erlösen« – entspricht sie heute mehr denn je. Wenn ich sehe, wie sie einen Zugang suchte zu diesem ganzen Geschehen, was sie inzwischen gelesen hat, wie sie es verarbeitet hat: Das sind für mich Schokoladen. Das ist toll! Sie ist in meiner Achtung haushoch gestiegen. Für mich und für unsere Beziehung war das Ganze außerordentlich fruchtbar, beglückend! Und insofern sage ich mir: »Welcher liebe Gott hat dich damals zu diesem komischen, idiotischen Schritt bewegt?« Man kann das fast nur noch theologisch fassen: Ich bin schuldig geworden, was ich nie wollte. Und wenn ich jetzt sehe, wie ich aus dieser Zufügung von Leid als Profiteur hervorgehe, dann stehe ich vor einem Problem des Ethischen.

Margot: Ich habe Bücher als Hilfe gebraucht. Ich wollte irgendwie damit fertig werden. Und ich wollte wissen: Wie kann unsere Beziehung sich weiterentwickeln? Es ist auch notwendig, einen Blick auf sich selbst zu werfen in der Beziehung. Und wenn ich ehrlich sein soll: 20 Jahre lang war ich irgendwie auf einer Stufe stehen geblieben.

Klaus: Ich habe es dir nie übel genommen, es war für mich nie ein Punkt der Kritik. Es lief alles wunderbar, fast reibungslos.

Aber aus der heutigen Perspektive sehe auch ich: Du hast dich ein bisschen gehen lassen.

*

Margot: Unter all den Büchern, die ich zwischenzeitlich gelesen habe, war auch ein sehr schönes Buch über Humor. Darin gibt es den Satz: »Lachen in eine elende Welt bringen.« Und ich dachte: »Ja, das kann der Klaus!« Ich kann es aber nicht, ich bin eher ernst, nehme alles schwerer. Jetzt habe ich angefangen, Witze zu lesen, aufzuschreiben, zu sammeln.

Klaus: Ja, das ist großartig! Von Margot kommt jetzt auch ein Stück Humor!

Margot: Ich kann jetzt auch selber mal so etwas erzählen, aber ohne dass ich mit Klaus konkurrieren wollte. Ich möchte einfach ein Auge für so etwas entwickeln.

Klaus: Da kommt ein Stück Ironie zutage. Mensch, das sind Substanzen, die ich da entdecke!

Margot: Aber es ist scheiße, dass man so alt werden muss dafür. Ich war Ende 60, als ich das alles erfuhr!

Klaus: Ich hatte immer eine tolle Frau, und jetzt kommt noch ein neuer Kosmos dazu!

Margot: Es ist eine Ambivalenz. Manchmal bin ich verbittert, dass alles so spät ...

Klaus: Ja, nun kannst du trauern und ordentlich rumheulen, dass es so lange mit dem Verarbeiten dauert.

Margot: Gott sei Dank bin ich ja noch gesund, aber ...

Klaus: Bei mir dauert auch vieles sehr lange.

Margot: Ja, das Leben ist schwer.

*

Margot: Und andererseits ist es so leicht. Wir haben ein sehr glückliches, sehr freies Leben eigentlich. Im Alltag läuft alles ganz einfach: Zu Hause geht meist jeder seinen Interessen nach. Dann ruft der eine: »Ich mache eine Pause, kommst du auch?« Total unkompliziert! Wir haben einmal eine Regelung getroffen, dass wir wenigstens eine Mahlzeit am Tag gemeinam einnehmen, und im Laufe des Tages treffen wir uns zum Kaffeetrinken. Wir reden oder, was auch eine Gemeinsamkeit ist:

Wir mögen beide gern Informationssendungen und Vorträge im Radio hören.

Klaus: Was ich für sehr wichtig halte: Wir haben niemals faule Kompromisse geschlossen. Wenn wir Kompromisse geschlossen haben, dann waren es Kompromisse, von denen wir beide fanden, dass sie okay seien. Das ist ein ganz wichtiger Punkt. Denn viele Leute lösen Konflikte, indem sie faule Kompromisse schließen: Einer gibt nach, damit Ruhe ist ...

Margot: ... aber wir haben geredet, bis beide Ja sagen konnten.

Klaus: Das war manchmal strapaziös, aber es musste sein. In vielen Bereichen gab es aber auch schnelle Übereinstimmungen. Um nur ein Beispiel zu nennen: Bei Geldentscheidungen, bei Anschaffungen haben wir eine sehr ähnliche Auffassung, was das Preis-Leistungs-Verhältnis anbelangt. Andererseits lassen wir einander Freiheit in Bezug auf die Hobbys des Einzelnen, darauf, wie er seinen Alltag gestaltet. Jeder macht seine Sachen. Da leben wir sozusagen wie zwei Menschen, die einander nichts angehen. Wir müssen einander auch nicht alles erzählen. In über 40 Jahren Ehe hat man sich vieles auserzählt. Wir schweigen sehr viel miteinander, weil die Dinge, soweit sie ausgegoren werden können, ausgegoren wurden.

Margot: Wenn einer dann woanders war, erzählt er natürlich, wie es war. Und da ich mehr unterwegs bin, erzähle ich natürlich dies und jenes.

Klaus: Dann sage ich mir einfach: »Sie hat jetzt das Bedürfnis zu erzählen, also höre ich zu.« Wobei es sich gelegentlich nicht vermeiden lässt, dass es zum einen Ohr rein- und zum anderen wieder rausgeht. Wichtiger finde ich: Was uns beide betrifft, reden wir immer Tacheles miteinander. Ein großes Glück ist es auch, dass unsere sexuellen Rhythmen einigermaßen übereinstimmen. Mit Frauen ist das häufig schwierig, dadurch entstehen Belastungen in vielen Beziehungen.

Margot: Als Frau kann man ja, auch wenn man mal keine Lust hat, einfach mal die Beine breit machen. Wenn dir der Mensch, für den du das machst, nicht egal ist, und wenn dir die Beziehung zu ihm nicht egal ist: dann ist das nicht so schwierig. Früher habe ich es manchmal getan, Klaus meinte auch: »Es macht nichts, wenn du mir Theater vorspielst.« Das tolle Erlebnis daran war immer, dass mit dem Essen der Appetit kam. Auch auf diese Weise haben wir es zu einer gewissen Perfektion gebracht, wir tun uns gegenseitig Gutes.

Klaus: Ein sehr glücklicher Umstand: Wir beide haben nach wie vor eine große Bereitschaft, auf die Bedürfnisse des anderen einzugehen. Das heißt nicht, die Bedürfnisse unbedingt zu befriedigen. Aber wir nehmen sie ernst, wir gucken: Geht das irgendwie? Lässt sie sich verwirklichen, die Bedürfnisbefriedigung? Ich glaube, dass das bei vielen Paaren nicht der Fall ist. Da hat eher jeder seine Bedürfnisse und besteht darauf, dass sie befriedigt werden. Wir gehen aufeinander ein, in ganz vielen Bereichen. Im Bett genauso wie anderswo im Alltag. Meine Frau ist mir zum Beispiel in ästhetischer Hinsicht weit überlegen. Sie hat eine fantastische Ästhetik ...

Margot: ... manchmal sage ich: »So gehe ich mit dir nicht in die Stadt, bitte ziehe was anderes an.« Und Klaus geht darauf ein. Oder wenn ich an die Probleme denke, die manche beim Schlafen haben: Einer kann nicht bei Licht einschlafen, der andere möchte noch lesen; beim einen muss immer ein Fenster geöffnet sein, der andere friert und so weiter. Da sind wir beide unempfindlich. Wir haben es von Anfang an so gemacht: Wenn ich schlafen gegangen bin und Klaus war noch nicht zu Hause, habe ich das Nachttischlämpchen auf seiner Seite angelassen. Wenn er dann kam, hat er noch im Bett gelesen, ich bin davon nicht aufgewacht. Ich wäre wach geworden, wenn er das Licht angemacht hätte, darum bin ich bei Licht eingeschlafen. Wir haben dann ziemlich bald entdeckt, dass es Dimmer gibt. Also, wir sind kreativ gewesen und haben uns überlegt: »Wie können wir es hinbekommen, dass wir uns beide wohl fühlen?« Manchmal hat es mich gestört, dass bei Klaus das Radio lief, während er arbeitete. Mein Arbeitszimmer lag neben seinem. Da sind wir einfach innerhalb das Hauses umgezogen – wobei ich mir schon im Klaren bin, dass so ein großes Haus auch ein Luxus ist. Aber ich finde, wir sind flexibel, denn wir haben das auch schon gemacht, als wir noch in kleinen Wohnungen lebten. Das hat sicher dazu beigetragen, dass unser gemeinsames Leben so gut ist. Findest du nicht?

Klaus: Einverstanden. Ich jedenfalls habe keine Defizite erlebt. Wenn wir feststellten, dass sich Kleinigkeiten verbessern ließen, haben wir die Situation optimiert.

*

Klaus: Ich glaube, dass langes eheliches Zusammenleben unter anderem darauf beruht, dass sich die beiden Partner ein besseres Leben mit einem anderen Partner nicht vorstellen können. In der Gesamtbilanz ihrer Ehe kommt unterm Strich heraus: »Das ist der oder die Bestmögliche, den oder die ich haben kann.« Dazu trägt natürlich vieles bei. Zum Beispiel auch Bindungsfaktoren – man hat vieles gemeinsam erlebt, hat ein gemeinsames Haus, hat Kinder. Wir haben zudem den großen Vorteil gehabt, dass wir nie den Pfennig umkehren mussten. Finanzielle Probleme sind Belastungen für Beziehungen. Davon sind wir weitgehend verschont geblieben, es gab relativ wenige schwer wiegende Belastungsfaktoren in unserer Ehe.

Margot: Manche Leute haben höhere Ansprüche. Wir konnten uns anfänglich keine großen Sprünge leisten, wir sind zum Beispiel nicht verreist. Aber wir haben es auch nicht vermisst.

Klaus: Ja, und wenn ich also das durchschnittliche Gesamtniveau meiner Ehe betrachte, dann kommt unterm Strich Glück dabei heraus. Für mich ist es eine glückliche Ehe. Ich kann sagen: »Ich bin glücklich« – und empfinde es auch so. Bei Margot, wie erwähnt, ist das nicht der Fall, sie hat damit ihre Schwierigkeiten.

Margot: Ja, mit der Aussage »Ich bin glücklich« tue ich mich schwer. Aber ich schätze sehr, sehr vieles an unserer Ehe, genauso wie Klaus. Zum Beispiel auch, dass er so verlässlich ist.

Klaus: Du auch, Margot. Wir wissen beide, dass wir integer sind.

Margot: Darum kann ich auch sagen: In Wirklichkeit hat mein Mann mich – trotz der Nebenbeziehung – nicht verlassen. Das Leben mit ihm war wirklich so, als hätte diese andere Beziehung nicht existiert. Oder er muss fantastisch geschauspielert haben.

Klaus: Zu schauspielern, das hatte und habe ich doch gar nicht nötig! Nein, ich konnte immer ich selbst sein, seit den ersten Momenten, als ich sagte: »Ich will mit dir alt werden und Händchen haltend auf einer Bank sitzen.« Was wir heute ja auch manchmal tun.

»Man muss einander immer das Gefühl vermitteln: Du bist für mich die Nummer Eins!«

Der Sänger Patrick Lindner (43) ist seit vielen Jahren ein großer Star der deutschen Musik. Michael Link (36) arbeitete bis 1993 als Direktionsassistent im Kölner Hotel Maritim, danach wurde er Patricks Manager. Seit 1996 sind die beiden ein Paar. 1998 adoptierte Patrick Lindner in Russland ein Baby, das er Daniel nannte. Zwar ist Daniel im juristischen Sinne allein Patricks Kind, doch auch Michael erzieht den Jungen wie seinen eigenen – die drei waren von Anfang an eine richtige Familie.

Patrick und Michael haben ihre Beziehung zwar nie verheimlicht, jedoch traten sie anfänglich nicht als Paar in den Medien auf. Das änderte sich 1999, als die »BILD«-Zeitung mit der Schlagzeile erschien: »Patrick Lindner – ja, ich bin schwul«. Eine Zeit lang waren Patrick Lindners Homosexualität und seine Partnerschaft mit Michael ein Thema in der Boulevardpresse, doch die Wogen glätteten sich rasch. Letztendlich schadete das »Outing« weder der Karriere des Sängers noch der Beziehung zwischen Patrick und Michael.

Die Familie Lindner-Link lebt heute im Münchner Vorort Grünwald, wo Patrick, Michael und ich uns morgens in einem Café treffen. Die beiden nehmen sich viel Zeit für mich, als echte »Promis« sind sie erstaunlich zugänglich – sogar über Themen, die manche unbekannte und anonym bleibende Paare lieber umschiffen, sprechen Patrick und Michael sehr offen. Gegen Mittag verschwindet Michael kurz, um Daniel aus dem Kindergarten abzuholen. Am frühen Nachmittag verabschieden die beiden sich eilig von mir: Die Haushälterin wartet mit dem Essen, und Daniel wartet auf seine Eltern.

Michael: Du bist ein sehr ordentlicher Mensch, sehr diszipliniert, sehr ausgeglichen, was vielleicht auch mit deinem Sternzeichen zu tun hat, der Waage. Bei Komplikationen versuchst du, einen friedlichen Weg zu finden – egal, ob es um Privates oder Berufliches geht. Du bist auch gar nicht launisch. Eigentlich bist du immer gut gelaunt, hast ein sehr freundliches Wesen. In der Presse stand manchmal: »Patrick Lindner, der Weichspüler.« Ganz gemein! Denn deine Freundlichkeit ist ja nicht aufgesetzt. Genauso, wie du dich auf der Bühne präsentierst, bist du auch privat.

Patrick: Du bist ist in meinen Augen derjenige, der manchmal die Kartoffeln aus dem Feuer holt. Wir sind ja vom Sternzeichen her völlig gegensätzlich: Widder und Waage. Vielleicht hängt es ein bisschen damit zusammen, dass wir uns so gut ergänzen. Man sagt ja immer: »Gegensätze ziehen sich an.« Und ich bin eher der Diplomatischere, Vorsichtigere, der länger hin und her überlegt. Du gehst eher mal mit dem Kopf durch die Wand. Wenn es dir so scheint, dass du im Recht bist, dann setzt du dich durch. In meinem Beruf fahre ich mit so jemandem natürlich sehr gut. Andererseits gibt es Momente, in denen ich versuche, dich ein bisschen zu bremsen. Aber oft treibst du mich an, wenn ich etwas phlegmatisch bin – so ist die Waage nun mal gelegentlich.

Michael: Natürlich gibt es auch Dinge, die einen manchmal ein bisschen stören. Zum Beispiel, dass du nie deine Koffer auspackst. Also, wenn wir von Reisen zurückkehren, dann kann es wirklich locker passieren, dass du deinen Koffer mitten ins Ankleidezimmer stellst und es schaffst, tagelang um ihn herum zu gehen. Du öffnest diesen Koffer nicht einmal.

Patrick: Doch, ich öffne ihn schon.

Michael: Aber du packst ihn nicht aus. Irgendwann nervt mich dein Koffer so sehr, dass ich ihn auspacke. Meinen eigenen Koffer packe ich immer sofort aus, wenn ich nach Hause komme. Es dauert ja nur fünf Minuten.

Patrick: Ich hasse es, Koffer ein- und auszupacken.

Michael: Was auch phänomenal ist: Ich habe noch keinen Menschen erlebt, der wirklich permanent seine Zahnbürste vergisst. Nur du vergisst sie garantiert, zu Hause und im Hotel. Wenn ich nicht dran denke, hast du keine Zahnbürste.

Patrick: Ja, ich habe erst gestern wieder meine Zahnbürste im Hotel vergessen.

Michael: Also, das ist doch wirklich unglaublich!

Patrick: Ich kann es ja selber nicht begreifen.

Michael: Du hast die Zahnbürsten-Vergesser-Krankheit. Aber ich finde das nicht schlimm, man gewöhnt sich daran, und irgendwann lacht man über solche Marotten.

Patrick: Andererseits bin ich unglaublich pedantisch.

Michael: Wenn die Haushälterin sauber gemacht hat und etwas steht nicht am selben Platz wie vorher, dann stellt Patrick es zurück an seinen alten Platz. Und zwar sofort, wenn er nach Hause kommt – es ist das Erste, was er macht, im Mantel noch. Ich frage dann schon mal: »Geht's eigentlich noch? Gibt es jetzt nichts Wichtigeres?« Seine Antwort: »Nein, das muss so.« Und er kann es nicht verstehen, wenn ich vom Einkaufen nach Hause komme und nicht weiß, was ich ausgegeben habe. Er fragt zum Beispiel: »Was hat denn dieser Joghurt gekostet?« Oder: »Was nehmen sie jetzt eigentlich für ein Kilo Kartoffeln?« Ich muss dann zugeben: »Ich habe keine Ahnung.« Ich wollte Joghurt und Kartoffeln haben, da merke ich mir den Preis doch nicht!

Patrick: Ich bin da eher der Hauswirtschafter. Das unterscheidet uns. Ich könnte die ganze Tüte auspacken und bei jedem Artikel sagen, was er gekostet hat. Aber das interessiert Michael überhaupt nicht. Er zieht mich ja schon damit auf, indem er sagt: »Ich habe sogar im Sonderangebot eingekauft!«

Michael: »Stell dir mal vor, Patrick, das Waschmittel war im Sonderangebot, und ich habe nur soundso viel dafür bezahlt. Mann, bin ich stolz!« Aber es ist ja auch das Schöne an einer langjährigen Beziehung, dass sich solche Running Gags entwickeln. Es gibt höchstens eine satirische Diskussion, aber niemand wird wütend.

Patrick: Weil wir uns so gut kennen, mögen, einander vertrauen und uns ergänzen.

*

Patrick: Bei uns gibt es jeden Tag irgendwelche Entscheidungen zu treffen. Es ist dann oft so, dass Michael mich eher dazu drängt, etwas zu machen, wo ich eigentlich sagen würde: »Dazu habe ich keine Lust.« Dann antwortet er: »Es wäre aber gar nicht schlecht, wenn du das machen würdest, Patrick.« Das Privat- und das Berufsleben überschneiden sich bei uns sehr stark. Mein Beruf ist ja einer, bei dem es keinen Feierabend gibt. Der Beruf ist immer präsent.

Michael: Als Patricks Manager geht es mir ebenso. Eine Grenze zwischen Beruflichem und Privatem gibt es kaum. Der Beruf verlangt einem auch deshalb sehr viel Kraft ab. Und er bedeutet schlicht und ergreifend: Wir müssen zum Teil auf eine Intimsphäre verzichten. Es ist einfach nicht zu verhindern, dass gewisse private Dinge in die Öffentlichkeit gelangen. Die Öffentlichkeit hat ein Interesse daran hat – dadurch ist man einem gewissen Druck ausgesetzt, aber man darf sich davon nicht zu sehr beeindrucken lassen. Das ist eine Gratwanderung.

Patrick: Es gibt natürlich prominente Menschen, die ihr Privatleben überhaupt nicht nach außen tragen. In unserem Fall war es nun mal so, dass wir ja mehr oder weniger gezwungen waren, über unser Privatleben und unsere Partnerschaft zu sprechen. Die Situation erforderte es, und ich muss ehrlich zugeben: Es war manchmal unangenehm. Gelegentlich hatte ich den Eindruck: »Die Menschen da draußen wissen ja mehr über uns zwei als wir selbst!« Andererseits habe ich festgestellt, dass es unserem Zusammenleben auch sehr gut getan hat. Einfach dadurch, dass unsere Beziehung zum Thema wurde. Und zwar ganz allgemein, auch bei Menschen, die sich vorher weder mit mir noch mit dem Thema Homosexualität besonders beschäftigt hatten. Ich glaube, dass wir dadurch eine gewisse Akzeptanz erreicht haben. Die Menschen stellten fest: »So wie Patrick Lindner und Michael Link miteinander umgehen, das entspricht ja gar nicht dem Klischee, das wir immer von den

Schwulen vor Augen hatten. Ihre Partnerschaft ist ganz ähnlich wie unsere auch!«

Michael: Ich glaube, in erster Linie ist es wichtig, dass ein Paar Natürlichkeit und Menschlichkeit ausstrahlt. Wenn man signalisiert: »Wir haben unsere Beziehung, wir haben sicherlich auch den einen oder anderen Fehler, wir haben unsere Freuden und Sorgen wie alle anderen Menschen auch« – das akzeptiert und respektiert die Öffentlichkeit. Letztendlich geht es gar nicht so sehr um die sexuelle Ausrichtung. Nur wenn wir als Schwule gewisse Klischeevorstellungen erfüllen würden, wäre es wahrscheinlich schwieriger. Das stelle ich auch in unserem Umfeld fest, bei schwulen Bekannten von uns. Da gibt es die einen, die ganz normal leben und sich ihrem Geschlecht entsprechend benehmen – sie haben keine nennenswerten Probleme. Und es gibt eben andere, die sich anders verhalten und dann über die Reaktionen jammern.

Patrick: Im Grunde genommen ist es wie bei allen anderen Pärchen oder Konstellationen auch. Es gibt die gleichen Probleme, es gibt die gleichen Glücksmomente.

Michael: Aber natürlich ist jeder Mensch verschieden, und deshalb gibt es auch ganz unterschiedliche Möglichkeiten, eine gute Partnerschaft zu führen. Es gibt kein Patentrezept. Die einzige Gemeinsamkeit, die ich bei unglücklichen Beziehungen immer wieder feststelle: dass manche einfach zu sehr ihre eigene Freiheit wollen. Das ist so, als wolle eine Frau schwanger, aber nicht dick sein. Es geht einfach nicht! Und wenn ich einen Partner habe, dann muss ich vielleicht manche Wünsche, Vorlieben oder Hobbys ein bisschen zurückstecken. Das heißt ja nicht, dass ich sie ganz aufgebe. Aber ich muss sie den Gegebenheiten anpassen, ich muss Rücksicht nehmen. Wir haben gerade Folgendes bei einem befreundeten Paar erlebt: Da bildete sich der eine ein, er müsse sechs Tage lang alleine in Atlanta Freunde besuchen. Er verkündete einfach: »Ich fliege nach Atlanta.« Und ich sagte: »Das kann nicht dein Ernst sein! Darf ich mal deinen Puls fühlen?« Er hat sich einfach in den Flieger gesetzt. So was tut man nicht! Sondern man muss besprechen: »Ich möchte gerne dorthin, wie können wir das vereinbaren?« Man könnte die Reise verschieben und dann gemeinsam fliegen. Es geht nicht, seinen Willen rücksichtslos durchzusetzen.

Patrick: Es gibt aber auch viele Familien, für die es ganz normal ist, getrennt Urlaub zu machen. Sicherlich, bei manchen steckt ein praktischer Grund dahinter, sie haben vielleicht ein Geschäft, wo immer einer da sein muss. Aber es gibt auch viele, die es freiwillig machen. Das ist eine Sache, die ich mir für mich nicht vorstellen kann.

Michael: Anders ist es, wenn einer sagt: »Du, ich will heute Abend zwei Stunden zum Sport gehen«, und der andere hat keine Lust. Dann finde ich es okay zu sagen: »Du bleibst zu Hause, ich gehe allein.« Ich gehe nicht einfach allein irgendwohin, ohne Patrick vorher zu fragen, ob er mitkommt. Und wenn er nicht mitkommen möchte, überlege ich, ob ich wirklich so dringend weggehen möchte. Wir sprechen darüber und einigen uns. Das finde ich selbstverständlich. Aber diese Situation ist natürlich das Ergebnis einer Entwicklung. Man muss sich Zeit dafür nehmen, was viele nicht tun. Sie lernen heute jemanden kennen, ziehen morgen zusammen und wundern sich nach anderthalb Jahren, dass es nicht funktioniert. Ich denke: So kann es nicht funktionieren. Man muss sich erst mal Zeit nehmen, einander beschnuppern, sich herantasten. Es ist ja auch so – und das weiß jeder, der eine längere Partnerschaft führt oder hinter sich hat: Der Reiz des Neuen, das Prickeln wird irgendwann weniger. In diesem Moment wird es erst richtig spannend. Erst dann stellt sich die Frage: »Passen wir beiden wirklich zusammen?« Die Situation tritt meist nach eineinhalb oder spätestens zwei Jahren ein. Auch Patrick und ich hatten da Reibereien.

Patrick: Findest du? Ich habe das nicht so in Erinnerung.

Michael: Nun gut, die schönen Momente wiegen es natürlich immer wieder auf.

Patrick: Wirklich Reibereien?

Michael: Ja, es gab Streitigkeiten, es gab Reibereien.

Patrick: Sicher, es gab Momente, wo wir uns nicht ganz einig waren. Aber dann dachte ich immer gleich: »Wir haben uns etwas aufgebaut, wir haben uns aneinander gelebt – diese Meinungsverschiedenheit wird uns nicht auseinander bringen. Ich will nicht ohne diesen Menschen sein!« Ich finde es ganz wichtig und wunderbar, wenn man das erkennt. Viel zu viele Pärchen trennen sich viel zu schnell, wegen jeder Kleinigkeit.

Michael: Wegen Nichtigkeiten eigentlich.

Patrick: Früher kannte man so etwas nicht. Früher hatte man vielleicht auch gar nicht die Möglichkeit. Da hatte jeder – ich sage es jetzt mal ganz krass – seine Rolle zu spielen. Die Aufgaben waren verteilt, und wenn etwas vorgefallen ist, hat man zusammengehalten. Man hat die Situation gemeinsam durchgestanden und nicht alles über den Haufen geworfen.

Michael: Bei Paaren, mit denen wir befreundet sind, ist es zum Beispiel so: Sie geht abends gern lange aus, er hat die ganze Woche gearbeitet und meint: »Wir können gerne essen gehen, aber ich habe keine Lust, danach noch lange um die Häuser zu ziehen.« Da überrascht es mich doch sehr, wenn die Partnerin sagt: »Dann gehe ich eben mit meinen Freundinnen aus bis morgen früh um fünf.« So etwas ist tödlich für die Beziehung, besonders in der Anfangsphase. Nach vielen Jahren kann man es vielleicht machen, so wie wir heute. Wir waren vorgestern in Berlin bei einer Veranstaltung eingeladen. Patrick hat sich mit einem Kollegen und dessen Freundin unterhalten, und ich habe mit zwei Journalisten gesprochen. Danach bin ich an die Bar gegangen. Die Bar schloss, ich ging in unser Zimmer und stellte fest, dass Patrick nicht da war. Ich dachte mir: »Okay, Patrick ist noch mit den beiden anderen zusammen, er wird schon irgendwann kommen.« Ich war weder eifersüchtig noch misstrauisch. Aber man darf das in einer Beziehung nicht vom ersten Tag an verlangen. Das ist ja auch das Schöne, dass sich die Schwerpunkte in einer Beziehung völlig verlagern. Wir wissen ganz genau: Wenn wir gemeinsam eine Veranstaltung besuchen, müssen wir nicht wie Kletten aneinander hängen. Es ist schön, wenn wir uns gemeinsam an einem interessanten Gesprächskreis beteiligen können, aber es muss nicht immer sein.

Patrick: So gibt es auch die Möglichkeit, dass jeder von uns bei solchen Festen seine eigenen interessanten Erfahrungen macht. Anschließend haben wir uns viel zu erzählen: »Mensch, weißt du, ich habe mit der gesprochen, mit dem. Er hat mir dies erzählt, sie jenes ...« Das kann sehr spannend sein. Gerade in unserer Branche, in der Kontakte so wichtig sind. Wenn man einander dann berichtet: »Pass auf, ich habe den kennen gelernt, der ist dafür zuständig, mit ihm können wir mal zusammen dieses oder jenes machen.« Das ist doch toll!

Michael: Es ist sehr wertvoll, sich so was aufzubauen. Aber es ist ganz normal, dass das Jahre dauert.

Patrick: Ja, es hat gedauert. Und ich finde es noch immer wichtig, bei so einer Veranstaltung immer mal zu schauen: »Wo ist Michael denn? Was macht er gerade? Geht es ihm gut?« Das gehört dazu. Sonst wäre es gleichgültig.

*

Michael: Was ich bei einer langjährigen Partnerschaft besonders schön finde, sind die Rückblicke, die man machen kann. Was wir alles gemeinsam erlebt haben! Wir haben aus beruflichen Gründen mittlerweile fast die ganze Welt bereist. Wir haben viele Höhen und Tiefen miteinander erlebt. Diese Situationen: »Erinnerst du dich noch daran, damals ...?« Wunderbar!

Patrick: Unser großes Glück ist natürlich auch, dass es bei uns so gut wie keine Routine gibt. Unser Leben ist absolut aufregend. Immer wieder passiert etwas Neues. Es sind nicht immer nur schöne Dinge, aber man hat mit der Zeit gelernt, auch schwierige Situationen zu meistern. Man weiß, dass man sich auf den Partner verlassen kann. Mal hat der eine einen Durchhänger, mal der andere. Michael ist nach außen hin der Starke, aber manchmal fehlt auch ihm die Kraft. Dann merke ich, wie ich stärker werde und ihn wieder aufrichte. Wenn man andere Menschen sieht, die ihrer täglichen Arbeit nachgehen, nachmittags nach Hause kommen, und eigentlich spielt sich immer das Gleiche ab: Das kann gefährlich werden, da kann es einem langweilig werden. Gott sei Dank gibt es auch viele, die gerne so leben. Aber ich muss immer wieder feststellen: Für uns ist es wirklich ein großes Glück, dass wir gemeinsam wunderbare Erlebnisse haben und viele tolle Menschen kennen lernen.

Michael: Mich macht es auch enorm stark und stolz, dass wir es geschafft haben, als Einheit von unserer Umwelt wahrgenommen zu werden. Wenn man mit einem Prominenten zusammenlebt, dauert es eine gewisse Zeit, bis man nicht mehr nur die Begleitung ist, sondern seinen eigenen Namen durchgesetzt hat. Ich erinnere mich noch an die ersten Veranstaltungen, wo wir uns beide mit Namen angemeldet hatten. Trotzdem stand dann an einem Platz »Patrick Lindner« und daneben »Begleitung«. Da denkt man doch: »Wofür habe ich eigentlich einen Namen? Anscheinend bin ich jetzt nur noch ›die Begleitung‹!« Wenn wir heute eingeladen sind, stehen an den Plätzen beide Namen. Toll, dass wir das erreicht haben!

Patrick: Zum Glück hat Michael ein gutes Selbstbewusstsein. Es ist in so einer Partnerschaft schon schwierig für den anderen, erst mal immer im Hintergrund zu stehen ...

Michael: ... geduldet zu werden.

Patrick: Andererseits kann man es ja auch so sehen: Wenn es umgekehrt gewesen wäre, hätte ich hundertprozentig hinter Michael gestanden.

Michael: Wobei ich mir über das alles erst rückwirkend bewusst geworden bin. Ich habe mir damals nicht ununterbrochen gedacht, ich müsse mir die Achtung der anderen erkämpfen. Ich habe es erst deutlich gemerkt, als die Dinge sich geändert hatten. »Du, guck mal, Patrick: mein Name. Ist doch schön, nicht?«

Patrick: Ich erinnere mich noch an Momente im Flugzeug. Da kam die Stewardess und fragte plötzlich: »Herr Lindner, haben Sie noch einen Wunsch? Herr Link?« Wir guckten uns an und freuten uns. Wir dachten: »So ein Glück!« Aber es war nicht nur Glück, sondern auch Arbeit. In meinem Beruf hatte ich sicher auch sehr viel Glück, aber Bestand hat die Sache nur dadurch, dass ich viele Jahre lang hart gearbeitet habe. Insofern ähneln sich Beruf und Partnerschaft: Man kann heute das Glück haben, auf einmal als Superstar in den Himmel gehoben zu werden. Alles, was man sich bis dahin nur erträumen konnte, schneit über einen herein. Aber dieser Moment kann sehr schnell wieder vorüber sein. Es kommt der Zeitpunkt, da geht es ans Eingemachte. Im Beruf wie in Partnerschaften. Und es gibt immer wieder Punkte, an denen es schwierig wird oder wo sich einfach etwas verändert. Wo man zusehen muss, mit neuen Gegebenheiten klarzukommen.

*

Patrick: Ein ganz wichtiger Zeitpunkt war es für uns, als Daniel kam. Das war unbeschreiblich, wunderschön, und es hat die gesamte Außenwelt interessiert. Wir hatten uns im Vorfeld große Gedanken gemacht, haben versucht, auf alles vorbereitet zu sein. Und ich glaube, dass wir heute etwas ganz Fantastisches geschaffen haben. Wir halten Daniel komplett heraus aus aller Öffentlichkeit. Es gibt keine Fotos, nichts. Trotzdem habe ich manchmal das Gefühl, dass ich einfach in die Welt hinausschreien möchte: »Schaut her, was für ein prächtiges Kind er ist!« Aber gut, das behältst du dann besser für dich. So ist es nun mal.

Michael: Von der Sekunde an, da feststand, dass wir ein Kind adoptieren wollten, haben wir uns tagtäglich mit der Vorstellung auseinander gesetzt, wie es werden würde mit dem Kind. Wir hatten ja die Möglichkeit und Chance einer »geistigen Schwangerschaft«. Es dauerte sieben bis acht Monate, bis Daniel unser Sohn wurde. Heute weiß ich gar nicht mehr so genau, wie es ohne ihn war.

Patrick: Es war nicht notwendig, ein Kind als Bestätigung für diese Beziehung zu bekommen. Viele sagen ja: »Ach, das größte Glück für unsere Beziehung wäre jetzt noch ein Kind!«

Michael: Aber vielleicht ist es mit einem Kind doch so, dass man sich noch mehr als Familie fühlt. Da gibt es noch eine Generation nach einem in der Familie, wodurch sich auch die Sichtweise auf die eigenen Eltern und Großeltern ändert. Meine

Oma lebt noch, und somit sind wir vier Generationen. Dadurch bildet sich das Familiengefühl stärker aus, als wenn man in einer Zweierpartnerschaft lebt. Patrick und ich, wir sind beide Herdentiere. Wir haben immer Freunde oder Familie um uns, wir haben viel Besuch, unternehmen viel mit anderen Menschen. Und wenn ein Kind dazukommt, wird die Familie, die Gemeinschaft noch einmal wichtiger.

Patrick: Daniel hat keine Erzieherin, kein Kindermädchen. Das wollten wir von vornherein nicht. Wir wollten selbst für Daniel da sein, gemeinsam mit unseren Familien.

Michael: Unsere Mütter sind für Daniel da. Sie sind genauso, wie man sich richtige Omis vorstellt. Es gibt ja Leute, die es den Großeltern nicht zutrauen, auf die Kleinen aufzupassen. Sie unterschätzen ihre eigenen Mütter. Da sage ich: »Rede nicht so einen Quatsch, deine Mutter hat dich doch auch groß gekriegt!« Das verlernt man ja nicht. Und ich finde, man muss es auch gar nicht groß lernen, es sitzt einem in Fleisch und Blut.

Patrick: Es ist schon ein großes Glück, dass meine Mutter zu denen gehört, die sagen: »Ruft mich an – jederzeit, wenn ihr mich braucht. Ich bin immer da!« Oftmals müssen wir ganz spontan irgendwohin, ich rufe meine Mutter an: »Mami, kannst du kommen?« »Ja«, sagt sie, »klar, ich setze mich schnell ins Auto.«

Michael: Meistens gestalten wir unsere Tage aber so, dass wir möglichst viel Zeit mit Daniel verbringen können. Wenn wir zum Beispiel zu Hause ein Essen für Freunde geben, dann wird spätestens um halb acht gegessen. So kann Daniel noch mitessen, bevor er ins Bett geht. Weil ich nicht einsehe, dass ich A) vorher für ihn alleine koche und B) er dann alleine sitzt beim Essen. Das will man ja nicht. Auch wenn wir uns hier in Grünwald mit Freunden beim Italiener verabreden, sage ich immer: »Tut mir einen Gefallen, lasst uns früh treffen, dann kann Daniel noch dabei sein. Nach dem Essen können wir ja zu uns nach Hause gehen, ich bringe Daniel ins Bett, danach trinken wir bei uns den Espresso oder noch ein Glas Wein.« Ich finde es sehr wichtig, die Kinder nicht auszugrenzen. Sie sollen am Leben teilhaben, sie sollen integriert sein, und ich möchte möglichst oft selbst erleben, wie es meinem Kind geht, was es gerade macht.

*

Patrick: Eigentlich war es die Entscheidung des Lebens, ein Kind zu adoptieren. Insofern ändert sich auch etwas an der Partnerschaft: Man hat gemeinsam eine ganz, ganz große Verantwortung. Es gäbe alleine aus diesem Grunde nicht die Möglichkeit, sich zu trennen. Da müsste schon etwas sehr Außergewöhnliches passieren. Daniel ist ein elementarer Baustein in diesem Fundament, glaube ich.

Michael: Manchmal gibt es bei uns auch Diskussionen in Bezug auf Daniel. Was seine Erziehung angeht, sind wir uns nicht immer einig.

Patrick: Aber es gibt keinen Punkt, wo einer sagt: »Super, so soll es sein!« – und der andere: »Kommt überhaupt nicht in Frage!«

Michael: Ein Kind bekommt natürlich ganz schnell heraus, wo etwas geht und wo es nicht geht. Dann versucht es, die Eltern gegeneinander auszuspielen.

Patrick: Manchmal, wenn Daniel etwas will oder tut, sage ich: »Nein, Daniel, das geht nicht.« Und ich kriege die freche Antwort: »Dann gehe ich eben zu Michi.« Da kann es passieren, dass wir uns ein bisschen in die Haare kriegen. Ich schimpfe dann: »Michi, das sehe ich nicht ein. Ich sage Nein, und dann hast du jetzt auch Nein zu sagen.«

Michael: Ich bin sicherlich manchmal der Lockerere. Ich sehe manches weniger eng und sage: »Es gibt Wichtigeres, also lassen wir Daniel mal richtig Gas geben.« Patrick sagt dann: »Ich finde das jetzt aber sehr wichtig. Es wird mir einfach zu viel!« Ich denke, dass wir uns auch in dieser Hinsicht gut ergänzen. Es ist eine gute Mischung, das Kind wird nicht zu sehr in eine Richtung gelenkt.

Patrick: Wichtig ist, dass man sich von vornherein einig ist: »Wir sollten uns über gewisse Sachen nicht vor dem Kind auseinander setzen.« Also, mal ein Beispiel: Es war ja eigentlich immer so, dass die ältere Generation sagte: »Bei uns hat es früher so etwas nicht gegeben.« Auch ich sage das manchmal. Und Michael: »Ach, du wieder mit deinen Sprüchen.« Aber es sind nicht nur Sprüche, ich meine es ernst. Wenn ich sehe, was für eine Kindheit Daniel heute erlebt – das hätte ich mir als Kind wirklich nur gewünscht. Wir leben heute, glaube ich, nicht allzu großzügig, aber Daniel hat es schon relativ gut. Und er soll daraus nicht den Schluss ziehen, er habe einen Freifahrtschein für alles.

Michael: Ja, man muss Kinder manchmal ein bisschen bremsen. Auf der anderen Seite sage ich immer wieder: »Man kann ja das Kind nicht völlig anders erziehen, als man es selbst vorlebt.« Jetzt, wo er größer ist, darf Daniel manchmal mit zu Auftritten. Wenn Patrick jede Menge Blumen und Geschenke bekommt auf der Bühne, dann fragt Daniel: »Und was bekomme ich? Ist ein Geschenk für mich dabei?« Wenn etwas für ihn dabei ist, gebe ich es ihm. Man muss dann versuchen, ihm beizubringen, dass dies zwar jetzt unser Leben ist, aber dass das noch lange nicht heißt ...

Patrick: ... dass es selbstverständlich ist ...

Michael: ... dass es bis ans Ende des Lebens auch bei ihm so bleibt. Man muss ein vernünftiges Mittelmaß finden. Das geht schon los bei der Ernährung. Wenn ich diese fürchterlich hysterischen Mütter höre: »Um Gottes Willen, das Kind trinkt einen Schluck Cola!« Das Kind stirbt nicht an diesem Schluck Cola!

Patrick: Es gibt nicht den ganzen Tag über Cola, und es gibt am Abend keine Cola.

Michael: Das will Daniel aber auch gar nicht.

Patrick: Man stellt immer wieder fest: Gerade die Dinge, die man absolut verbietet – dass die so einen enormen ...

Michael: ... Reiz ausüben.

Patrick: Ja, dass die Kinder natürlich darauf losgehen. Wir haben auch festgestellt: Wenn du versuchst, ganz normal damit umzugehen – natürlich gibt es ab und zu einmal Cola, nur nicht allzu oft –, dann ist der Reiz gar nicht mehr so groß.

Michael: Man muss alles nicht so eng sehen. Ich sage oft zu Müttern: »Tu dir selber einen Gefallen: Wenn er oder sie jetzt anfängt zu brüllen, dann stürze dich nicht sofort darauf. Wenn du weißt, dein Kind hat gegessen, dein Kind ist trocken, es liegt im Bett, es hat kein Fieber, und es fängt an, ein bisschen zu brüllen – dann lass es auch mal brüllen.«

Patrick: Es ist aber nicht einfach. Es tut einem weh, wenn das Baby weint. Aber, um noch mal auf die Beziehungen zurückzukommen: Ich glaube, für jedes Paar, das Kinder hat, ist es wichtig, sich hin und wieder eine Auszeit zu nehmen. Es gibt ja leider Gottes immer wieder Fälle, wo sich gerade die Mütter zu sehr auf ihre Kinder konzentrieren. Manche Väter haben dann das Gefühl: »Jetzt ist das Kind da, und ich bin abgeschrieben.« Es ist für viele Beziehungen ein Riesenproblem, wenn die Mutter nichts anderes mehr im Kopf hat als nur das Kind: Daran sind viele Beziehungen zerbrochen. Man darf den Egoismus als Paar nicht ganz verlieren. Man sollte einfach mal beschließen: »Wir brauchen jetzt ein schönes Wochenende allein für uns, das muss einfach drin sein.« Wobei natürlich immer an erster Stelle steht: Ich würde für mein Kind alles geben, ich würde mich für Daniel zerfleischen lassen. Wenn ihm etwas wehtut, dann tut es mir genauso weh. So wie es wahrscheinlich jeder Mutter und jedem Vater auch geht.

*

Patrick: Demnächst kommt Daniel in die Schule, dann beginnt eigentlich für die ganze Familie eine neue Art »Ernst des Lebens«. Im Moment hat Daniel schon Klavierunterricht, er geht einmal die Woche zum Tennis und natürlich zum Fußball. Das Programm ist ziemlich straff. Ich habe mir gerade einen Stundenplan aufgeschrieben, damit ich nicht durcheinander bringe, wann ich Daniel wo hinbringen und abholen muss. Wenn er in die Schule kommt, wird es sicher nicht einfacher mit der Zeitplanung.

Michael: Aber ich bin mir ganz sicher, dass wir drei das gut hinbekommen werden.

Patrick: Natürlich! Wobei ich tagsüber etwas mehr bei Daniel bin als Michael. An normalen Arbeitstagen geht Michael in sein Büro, ich bleibe zu Hause.

Michael: Ich bin mit dem Büro von zu Hause ausgezogen. Wenn man in einem Haus wohnt und arbeitet, fällt es schwer, abends abzuschalten. Jedenfalls ging es mir so. Jetzt bringe ich Daniel morgens immer in den Kindergarten, dann fahre ich zur Post, dann ins Büro. Und ich freue mich darauf, Daniel mittags vom Kindergarten abzuholen und mit ihm nach Hause zu fahren, wo wir drei zusammen essen. Dadurch, dass Patrick ohne mich zu Hause ist, haben sich die Aufgaben auch noch einmal neu verteilt. Patrick kümmert sich jetzt mehr um Dinge, die unser Zuhause betreffen. Zum Beispiel ist es jetzt Patrick, der Handwerker bestellt, wenn etwas repariert werden muss. Früher hat er mir gesagt: »Wir brauchen einen Handwerker, kümmere dich bitte darum.« Das hat mir nicht gepasst, und jetzt ist es zum Glück vorbei.

Patrick: Solche Sachen brauchen einfach ihre Zeit. Ich habe früher immer zu Michael gesagt: »Ich finde es nicht gut, wenn ich als Herr Lindner einen Handwerker bestelle. Ich fände es besser, wenn du das machst.«

Michael: Du hattest Angst, dass du einen Promizuschlag bezahlen musst.

Patrick: Haha!

Michael: Ja, klar, das war ein Scherz. Es hat eben sowohl Vorteile als auch Nachteile, wenn man im öffentlichen Leben steht. Und wenn Patrick Lindner bei einem Handwerksbetrieb anruft, dann denken die Leute gleich an den öffentlichen, prominenten Patrick Lindner. Oftmals behandeln sie ihn besonders nett. Aber es ist einfach anders, als würde ein Kunde anrufen, der nicht ständig im Fernsehen auftritt.

Patrick: Für mich war es auch eine Zeit lang so: »Es gibt ein Büro, das macht Michael, und diese Dinge fallen in seinen Aufgabenbereich.« Inzwischen hat es sich sehr gewandelt, ich habe heute überhaupt kein Problem mehr damit, irgendwo anzurufen.

Michael: Und auch deshalb bin ich stolz auf dich, auf uns. Wer für einen Prominenten arbeitet, sollte dafür sorgen, dass der andere nicht unselbstständig wird. Man darf ihn nicht entmündigen. Es gibt Leute in unserer Branche, die nicht mehr in der Lage sind, sich selbst ein Frühstück zu bestellen. Ich finde das eine gefährliche Entwicklung. Bei vielen so genannten Superstars – Popmusikern oder Filmschauspielerinnen zum Beispiel – kommt es zum Verlust der Bodenhaftung: Sie können im Alltag nicht für sich sorgen, sie können nichts allein entscheiden. Das liegt gar nicht an ihnen selbst, sondern daran, dass sie immer ein Heer von Leuten um sich haben. Wenn man sie persönlich kennen lernt, sind die Stars meist sehr lieb und nett. Nur von der Ferne aus betrachtet wirken sie manchmal wie Zicken oder Diven, weil sie zu sehr von anderen beherrscht werden.

Patrick: Aufgabenteilung ist sicher eine gute Sache. Ich finde es zwar absolut liebenswürdig, wenn man in einer Beziehung mal zu seinem Partner sagt: »Lass das doch mich machen, es fällt mir leichter.« Man sollte jedoch nie dem anderen das Gefühl geben: »Ohne dich bin ich total aufgeschmissen.« Wie viele langjährige Ehen hat es gegeben, wo der Mann nicht mal ein Ei kochen konnte! Weil er es nie gemacht hat.

Michael: Patrick kocht übrigens ganz hervorragend, er ist ein wundervoller Koch!

Patrick: Danke! Aber worauf ich hinauswollte: Man sollte das Interesse an alltäglichen Dingen nie aufgeben. Es ist gut zu wissen: Wenn der Partner gerade mal nicht da ist, komme ich auch allein zurecht.

*

Michael: Früher war es undenkbar, dass Patrick alleine irgendwo hingefahren wäre. Jetzt ist er zum Beispiel Mitglied der Jury vom »Goldenen Lenkrad«, einmal im Jahr verbringt er zwei Wochen in Mailand und testet Autos. Weil ich nicht in dieser Jury bin und vor Ort nichts zu tun hätte, da die Sache hervorragend organisiert ist, macht Patrick das alleine. Er sieht: Im Zweifelsfalle ginge es auch ohne Michael. Der stärkere Partner muss den anderen ermutigen, so was zu tun. Das gibt einem sicher auch ein besseres Selbstwertgefühl.

Patrick: Wobei ich ehrlich zugeben muss: Michael fehlt mir dann. Es ist für mich sehr ungewohnt, ohne ihn wegzufahren. Andererseits tut es aber auch mal ganz gut. Wenn wir zwei, drei Tage getrennt sind – was wirklich sehr selten passiert -, dann telefonieren wir viel, haben beide ein starkes Mitteilungsbedürfnis: »Was ist passiert?« »Wie geht es zu Hause?« Da gibt es einen anderen Informationsfluss. Zu Hause haben wir das Ritual, dass wir abends vor dem Schlafengehen mit unseren drei Hunden noch eine Gassirunde drehen. Es kann passieren, dass ich erst zu diesem Zeitpunkt noch etwas Wichtiges von Michael erfahre. Dass er sagt: »Ach, ich wollte dir noch dieses und jenes erzählen ... Weißt du, was heute passiert ist? ...«

Michael: Tagsüber telefoniere ich extrem viel. Manchmal denke ich, man sollte mir einen Telefonhörer implantieren. Danach will ich nicht gleich den kompletten Rapport abgeben. Ich möchte zu Hause ankommen, Freizeit haben, mit Daniel zusammen sein, mit ihm und Patrick essen und dann die Nachrichten gucken. So kann ich Abstand vom Arbeitstag gewinnen. Patrick weiß mittlerweile genau, dass mir das wichtig ist. Ich will nicht sagen müssen: »Gib mir bitte fünf Minuten! Ich möchte mich wenigstens erst mal hinsetzen.«

Patrick: Auch darin unterscheidet sich unsere Beziehung natürlich von vielen anderen. Wir sind ja ein kleiner Familienbetrieb, oftmals gibt es da Sachen, die ich schnell klären möchte. Ich frage Michael: »Hast du dies erledigt, hast du bei dem schon angerufen?« Und ich kann ein bisschen nervig werden, wenn Michael dann antwortet: »Dazu hatte ich noch keine Zeit.« Aber ich denke, mit den Jahren hat es sich bei uns gut eingespielt. Es gibt Situationen, in denen ich für Michael die Sekretärin bin.

Michael: Ich für dich!

Patrick: Ja, das ist die Regel, aber oft ist es auch umgekehrt. Das Wichtigste ist: Ich habe ja schon mit verschiedenen Leuten zusammengearbeitet, und mit Michael funktioniert es am besten.

Michael: Kürzlich sagte jemand zu mir: »Wenn Patrick nicht dein Partner wäre, sondern nur dein Chef, würdest du sicher vieles anders machen, anders entscheiden.« Ich habe darüber nachgedacht und bin zu dem Schluss gekommen: Für mich war das ein Lob. In unserem Job muss man zwar manchmal ziemlich hoch pokern. Aber bei uns beiden gilt es abzuwägen: Wenn ich ein Risiko eingehe und alles auf eine Karte setze, dann wäre es ein Knaller, wenn die Sache klappt. Wenn die Sache aber schief geht, hat die ganze Familie ein Problem.

*

Michael: Es gibt schon ein sehr tiefes Vertrauen und ein sehr großes Verantwortungsbewusstsein in unserer Beziehung. Insofern kann ich mir gut vorstellen, dass wir für immer zusammenbleiben. Je länger man zusammen ist, desto langfristiger plant man ja auch. Wir sprechen jetzt zum Beispiel darüber: Wie wird es sein, wenn Daniel in die Schule kommt? Wann wird er uns seine erste Freundin vorstellen? Welchen Beruf wird er haben? Oder Patrick und ich planen unsere gemeinsame Zukunft, wir setzen uns gemeinsam Ziele. Irgendwann stellt man dann fest: Eigentlich haben wir gemeinsame Ideen für den Rest unseres Lebens.

Patrick: Ich finde, für eine Beziehung sollte es die Grundvoraussetzung sein, dass man schon am Anfang das Gefühl hat: Mit dem oder mit der möchte ich alt werden. Ich hatte das bisher bei jeder Beziehung vor Augen, sonst wäre ich diese Beziehung nicht eingegangen. Vielleicht ist das ein bisschen naiv oder romantisch ...

Michael: Eine gewisse Form von Naivität und Romantik gehört immer dazu. Wenn jemand von vornherein das Gefühl hätte, diese Liebe hält wahrscheinlich nur ein halbes Jahr – das fände ich fatal. Man sollte sich aber bewusst sein, dass kein Paar ein Leben lang auf Wolke sieben schwebt. Wolke sieben hat ein gewisses Haltbarkeitsdatum, bei manchen löst sie sich nach einem Jahr auf, bei anderen nach zwei Jahren. Es macht wenig Sinn, sich zu diesem Zeitpunkt zu trennen, denn in der nächsten Beziehung mit einem anderen Partner würde sich alles nur von vorn wiederholen. Wer Wolke sieben vermisst, kann ja ruhig ab und zu mit anderen flirten. Das mache ich auch ganz gern mal. Wenn ich zum Beispiel auf einer Feier bin und mich ein bisschen flirtig mit einem Mann oder auch einer Frau unterhalte: Ist doch nett! Da weiß man: Ich bin noch nicht aus dem Rennen, es sind noch alle Karten im Spiel. Dann geht man nach Hause und fragt den anderen: »Schläfst du schon, Schatzilein?«

*

Patrick: Vielleicht ist es aber auch möglich, dass Paare viele, viele Jahre auf Wolke sieben verbringen. Ich finde, du formulierst das ein bisschen zu streng, Michael. Ganz so, als sei es nicht normal, nach langer Zeit noch ineinander verliebt zu sein.

Michael: Nein, um Gottes Willen! Ich wollte nichts bewerten.

Patrick: Das fände ich auch nicht richtig.

Michael: Aber die körperliche Anziehung wird in jeder Partnerschaft nach den ersten Jahren weniger. Das ist bewiesen und nicht wegzudiskutieren. Man darf Sexualität auch nicht überbewerten. Viel wichtiger ist doch die Seelenverwandtschaft. Deshalb finde ich es übrigens ziemlich naiv, körperliche Treue vorzugeben. Es geht viel mehr darum, einander im Herzen und in den Gedanken treu zu sein. Es ist eigentlich nicht notwendig, sich anderweitig umzuschauen. Aber wenn es einmal passiert ist, darf man dem nicht zu viel Bedeutung beimessen. Man muss überlegen: »Was haben wir dadurch wirklich verloren? Wie viel Wert hat diese eine Stunde im Vergleich zu den Jahren unserer Partnerschaft?« Solange es nur um das Körperliche geht, solange man keine tiefen Gefühle für einen Dritten entwickelt, brauchen Partnerschaften eine gewisse Toleranz.

Patrick: Auch ich bin grundsätzlich der Meinung, dass jede Partnerschaft eine gewisse Toleranz braucht, anders geht es nicht. Aber das soll nicht heißen, dass jeder so macht, wie er gerade Lust hat.

Michael: Nein, das ist sicherlich nicht der Fall.

Patrick: Es kann einfach passieren, dass ein Moment geschieht, wo du denkst: »Wow!« Du triffst einen Menschen, der dir den Kopf verdreht. Man macht die Erfahrung – und kann daraus einiges lernen. Aber man darf wegen solcher relativen Kleinigkeiten nicht gleich alles hinschmeißen. Ich selbst bekomme ja in meinem Beruf viel Bestätigung. Deshalb habe ich nicht so sehr das Bedürfnis, mir zusätzlich auf andere Weise Bestätigung zu holen. Vielleicht geht es Michael da ein kleines bisschen anders.

Michael: Ach, das glaube ich gar nicht mal. Aber es wundert mich schon sehr, wie eifersüchtig manche Leute sind. Ich habe zum Beispiel auf Festen oft erlebt – und zwar bei Paaren jedweder Konstellation –, dass einer wahnsinnig eifersüchtig reagierte, nur weil sich der oder die andere mit irgendwem alleine unterhielt. So eine Unterhaltung muss nun wirklich nicht im Bett enden! Ich denke, dass man mit dieser extremen Eifersucht den Partner eher vertreibt oder ihn ermutigt, die Grenzen auszuloten. Wenn die Grenzen von vorherein etwas weiter gesteckt sind, ist alles einfacher. Oft haben diese erweiterten Grenzen zur Folge, dass man denkt: »Wenn ich wollte, könnte ich jetzt etwas ausprobieren. Aber will ich es denn wirklich? Ach, nein, das habe ich doch gar nicht nötig!«

Patrick: Man muss es in der Partnerschaft hinbekommen, dass beide denken: »Es kann vieles passieren. Aber egal, was passiert: Das, was wir zusammen haben, ist das Wichtigste in unserem Leben.« Man muss sich gegenseitig versichern: »Du bist für mich immer die Nummer Eins.«

Michael: Ja, Patrick, das bist du für mich: absolut und immer die Nummer Eins.

Patrick: Du für mich auch. Und noch viel mehr als das.

»Er hätte dasselbe für mich getan«

Edda (63) und Heinrich (67) lernten sich 1959 kennen. Sie leben in einem Dorf in Niedersachen. Edda möchte keinen Beruf angeben – »Ich habe nämlich nichts gelernt.« Aber sie war ihr Leben lang berufstätig und ist erst kürzlich in Rente gegangen. Ihr Mann ist Landmaschinenschlossermeister. Das Paar heiratete vor 42 Jahren und hat zwei Kinder.

Vor 32 Jahren erkrankte Heinrich an der Parkinsonschen Krankheit. Einige Jahre später wurde er hilfsbedürftig, seit zirka fünf Jahren kann er sich kaum noch bewegen und braucht Pflege rund um die Uhr. Diese Pflege gibt ihm Edda, ganz allein.

Ich besuche die beiden in ihrem kleinen, gemütlichen Haus. Edda hat für uns einen leckeren Kuchen gebacken. Es ist ein herrlicher Tag im Spätherbst, wir tragen Tisch und Stühle in den Garten. Heinrich nehmen wir mit, und damit er nicht friert in seinem Liege-Rollstuhl, hüllt Edda ihn in Wolldecken. Immer, wenn die Schatten ein Stück länger geworden sind, schiebt Edda ihn wieder in den Sonnenschein. Weil Heinrich nicht sprechen kann, erzählt nur Edda die Geschichte ihrer Ehe.

Es kommt immer wieder vor, dass Leute zu mir sagen: »Du hast es so schwer. Arme Edda! Wie schaffst du das nur mit Heinrich?« Aber für mich ist es nicht schwierig. Ich bin froh über jeden Tag, den ich mit Heinrich habe. Und ich bin immer dankbar, dass ich überhaupt noch die Kraft habe, für ihn da zu sein. Manche sagen auch: »Irgendwann verstirbt er wohl, dann wird alles besser, dann hast du deine Ruhe.« Und und und. Sie meinen das ja gar nicht böse. Aber sie sehen nicht, wie es wirklich ist. Und das macht mich dann ein bisschen traurig. Ich will doch gar nicht, dass Heinrich stirbt! Das will ich ja überhaupt nicht! Ich will doch so weiterleben! Ich möchte hier ja nicht alleine sitzen. Wenn ich morgens aus dem Bett komme und Heinrich sehe, bin ich immer froh. Das ist doch schön! So ganz alleine hier im Haus, das wäre doch auch nichts. Wir hatten ja auch wunderbare Zeiten zusammen, wir waren eine glückliche Familie. Daran erinnert man sich gerne. Und Heinrich war immer gut, zu den Kindern und zu mir. Er war nie bösartig. Trotz seiner Krankheit.

Heinrich war Meister bei der Genossenschaft, und er arbeitete immer sehr fleißig, sehr zuverlässig. Es fing 1971 an, da begann Heinrich zu kränkeln. Unsere Tochter war drei Jahre alt, unser Sohn sieben. Ein Jahr später bekamen wir die Nachricht, dass es Parkinson ist. Erst hatte es noch geheißen, es sei Multiple Sklerose. Das wäre aber eigentlich kein großer Unterschied gewesen. Was die Gefährlichkeit angeht, ist MS wie Parkinson. Es gibt verschiedene Krankheitsverläufe, und man muss nicht immer daran sterben. Heute weiß ich das alles, aber damals hatte ich noch keine Ahnung von diesen Krankheiten. Ich wusste nur, dass Multiple Sklerose etwas Schlimmes ist. Von Parkinson hatte ich noch nie gehört. Ich war damals 33 Jahre alt, Heinrich war 37. Da war die schönste Zeit unseres Lebens zu Ende. Und ich begann zu überlegen, wie ich das wohl alles alleine hinkriege: die Kinder großziehen, den Haushalt machen, das Geld verdienen und Heinrich helfen.

Im Jahr 1972 waren wir hierher gezogen, in Heinrichs Elternhaus. Seine Krankheit war schon in vollem Gange, aber wir waren uns darüber noch nicht im Klaren. Heinrichs Vater war früh verstorben, es gab eine Erbengemeinschaft, und hier war alles sehr verfallen. Die Fenster waren kaputt, die Haustür und die Fußböden auch. Nichts war in Ordnung. Also brauchten wir Geld und mussten Schulden machen. Zwölf Prozent Zinsen haben wir bezahlt. Irgendwann sind wir von den Schulden runtergekommen. Und wir haben alles miteinander besprochen. Wir haben immer gut zusammengehalten. Immer, immer! Ich denke: Das ist das Ausschlaggebende, dass man sich bespricht und zusammenhält. Noch heute ist es so: Wenn ich irgendetwas brauche, dann erzähle ich Heinrich davon. Er gibt mir zwar keine Antwort, das kann er ja nicht. Aber ich berichte ihm, was los ist. Gestern zum Beispiel habe ich mir einen Katalog angesehen. Und ich habe zu Heinrich gesagt: »Du, wir brauchen Winterreifen. Hier sind welche im Katalog, die würde ich gern kaufen. Mensch, das willst du doch auch nicht, dass ich rutsche und im Graben sitze!« Ja, das erzähle ich ihm alles. Mit dem Gucken ist es leider auch schlecht. Sonst hätte ich ihm das Bild im Katalog gezeigt. Aber weil der Parkinson schon in seinen Augen sitzt, kann er den Blick nicht dahin lenken, wo er ihn hinlenken möchte. Er sieht auch so gerne Autorennen im Fernsehen. Und ich erkläre ihm dann, was gerade passiert. Ich merke es nämlich genau, wenn seine Augen nicht funktionieren. Wenn er es nicht schafft, in die richtige Richtung zu gucken. Also sage ich ihm: »Pass auf! Schumi überholt! Und jetzt kommt da der Häkkinen!« Und so weiter ... In solchen Momenten spüre ich, wie Heinrich sich freut. Ich merke auch, wenn er etwas sagen will. Wenn irgendwas ist, und er möchte sich dazu äußern. Da kann ich mir schon fast denken, was er sagen möchte, was los ist. Das fühle ich alles.

Also, wir sind 1972 hierher gezogen und versuchten natürlich, so gut wir nur irgend konnten, das Haus ein bisschen in Ordnung zu bringen. Langsam wurde es schlimmer mit Heinrichs linker Hand, sie wurde steif. Ich sagte immer zu ihm: »Geh doch mal ein bisschen langsamer! Nun quäle dich doch nicht so!« Ich habe auch diesen ganzen Bio-Kram in den Apotheken gekauft. Alles, von dem ich gelesen hatte, dass es gut für die Nerven sei. Weil ich immer dachte, Heinrich sei überlastet. Und dann ging es auch schon los mit den Heilpraktikern. Ich habe Heilpraktiker ausfindig gemacht, ich wollte alles ausprobieren, damit Heinrich wieder gesund wird. Um solche Sachen hat Heinrich sich nicht gekümmert, das habe ich alles allein gemacht. Er hatte den Antrieb nicht. Er war ja krank und verzweifelt. Eines Tages bin ich zu unserem Hausarzt gegangen und habe wohl angedeutet, dass wir bei einem Heilpraktiker gewesen waren. Da ist unser Hausarzt ausgerastet! Er hat sich vor mich hingestellt und hat vorgemacht, wie die Parkinsonsche Krankheit endet. Danach habe ich erst mal geheult, den ganzen Weg nach Hause über. Ich konnte das gar nicht fassen! Ja, ich wollte mich informieren, ich wollte schon wissen, was die Krankheit bedeutet. Ich kannte sie ja nicht. Aber im Grunde habe ich mich dagegen gewehrt. »Das kann doch nicht sein! Das kann doch gar nicht sein! Ich schaffe das! Ich schaffe das! Heinrich wird wieder gesund!« Na ja. Aber es sollte nicht sein. Wir waren bei sechs verschiedenen Heilpraktikern in Niedersachsen. Und wir sind bis nach Holland gefahren, haben dort eine ganze Woche lang bei einem Heilpraktiker gewohnt. Ich habe immer Hoffnung gehabt, immer Hoffnung!

Ich weiß eigentlich gar nicht, wo ich das ganze Geld hergefunden habe! Das Geld, das wir zum Leben brauchten und für all die Behandlungen, das Geld war immer da. Es ist mir von oben in den Schoß gefallen. Wirklich wahr! Heute kann ich gar nicht mehr begreifen, wie ich das alles finanziell hinbekommen habe.

Einmal erzählte mir eine Arbeitskollegin, in einem Dorf in der Nähe gäbe es jemanden, der Wunder vollbringen könne. Solche Sachen finde ich eigentlich ganz furchtbar! Aber ich habe mich überwunden und gedacht: »Ist ganz egal. Da gehen wir auch hin!« Wir haben den Wunderheiler aufgesucht, obwohl es mir so zuwider war! Weil ich auch meinen christlichen Glauben hatte. Andererseits wollte ich absolut: Heinrich sollte wieder gesund werden. Ich wollte nichts unversucht lassen. Und jener Wunderheiler, der durfte wohl kein Geld nehmen. Er meinte: »Wenn ihr guten Wein mitbringt, helfe ich euch.« Dann habe ich immer den besten Wein gekauft, und meine Kollegen fingen an zu tuscheln. Sie dachten, wir saufen – und zwar den teuren Wein! Meinetwegen sollten sie nur reden. Das war mir zu dem Zeitpunkt ganz egal. So egal! Ich habe nur gedacht: »Wenn bloß erst mal Heinrich gesund wird ...« Das stand für mich im Vordergrund. Zeitweise hab ich mir sogar vorgestellt: »Mensch, Edda, du hast ja nichts gelernt. Und bei Heinrich ist es die linke Hand. Also: Meine linke Hand, wenn man die austauschen könnte ... Was willst du schon, Edda? Hast doch nichts gelernt!«

Es wurde immer schlimmer und schlimmer. Heinrich wurde ins

Ersatzteil-Lager versetzt, weil die Arbeit da einfacher war. Bis 1976 konnte er dort bleiben. Dann hieß es bei der Genossenschaft: »Es wäre wohl besser, wenn Sie gehen würden.« Er hat den Rentenantrag eingereicht und ihn sofort problemlos durchgekriegt. Weil seine Krankheit schon so weit fortgeschritten war. Da war Heinrich 40 Jahre alt.

Ja, das waren schon Zeiten! Ich habe gearbeitet, wir hatten zwei kleine Kinder, Heinrich kam nicht mehr richtig alleine klar. Manchmal ist er hingefallen und konnte nicht wieder aufstehen. Wenn niemand zu Hause war, hatte er einen Notmelder bei sich, mit dem er einen Notdienst rufen konnte. Oft haben ihm auch die Nachbarn hochgeholfen. Ich musste ja arbeiten. Irgendwovon mussten wir schließlich leben.

Aber ich war nie verzweifelt. Die Hoffnung habe ich niemals aufgegeben. Bis, eigentlich ... Ja, bis wann wohl? Na ja, heute ist es natürlich anders. Heute weiß ich: Es ist, wie es ist. Man findet sich damit ab. Aber als ich jung war, habe ich immer gedacht: »Den kriegst du wieder gesund! Irgendwie schaffst du das. Irgendwann einmal kommt jemand ...« Eine meiner Arbeitskolleginnen hatte auch etwas gehört von einem Heiler in England, der Fernbehandlungen machte. Also habe ich Geld nach England geschickt. Die Kollegin hat für mich einen Brief dazu geschrieben, weil ich kein Englisch konnte. Geholfen hat das alles nicht. Den letzten Heilpraktiker hatten wir, als unser Sohn schon groß war. Wir sind immer wieder zu dem Heilpraktiker hingefahren, eines Tages tauchte er bei uns zu Hause auf und sagte: »Machen Sie eine Frischzellenkur!« Die sollte es angeblich bringen. Sie kostete damals schon 2000 Mark. Soviel Geld hatte ich nicht! Woher denn? Er bot uns an, es in Raten zu bezahlen. Da hat unser Sohn ihn an die Luft gesetzt. Da war es vorbei mit den Heilpraktikern. Unser Sohn hat richtig gehandelt.

Was mir am meisten geholfen hat, war mit Sicherheit mein christlicher Glaube. Wenn ich den nicht gehabt hätte ... Unvorstellbar! Besonders, als die Kinder noch klein waren: Das war eine schwierige Zeit. Tagsüber ging es mir meistens gut, ich musste zur Arbeit und kam nicht ins Grübeln. Aber manchmal, wenn ich nachts wach wurde, war ich ein bisschen verzagt. Ich machte mir Sorgen: »Wie sollst du das bloß alles schaffen? Ob du wohl die Kinder groß kriegst? Und was machst du, damit sie nicht hinter den anderen Kindern zurückstehen? Die anderen Eltern sind alle zu zweit und gesund, sie können alles gemeinsam machen und haben genug Geld, um ihren Kindern viele schöne Sachen zu kaufen. Wie kann ich das alleine schaffen?« Aber irgendwie habe ich es geschafft! Auch mit meiner Arbeit ging es immer gut aus. Im selben Jahr, als Heinrich in Rente ging, schloss die Firma, in der ich arbeitete. Da saßen wir hier mit unseren Schulden und wussten nicht aus noch ein. Furchtbar! Ich lief weinend zu einer Freundin und erzählte ihr, was los war. Da meinte sie: »Es gibt hier in der Nähe eine neue Klinik, ich glaube, die suchen noch Leute zum Putzen ...« Ich sagte: »Es ist mir ganz egal, was ich mache. Hauptsache, ich habe Arbeit, dass meine Familie leben kann!« Und ich hatte Glück: Eine Woche später konnte ich dort anfangen zu arbeiten. Nach einiger Zeit wurde ich sogar Schwesternhelferin, und ich bin immer gern zur Arbeit gegangen. Die Arbeit hat mir viel Spaß gemacht!

Ohne meinen festen Glauben hätte ich nicht so viel Glück gehabt, und ich hätte es wohl auch nicht alles so gut hinbekommen. Heinrich ist 1979 und 1980 im Universitätskrankenhaus gewesen, da hat der Professor ihm das Zittern aus dem Gehirn gebrannt. Jedes Mal mussten wir 5000 Mark bezahlen. Das Geld habe ich immer zusammengehabt! Da fragt man sich doch, wie das angehen konnte! Dass ich immer Geld hatte und immer genügend Kraft. Und so viel Zuversicht!

Mancher sagt, es sei ein schweres Leben. Aber es hatte auch so viele gute Seiten! Als Heinrich und ich uns kennen lernten, war ich 19 Jahre alt. Ich war überglücklich und dachte: »Endlich fängt mein gutes Leben an!« In meinem Elternhaus war es nämlich auch nicht gerade einfach gewesen. Aber ich hatte drei Freundinnen, mit denen bin ich manchmal ausgegangen. Als junges Mädchen konnte man damals ja nur zum Schützenfest gehen und zum Erntefest. Es war schließlich 1959, da gab es noch keine Discos. Aber wir vier Mädchen sind zusammen losgegangen, wir hatten unseren Spaß, und wir treffen uns übrigens heute noch. Auf den Dorffesten haben wir manchmal Jungen kennen gelernt. Dann wurde untereinander erst mal beraten: »Ich hab da jemanden kennen gelernt. Komm doch mal her und sieh ihn dir an. Na, was meinst du?« Wie man eben so war als Jugendliche.

Heinrich und ich haben uns auch auf einem Schützenfest kennen gelernt. Wir haben zusammen getanzt, und schon ganz schnell stand für mich fest: Er war der Richtige! Heinrich hatte auch einen Roller, na, das war doch was. Ein Fortbewegungsmittel, immerhin! Im Jahr darauf haben wir uns verlobt und ein großes Fest gefeiert. Heinrich hat mir einen Antrag gemacht, wie es sich gehörte. Und 1961 haben wir geheiratet, auch groß. Es wurde ein Zelt aufgebaut, wie man es damals machte. Nicht so feudal wie heute. Eine Kochfrau kam, ein Schwein wurde geschlachtet, es gab einen guten Braten. Und wenn man's ganz besonders gut machen wollte, dann holte man zusätzlich noch Würstchen vom Schlachter. Torten wurden selber gebacken. Abends gab es Aufschnitt und Brot. Ganz einfach eigentlich. Viele Gäste kamen, wir haben getanzt, und es wurde etwas vorgetragen. Es war ein glücklicher Tag. Wir sind sogar mit einer Hochzeitskutsche gefahren. Weil ich Pferde so gern hatte, haben wir uns das auch noch gegönnt. Das war schon sehr schön!

Ja, die ersten zehn Jahre waren wunderschön. Wunderschön! Und nach zehn Jahren Ehe kam eben diese bittere Pille.

In der ersten Zeit sind wir zum Beispiel zusammen in Urlaub gefahren, nach Bayern. Mit unserem eigenen Auto. Damals ein Auto zu haben war schon etwas ganz Tolles. Wir waren so stolz! Heute sagt man ja, »die Chemie muss stimmen«. Und so war es mit Heinrich und mir. Wir hatten uns immer etwas zu erzählen, uns wurde nie langweilig miteinander. Im Alltag haben wir uns oft ergänzt, so dass unser Familienleben immer gut war, alle waren glücklich und zufrieden. Heinrich und ich mussten auch nie miteinander diskutieren, wir waren uns immer einig, von Anfang an. Ich wüsste nicht, dass wir uns – als Heinrich noch gesund war – jemals gestritten hätten. Als er krank war, haben wir uns einmal ganz gewaltig gestritten: Da hat er einen alten Schrank verkauft, den ich sehr schön fand. Ich mochte immer schon alte Sachen gern, und diesen Schrank hatte ich gerade abgebeizt. Damals zogen immer Holländer über die Dörfer und fragten, ob jemand alte Möbel zu verkaufen hätte. Eines Tages kam wieder so ein Holländer zu uns, ich war gerade nicht zu Hause. Ich denke nicht, dass Heinrich mit dem Holländer zur Scheune hingegangen ist. In der Scheune hat der Holländer selber nachgeguckt. Er hat meinen schönen, frisch abgebeizten Schrank gefunden und Heinrich dafür 200 Mark geboten. Heinrich hatte nie Sinn für alte Sachen und dachte sich wohl: »Das alte Ding aus der Scheune! 200 Mark sind viel Geld dafür ...« Er hat den Schrank verkauft. Wahrscheinlich wollte er mir eine Freude machen mit dem Geld. Er war damals ja auch schon krank. Ich kam von der Arbeit, der Schrank war weg, Heinrich gab mir die 200 Mark. Ich war so enttäuscht! Es war ein wertvoller Schrank, 200 Mark waren so gut wie nichts dafür! Vor lauter Wut habe ich die Geldscheine in die Luft geworfen. Aber sonst hatten wir nie Streit miteinander.

Doch, einen Zwischenfall gab es noch. Da kam ein Blauer Brief von der Schule unseres Sohnes. Darin stand, dass er die Klasse wiederholen müsse. Und Heinrich hat geschimpft: Die ganze Schuld hätte ich! Der Junge hätte ja überhaupt keine Schuld! Es täte doch nicht nötig, dass er aufs Gymnasium geht. Aber ich hätte ihn da ja hingeschickt. Was ich denn eigentlich damit bezwecken wolle? Der Junge müsse sich doch nicht quälen! Er könne doch auf die Realschule gehen! Und so weiter. Nun gut, es war ja einfach so: Früher kamen die Kinder mit 14 Jahren aus der Schule und gingen in die Lehre. Spätestens mit 17 oder 18 Jahren mussten sie Geld verdienen. Und Heinrich hatte auch noch diese Ader: »Was hat der Junge auf dem Gymnasium zu suchen? Soll er doch normal zur Schule gehen, wie sein Vater es auch gemacht hat!« So war es eben damals. Am Mittag, als unser Sohn nach Hause kam, sagte ich: »Du hast einen Blauen Brief, und ich habe meinen Segen dafür schon gekriegt!« Da lachte er und meinte: »Das macht doch überhaupt nichts! Mit acht Leuten sind wir sitzen geblieben!« Später haben unsere beiden Kinder studiert, und heute haben beide gute Berufe. Weil sie fleißig waren. Natürlich macht mich das froh. Aber ich weiß ich gar nicht so genau, ob ich stolz darauf sein soll. Es war ja nicht mein Verdienst. Ich konnte sie nur unterstützen, finanziell zum Beispiel. Und das habe ich getan.

Ich habe immer viel gearbeitet, schon als ganz junges Mädchen in der Landwirtschaft meiner Eltern. Und ich glaube, dass das für mich gar nicht schlecht war. Viele fragen mich: »Edda, wie schaffst du das körperlich mit Heinrich? Wie hält dein Rücken das aus?« Ich muss Heinrich ja aus dem Bett heben und in den Rollstuhl setzen. Dafür gibt es zwar Hilfsmittel, spezielle Bretter, aber es kostet trotzdem eine Menge Kraft. Und ich denke, dass meine Muskulatur sich von Kindesbeinen an verfestigt hat. Weil ich immer schwer gearbeitet habe, wurden meine Muskeln kräftig, und deshalb tut mein Rücken heute nicht so weh. Das vermute ich zumindest, beweisen kann man es natürlich nicht. Manchmal, wenn ich einen Tag nicht zu Hause sein kann, kommen Schwestern von der Sozialstation zu Heinrich. Schon mehrere Pflegerinnen haben mich gefragt: »Wie schaffen Sie das? Wir haben solche Probleme mit dem Rücken! Wie kriegen Sie das alles hin?« Die Schwestern kommen sogar immer zu zweit! Und sie haben ja die Griffe gelernt. Das sind Leute, die Ahnung haben. Aber sie ackern und stöhnen. Ich mache das alles alleine, und es macht mir gar nichts aus.

Es kommen wirklich nur sehr selten Pflegerinnen von der Sozialstation. Heinrich hat aber eine Magensonde, die jede Woche zweimal gewechselt werden muss. Dafür kommen hauptsächlich die Schwestern, weil ich das nicht machen darf. Man muss nur so eine Art Pflaster wechseln, ich könnte es auch, aber das haben sie nicht gern. Also lasse ich es sie machen. Ansonsten mache ich alles: Heinrich morgens aus dem Bett heben, ihn waschen, ankleiden, füttern – die Magensonde ist nämlich nur für Getränke, weil Heinrich nicht gut trinken kann. Und dann: seinen Darm entleeren, ihn abends auskleiden, waschen, schlafen legen. Die Nächte kann er oft nicht durchschlafen, weil er husten muss. Dann stehe ich auf und hole ihm den Schleim aus dem Mund, er bekommt ihn ja nicht alleine weg. Heinrich hustet, der Schleim sitzt ihm hinten im Mund, und ich befreie ihn davon. Einmal habe ich mich sehr gefreut, als eine Schwester von der Sozialstation hier war, um das Pflaster der Sonde zu wechseln. Sie sagte zu Heinrich: »So gut, wie Sie es haben, hat es kaum ein anderer!« Das fand ich so schön, dass sie das deutlich geäußert hat. Die Pflegerin kommt ja von einem Haus zum anderen und sieht, was da los ist. Sie hat die Erfahrung und kann vergleichen.

Vor anderthalb Jahren konnte Heinrich auch nicht mehr essen. Er kam ins Krankenhaus und kriegte diese Magensonde. Als er wieder zu Hause war, stapelten sich hier die Behältnisse mit Flüssignahrung. Genau einen Tag lang habe ich das mitgemacht! Dann habe ich Heinrich eine ordentliche Portion Tee gegeben, und durch die Flüssigkeit wurde er wieder wacher im Kopf. Siehe da: Plötzlich konnte er wieder kauen! Und seitdem isst er wieder. Die ganze Flüssignahrung habe ich zurückgegeben. Ich denke, das ist ein Stück Lebensqualität, wenn ich noch ein bisschen etwas schmecken kann. Statt immer nur diese blöde Flüssignahrung. Das wäre doch traurig!

Die Krankheit fing 1971 an, und 1974 konnte Heinrich schon keinen Knopf mehr schließen. Seitdem ziehe ich ihn an, das sind jetzt fast 30 Jahre. In so einer Zeit wächst man in das alles rein. Das ist gut so, und deshalb bin ich auch immer froh, dass wir uns haben. So froh! Das sage ich Heinrich auch. Zum Beispiel morgens sage ich: »Schön, dass du da bist.« Und ich erzähle ihm, was für einen Tag wir haben und wie das Wetter ist. Zum Beispiel: »Es hat gefroren heute Nacht.« Oder: »Das wird ein schöner Tag! Wir können nach draußen.« Und, wie gesagt, wenn ich neue Reifen brauche oder wenn irgendwas ansteht, dann erzähle ich ihm das. Na ja, ich muss ja auch mal reden. Ich kann ja nicht immer stumm sein. Aber ich erzähle Heinrich nichts Trauriges. Wenn mich etwas so richtig ärgert, belaste ich ihn nicht damit. Weil ich weiß, dass er es noch genau aufnimmt. Aber er kann sich dann nicht äußern und quält sich damit. Er würde daliegen und vor sich hindenken und ganz verzweifelt sein, weil er nicht helfen kann. Das möchte ich nicht. Also erzähle ich ihm eigentlich nur Positives. Wenn mich andere Dinge beschäftigen, gehe ich lieber zu einer

Freundin. Dann besprechen wir das, und schon sieht die Welt wieder anders aus.

Es macht mich sehr glücklich, dass ich so gute Freundinnen habe. Wenn eine von uns in Not ist, wenn sie etwas belastet oder sie psychisch am Boden ist, dann wissen wir: Wir können einander anrufen oder uns auch mal spontan besuchen. Wir sind füreinander da. Wenn ich zum Beispiel zu einem Geburtstag eingeladen bin, kommen meine Freundinnen auch her und bleiben bei Heinrich, für ein paar Stunden, damit er nicht alleine ist. Er mag es so lieber, als wenn die Pflegerinnen von der Sozialstation kommen. Es ist ihm angenehmer, Bekannte um sich zu haben. Und ich habe die Sicherheit: Wenn zu Hause etwas nicht in Ordnung ist, rufen meine Freundinnen mich an. Die wissen, wo ich bin. Ist doch schön!

Am schönsten war es aber in den ersten zehn Jahren unserer Ehe. Das war die glücklichste Zeit meines Lebens. Nachher wurde es nun mal schwierig, aber trotzdem war ich immer zufrieden. Und ich habe immer gedacht: »Bald geht's ihm besser, bald geht's ihm besser! Wir schaffen das schon ...« Irgendwie schaffen wir es ja auch. Gemeinsam haben wir alles gut hinbekommen. Wollen wir doch mal ehrlich sein: Wenn Heinrich ins Heim gekommen wäre, würde er heute wohl nicht mehr leben. Dann hätte er seinen Lebensmut verloren. Aber dadurch, dass ich ihm alles erzähle und er immer mittendrin ist, kann er noch teilnehmen am Leben. Er hat noch etwas vom Leben. Es gibt Dinge, über die er sich freuen kann.

Wobei ich nicht denke, man könne von jeder Frau erwarten, dass sie ihren Mann pflegt wie ich Heinrich. Ich kenne eine Frau, deren Mann einen Schlaganfall hatte. Danach hat sie sich von ihm getrennt. Aber das war eine ganz andere Basis! Er hatte sie früher geschlagen, er hatte gesoffen. Und sie wollte sich schon vor diesem Schlaganfall von ihm trennen. Die Situation war komplett anders als bei uns, darum konnte sie es nicht schaffen, ihrem Mann zu helfen. Oft hat sie zu mir gesagt: »Edda, du schaffst das mit Heinrich, und ich habe mich getrennt ...« Ich habe darauf geantwortet: »Ja, aber es ist etwas ganz anderes. Wenn Heinrich mich geschlagen hätte oder bösartig gewesen wäre oder getrunken hätte, das ganze Geld versoffen hätte – so was sitzt einem doch auf der Seele! Ich weiß nicht, was dann mit uns geworden wäre. Dann kann man den Menschen doch nicht mit solcher Liebe pflegen und ihm helfen. Ist doch ganz normal!«

Aber Heinrich war immer gut zu mir. Immer gut, niemals bösartig! Bis auf ein einziges Mal, aber das zählt nicht, denn damals war er schon krank. Da hatten sie ihn so vollgestopft mit Medikamenten, dass er ausgerastet ist. Er wollte mit einem Hammer auf mich losgehen. Aber nur durch die Tabletten, wirklich! Nur dadurch! Heinrich kam vollgestopft aus dem Krankenhaus. Wir hatten ein altes Auto hinter der Scheune stehen, auf dem hat er herumgeklopft mit einem Hammer. Ich bin zu ihm gegangen und habe gesagt: »Mach das nicht! Freust du dich denn gar nicht, dass du endlich wieder zu Hause bist? Du bist doch gerade aus dem Krankenhaus gekommen! Klopf hier nicht so rum, was soll das?« Und dann wurde er böse. Aber das war gar nicht er. Das waren die Tabletten. Er ist dann wieder ins Krankenhaus gekommen, man hat die Tabletten abgestellt und eine andere Sorte genommen. Danach war nichts mehr los. Alles einwandfrei. Von Natur aus ist er gar nicht so. Tabletten können Menschen total verändern. Heinrich ist absolut kein aggressiver Mensch von Natur aus. Sondern ein ganz, ganz lieber.

Darum kann ich mir auch sicher sein: Wenn es umgekehrt gewesen wäre, wenn ich eine schlimme Krankheit bekommen hätte, dann hätte er dasselbe für mich getan, was ich jetzt für ihn tue. Und falls er selbst nicht in der Lage gewesen wäre, hätte er sich trotzdem darum gekümmert, dass ich sehr gute Pflege bekomme. Da gibt es keinen Zweifel: Heinrich hätte dafür gesorgt, dass ich es gut habe.

»Das Gefühl der Liebe wird mit der Zeit immer tiefer«

Anja (41) und Martin (44) sind seit 1978 ein Paar, sie heirateten 1984. Die beiden stammen aus zwei benachbarten Dörfern in Rheinland-Pfalz. Heute leben sie in Anjas Heimatdorf. Das Paar hat drei Kinder.

Anja ist Physiotherapeutin, Martin ist gelernter Chemielaborant und arbeitet heute als Sachbearbeiter für Abfallentsorgung in einem Großunternehmen.

An einem Adventsonntag besuche ich die Familie in ihrem dreistöckigen Haus am Dorfrand. Anja ist sehr schlank, sie wirkt sportlich und jugendlich; Martin wirkt ein bisschen gesetzter, er ist sehr höflich, humorvoll und ganz offensichtlich stolz auf seine Frau. Wir sitzen zusammen im Wohnzimmer, von dem man einen wunderbaren Ausblick auf die Landschaft hat. Am Anfang unseres Gespräches sind die beiden sehr zurückhaltend, aber nach und nach erzählen sie immer lebhafter von ihrer glücklichen Ehe. Zwischendurch erwähnen Anja und Martin, dass die Ruhe im Haus ungewöhnlich sei – immerhin sind alle Kinder daheim. »Wir haben sie angewiesen, brav zu sein«, erklärt Anja. »Und erstaunlicherweise halten sie sich an die Anweisung«, ergänzt Martin. Später kommen die Kinder abwechselnd zu uns und lauschen – ganz still und neugierig – unserem Gespräch.

Martin: Als wir geheiratet haben, war ich 25 Jahre alt. Vorher waren wir schon fast sechs Jahre zusammen gegangen.

Anja: Mit knapp 19 Jahren hatte ich die Schule fertig. Dann kamen die drei Jahre Ausbildung. Bis dahin wollte ich noch nicht heiraten. Und als ich meine Ausbildung abgeschlossen hatte, fanden wir es eigentlich auch besser, zunächst zusammenzuwohnen, ohne gleich zu heiraten. Wir wollten erst mal sehen, ob das überhaupt klappt.

Martin: Es kann ja sein, dass man zusammenzieht und dann sieht: Jeden Tag miteinander – das funktioniert nicht.

Anja: Ich hatte noch eine besondere Schwierigkeit, ich konnte nie mit jemandem in einem Raum schlafen. Auch auf Klassenfahrten war das immer ein Drama oder wenn ich mal bei einer Freundin übernachtet habe. Ich fragte mich: »Ob ich mich daran gewöhnen kann, dass ständig jemand neben mir liegt?« Martin und ich hatten es kaum ausprobiert: Natürlich durften wir nicht zu Hause bei unseren Eltern gemeinsam übernachten – was ohnehin ein größeres Problem war, aber es gibt immer Wege, solche Probleme zu lösen. Als wir dann ohne Heirat zusammenziehen wollten, löste das in beiden Familien einen mittleren Skandal aus.

Martin: Es ist ja eine katholische Gegend. Und es sind kleine Orte. Es hieß immer: »Was sagen die Leute?«

Anja: Unverheiratet zusammenzuleben war damals nicht so verbreitet. Ich weiß noch, dass wir irgendwann abends nach der Disco im Auto zusammensaßen, uns gegenseitig anguckten. Martin fragte: »Was ist denn jetzt? Heiraten wir oder nicht?« Ich antwortete: »Ja, komm, wir heiraten.« Ich war es leid, auch die Diskussionen zu Hause. Und ich dachte schon, dass es funktionieren könnte mit uns – in sechs Jahren lernt man sich doch ganz gut kennen. Natürlich hatte ich noch immer ein bisschen Zweifel: »Ob das wohl gut geht? Ein ganzes Leben lang?« Aber wenn man ständig nur Zweifel hegt, kommt man nie zum Ziel. Man muss irgendwann mal etwas tun: Im Januar haben wir den Entschluss gefasst, im Mai war unsere Hochzeit.

Martin: Verlobt hatten wir uns ein Jahr vorher.

Anja: Viele Paare in unserem Freundeskreis planten ihre Hochzeit sehr lange und sehr genau. Wir nicht – uns war es zum Beispiel nicht so wichtig, aus was für einem Papier die Tischkarten sind. Später dachte ich manchmal: »Vielleicht hätten wir uns mehr Mühe geben sollen?« Andererseits: Die meisten anderen Ehen sind heute schon auseinander. Also kann es ja nicht so ganz falsch gewesen sein, wie wir es gemacht haben. Wir hatten ein schönes, aber einfaches Fest. Unsere Wohnung war vier Wochen vor der Hochzeit komplett eingerichtet. Dann fanden wir: »Die vier Wochen ziehen wir jetzt auch noch durch.« Wenn schon alles nach der Tradition verläuft, dann richtig. Bei unserer Hochzeit waren wir die Ersten, die heimgingen. Wir hatten 14 Tage Urlaub, und diese Zeit gemeinsam in unserer neuen Wohnung zu verbringen, das war schöner als die schönste Karibikreise. Endlich konnten wir zusammen leben, frühstücken, gemeinsam kochen. Auch war es vom ersten Tag an überhaupt kein Problem für mich, mit Martin in einem Bett zu schlafen. Bei anderen stört mich schon allein das Atmen: Wenn ich es höre, kann ich nicht schlafen. Noch heute geht es mir so, selbst bei meinen eigenen Kindern. Aber Martin höre ich gar nicht. Und wenn er mal nicht da ist, kommt es mir auch komisch vor. Ich kann zwar schlafen, aber es ist ein anderes Gefühl.

*

Anja: In den sechs Jahren vor unserer Hochzeit hatten wir uns sehr langsam, sehr vorsichtig und zart angenähert. Das hing zum Teil damit zusammen, dass meine Eltern sehr aufgepasst haben. Aber ich glaube, im Großen und Ganzen war es gut, sich die Zeit zu nehmen. Es tat uns gut. Wenn ich heute manchmal sehe, dass 16-jährige Pärchen fast jeden Tag zusammen verbringen, dann denke ich: Das hätte ich damals nicht gewollt. Als Martin und ich uns zum ersten Mal sahen, war ich 15 Jahre alt. Es war das erste Mal, dass ich abends ausgehen durfte, zu einem Fest in der Schule. Martin hatte einen Freund, der auf meine Schule ging, die beiden kamen zusammen zu dem Fest. Er forderte mich zum Tanz auf und heftete sich an meine Fersen.

Martin: Ja, ich bin ihr hinterhergelaufen. Wir waren aber nicht da, um Freundinnen zu finden, sondern einfach, um Party zu machen.

Anja: So sahen sie dann auch aus.

Martin: Wir waren nicht so ganz nüchtern.

Anja: Das hat auf mich nicht unbedingt den besten Eindruck gemacht. Für mich war es das erste Fest, ich habe so gut wie nichts getrunken, und ich wollte mich nicht gleich auf einen Jungen festlegen. Später, mit knapp 16, durfte ich dann ab und zu in die Disco gehen, dort sah ich Martin wieder. Er hatte einen sehr eigenwilligen Kleidungsstil: Schlaghosen, grasgrüne T-Shirts ... Manchmal amüsieren wir uns heute noch darüber. Ich hätte damals ehrlich nicht gedacht, dass es jemals etwas wird mit uns.

Martin: Und ich traute mich kaum, Anja anzusprechen.

Anja: Dann hat eine Freundin von mir ein Auge auf Martin geworfen. Wir wollten gemeinsam zu einem Fußballspiel fahren, und sie hat ihn eingeladen mitzukommen. Auf dem Rückweg setzte er sich im Bus zu mir. Wir unterhielten uns, da fand ich ihn plötzlich ganz nett. Kurz darauf gab es noch ein Fest, Martin hatte erzählt, er käme nicht, weil er mit Freunden zum Zelten wegfahren wollte. Plötzlich stand er da auf dem Fest. Wir haben uns wieder den ganzen Abend gut unterhalten.

Martin: Danach haben wir uns ab und zu verabredet, waren sonntags Eis essen oder Minigolf spielen. Auf dem Heimweg ging es irgendwann los mit Händchenhalten.

Anja: Es kam der erste Kuss, abends in der Disco. Und von da an stand eigentlich fest, dass wir ein Paar sind. Meine Eltern erlaubten es mir weiterhin nicht, oft auszugehen. Martin und ich haben uns meist samstags gesehen, von acht bis zehn Uhr. Manchmal hat er mich sonntags mittags abgeholt, für zwei oder drei Stunden.

Martin: Zu dem Zeitpunkt arbeitete ich in einer entfernten Stadt, nur am Wochenende kam ich nach Hause. Wir konnten uns nur selten sehen, samstags bin ich danach immer noch in die Disco gefahren und habe mit meinen Freunden gefeiert.

Anja: Unter der Woche haben wir uns Briefe geschrieben, mittwochs war Posttag. Das war eigentlich schön: Jeder konnte für sich etwas unternehmen, mit 16 Jahren waren mir auch meine Freundinnen noch sehr wichtig. Zugleich habe ich mich auf die Wochenenden mit Martin gefreut. Dass er samstags nachts mit seinen Leuten ausging, hat mich nicht gestört. Es kam mir nicht in den Sinn zu verlangen, dass er brav nach Hause fährt. Wahrscheinlich hätte es ihm auch nicht so gut gefallen, wenn ich wie eine Klette die ganze Nacht an ihm gehangen hätte – und ich hätte nicht dabei sein wollen. Er hat mir auch nie Anlass zur Eifersucht gegeben.

*

Anja: Als wir dann verheiratet waren, gab es natürlich auch Krisen, das ist ganz normal. Die erste größere Krise entstand dadurch, dass Martin weiterhin abends mit seinen Freunden ausging. Früher war es kein Problem gewesen, nun wartete ich zu Hause, und er kam nicht. Die eine oder andere Nacht lag ich wach im Bett, weil er nicht heimkam und ich mir Sorgen machte. Nicht aus Eifersucht, sondern weil ich Angst hatte, dass Martin trinkt und dann noch Auto fährt.

Martin: Ich habe das alles gar nicht gesehen. Zu der Zeit hatte ich Schichtdienst, oft bis spät abends. Nach der Arbeit bin ich mit Kollegen in eine Kneipe gefahren. Da Anja morgens um sieben Uhr aus dem Haus musste, war mein Gedankengang: »Sie schläft ja ohnehin. Ob ich um Mitternacht heimkomme oder um drei Uhr morgens, ist eigentlich egal.« Ich habe nicht gemerkt, dass sie es anders erlebte.

Anja: Leider bin ich nachts immer wach geworden und stellte fest, dass Martin noch nicht zu Hause war. Irgendwann hat mich das zornig gemacht, da bin ich des Öfteren etwas lauter geworden. Wenn ein gewisses Maß erreicht ist, kann und will ich mich nicht zusammenreißen. Der Ärger muss raus, ich kann ihn nicht schlucken. Ich bin danach nicht nachtragend, aber im Moment muss es raus. Da war es dann ganz gut, dass wir verheiratet waren. Ich weiß nicht, wie es sonst gewesen wäre, wenn wir nur zusammengewohnt hätten. Aber so dachte ich immer: »Du kannst nicht wegen so einem Blödsinn schon jetzt die Koffer packen.« Das waren also die Anfangsschwierigkeiten. Jeder war zu stolz, zu stur, um einsichtig zu werden. Und uns in Ruhe zusammenzusetzen, Probleme sachlich zu besprechen: Das mussten wir erst lernen. Wir waren beide jung, am

Anfang ist man auch empfindlicher. Ich dachte: »Wir sind verheiratet, Martin muss doch merken, was los ist. Das gibt es doch nicht, dass er es nicht merkt!« Und heute weiß ich ...

Martin: ... dass Männer so was nicht merken.

Anja: Ja, es ist noch nicht mal böser Wille. Und ich merke ja auch nicht immer, wenn Martin irgendwas stört.

Martin: Es gab für mich sicherlich auch mal Anlässe, mich zu ärgern. Aber das waren Kleinigkeiten. Ich glaube, Anja hat mehr Grund gehabt, böse auf mich zu sein, als umgekehrt. Ich habe, wie gesagt, das Problem nicht gesehen. Ich wusste zwar, dass es ihr nicht gefiel, dass ich so viel ausging. Aber ich habe nicht verstanden, warum.

Anja: Nicht das Weggehen an sich war das Problem. Ich habe mir Sorgen gemacht wegen des Trinkens und des Autofahrens. Irgendwann hatte Martin dann keinen Schichtdienst mehr.

Martin: Das Problem erledigte sich von selbst.

*

Martin: Eifersucht war eigentlich eher mein Problem.

Anja: Ja, das war für mich manchmal nicht so einfach: Martin wünschte sich, dass ich abends immer nur zu Hause sitze. Ich hatte auch selbst am Anfang den Fehler gemacht, das Ausgehen einfach abzustellen. Das hing unter anderem mit meinem Elternhaus zusammen – mit dem Bild, das ich mir dadurch von Frauen gemacht hatte: Meine Mutter unternahm eigentlich nichts allein. Und ich dachte, das sei normal. Irgendwann merkte ich, dass ich auch ganz gerne mal mit Arbeitskolleginnen oder Freundinnen etwas unternehmen würde. Darüber gab es Diskusssionen mit Martin, auch über die Uhrzeiten, wann ich heimkommen sollte. Es war ein bisschen so wie vorher mit meinen Eltern: Manchmal kam ich mir vor, als hätte ich einen neuen Erziehungsberechtigten. Zwar nur in Bezug auf das Ausgehen, aber immerhin. Dabei habe ich mich in keinster Weise anderweitig orientiert. Martin konnte sich einfach nicht vorstellen, dass man als Frau mit einer Freundin irgendwo sitzt und redet, ohne dass gleich ein anderer Mann ins Spiel kommt.

Martin: Das war Verlustangst. Die Angst, Anja könnte jemanden kennen lernen. Es hat eine ganze Weile gedauert, bis ich das in den Griff bekommen habe. Und ich denke, jetzt geht es, oder?

Anja: Ja, absolut.

Martin: Es war schwierig für mich.

Anja: Irgendwann sagte ich: »So geht es nicht!« Ich kam mir vor wie in einem Gefängnis. Es muss doch in Ordnung sein, zu einer Weihnachtsfeier mit den Kollegen zu gehen!

Martin: Bekannte von mir wurden von ihren Frauen betrogen. Ich hatte immer Angst, dass auch mir so was passieren könnte.

Anja: Ich denke, wenn jemand flirten möchte, findet er überall die Gelegenheiten. Jemanden, der gehen will, kann man nicht festhalten. Das hat Martin manchmal nicht verstanden. Und ich denke auch: Wenn man so jung ist und immer nur zusammen zu Hause sitzt, bekommt man doch viel eher irgendwann das Gefühl, man hätte etwas verpasst. Naürlich, es darf nicht überhand nehmen. Die Wochenenden waren uns immer heilig. Samstags gibt es nichts anderes als zusammen auszugehen oder zusammen zu Hause zu bleiben. Aber unter der Woche hin und wieder mal ...

Martin: Ja, wir mussten uns zusammenraufen.

Anja: Ich denke, man muss auch bereit sein, für die Partnerschaft zu kämpfen. Wir mussten uns aneinander gewöhnen, wir mussten uns an die neue Situation gewöhnen. Wir mussten diskutieren und uns auch mal heftig streiten. Und wir haben beide an uns gearbeitet, statt den anderen in etwas reinzudrängen.

Martin: Jeder hat seine Eigenarten, die muss man anpassen. Man muss aufeinander zu gehen.

*

Anja: Ich habe am Anfang manches Mal gedacht: Er müsste es doch jetzt so machen, wie ich es gerne hätte! Ohne es auszudrücken, natürlich. Heute weiß ich: Das kann nicht klappen. Es ging meistens um Kleinigkeiten. Zum Beispiel hat Martin freitags immer Fußball gespielt und war anschließend aus mit den Sportkollegen. Ich bin samstags um sieben Uhr aufgestanden und habe die Wohnung geputzt. Anstatt ihn zu wecken und zu sagen: »Komm, hilf mir bitte«, habe ich stundenlang geputzt. Wenn er um 12 Uhr aus den Federn gekrochen ist, hatte ich schlechte Laune. Das einfache Problem war, dass ich es von zu Hause gewohnt war: »Samstags morgens wird geputzt.« Man hätte ja auch mittags putzen können, aber darauf bin ich nicht gekommen. Alles musste bis zum Mittag fertig sein. Im Prinzip war ich selbst schuld, es war mein Fehler. Mein Mann hätte ja geholfen, nur war ich immer schon fertig, wenn er aufgestanden ist. Heute ist das alles kein Problem mehr.

Martin: Ich mache auch etwas im Haushalt, aber nicht in dem Umfang wie Anja. Das Problem ist, dass ich meistens nicht sehe, was getan werden muss. Heute haben wir ja das Haus, da sind andere Aufgaben zu erledigen, die ich dann übernehme.

Anja: Die ganzen Außenarbeiten zum Beispiel. Wir haben es aufgeteilt. Seitdem die Kinder da sind, bin ich nur noch halbtags berufstätig. Deshalb habe ich auch mehr Zeit für die Hausarbeit. Ich bin auch ganz gern Hausfrau, dekoriere mal etwas um – da möchte ich eigentlich gar nicht, dass er da groß mitmacht.

Martin: Ich könnte das Haus, den Raum nicht so einrichten wie meine Frau. Weil ich einfach den Blick nicht habe. Sie macht das sehr gut, darüber bin ich froh.Wenn wir Möbel kaufen, gehen wir aber zusammen. Es ist nicht so, dass ich mich gar nicht einbringe.

Anja: Wir haben einfach Glück, dass wir geschmacklich einander ähneln. Martin mag dunkle Sachen genauso wenig wie ich. Wenn er zum Beispiel Stilmöbel wollte, dann hätten wir ein Problem, die mag ich nicht. Aber solche Probleme gibt es bei uns nicht.

Martin: Ich habe ja auch meine eigene Rumpelkammer.

Anja: Ein Computerzimmer.

Martin: Da habe ich meine Sachen.

Anja: Ich wollte nicht so unbedingt, dass er seine FC-Bayern-Fanartikel in den Vitrinenschrank im Wohnzimmer stellt. Das fände ich nicht so schön.

Martin: In meiner Rumpelkammer habe ich einen FC-Bayern-Schrein.

Anja: Ganz oben gibt es noch einen Studioraum, im Moment ist das ein Spielzimmer. Ich habe sehr viele Bücher, und irgendwann möchte ich da mein Lesezimmer einrichten. Das dauert noch ein bisschen, aber ich kann ja auch im Wohnzimmer lesen. Da ich das ganze Haus dekoriere, brauche ich für meine Sachen keinen eigenen Raum.

*

Martin: Wir waren uns immer einig, dass wir Kinder haben wollten. Ohne Kinder ist es eigentlich keine Familie.

Anja: Ich wollte gern drei Kinder bekommen. Wenn es aus irgendwelchen Gründen nicht geklappt hätte, hätte man sich arrangieren müssen. Aber leicht gefallen wäre es mir bestimmt nicht. Ganz am Anfang, nach der Hochzeit, wollten wir uns erst mal aneinander gewöhnen. Ungefähr zwei Jahre später fanden wir: »Jetzt wäre es vielleicht ganz schön, ein Kind zu bekommen.« Dann hat es noch ein bisschen gedauert.

Martin: Wir haben 1984 geheiratet, 87 kam das erste Kind.

Anja: Im Nachhinein war es eine schwierige Zeit, weil Martin eine Umschulung anfing.

Martin: Das Problem war: Die Abteilung, in der ich arbeitete, wurde verkleinert. Ich musste in einen Bereich gehen, wo ich die Arbeit stupide fand. Das war für mich das Schlimmste, was passieren konnte. Denn ich kann alles machen, nur nicht jeden Tag dasselbe. Da werde ich verrückt.

Anja: Ich war schwanger, er wollte diese Arbeit nicht sein Leben lang machen.

Martin: Ich hatte immer gesagt: »Wenn ich diese Arbeit einmal machen muss, kündige ich von heute auf morgen.« Das ging dann ja nicht mehr, ich musste es halt machen.

Anja: Wir haben viel überlegt: Kündigen war nicht drin, denn wir hatten zwischenzeitlich das Grundstück gekauft und angefangen, unser Haus zu bauen. Unsere Mietwohnung war viel zu klein für Kinder. Dann hatte Martin die Idee, eine Weiterbildung zu machen. Er musste zweimal wöchentlich am Abend und samstags zur Schule fahren. Die Weiterbildung war auch ziemlich teuer.

Martin: Und ich rechne es Anja hoch an, dass sie das niemals zum Thema gemacht hat. Eine andere hätte vielleicht gesagt: »Geh du schön arbeiten und bring Geld heim, mach die Schule nicht!«

Anja: Ich habe immer gewusst, dass Martin so nicht weiterarbeiten konnte. Aber die zwei Jahre während der Weiterbildung waren nicht ganz einfach für uns.

Martin: Wenn ich nicht in der Schule war, musste ich für die Ausbildung lernen, parallel habe ich voll gearbeitet.

Anja: Und es war richtig so. Auf Dauer wäre es mit Martins Arbeit sonst nicht gut gegangen. Ich habe selbst einen Beruf, der mir viel Spaß macht. Und ich war ohnehin immer der Meinung, dass Martin mehr kann als das, was er früher gemacht hat. Nur hätte ich ihm da nie reingeredet. Was für ihn okay war, war für mich okay. Aber eigentlich war ich froh darüber, dass er sich entschloss, noch etwas dazuzulernen. Anschließend hat er eine tolle Stelle gekriegt, und er verdient gut. Es hat sich für uns beide gelohnt.

*

Anja: Es war auch von vornherein klar, dass ich immer weiter arbeite. Ich wäre nie ganz zu Hause geblieben. Das wusste Martin.

Martin: Es hat mich gefreut, dass du sagtest: »Ich habe einen Beruf, der macht mir Spaß, ich möchte weiter arbeiten.« Aber ich hätte auch kein Problem gehabt, wenn du zu Hause geblieben wärst. Das war mehr oder weniger deine Entscheidung.

Anja: Finanziell wäre es auch nicht gegangen, der Hausbau ...

Martin: Ja, das wäre nicht gegangen. Es wäre auch alles schwieriger gewesen, wenn deine Mutter uns nicht so sehr geholfen hätte mit den Kindern.

Anja: Meine Mutter hat die Betreuung übernommen, bis die Kinder in den Kindergarten kamen. 1990 wurde unser zweites

Kind geboren, und das dritte hatte es sehr eilig, es kam 1991. Das war nicht ganz so geplant, aber heute denke ich: Eigentlich war es perfekt. Sie sind zusammen groß geworden, sie hatten immer jemanden zum Spielen. Natürlich hatte meine Mutter beide Hände voll zu tun. Sie hat das ganz toll gemacht! Durch sie konnten wir auch als Paar noch viel unternehmen, trotz drei Kindern konnten wir abends ausgehen. Jahrelang hatten wir sogar jeden Herbst eine Woche Urlaub zu zweit – das hat uns meine Mutter ermöglicht. Ich denke, das war auch wichtig für die Beziehung – die Partnerschaft wurde nicht durch den Alltag aufgefressen. Auch wenn es mir zwischendurch einmal alles zu viel wurde, konnte ich meine Mutter anrufen. Sie war dann für die Kinder da, und Martin und ich hatten einen Abend für uns oder sogar ein ganzes Wochenende. Ich fand es immer witzig, wenn wir mit Freunden weg waren, und manche redeten den ganzen Abend nur über Kinder. »Meiner kann schon dies, meine kann jenes ...« Daran habe ich mich nicht beteiligt. Ich sagte: »Ich bin heute Abend mal nicht Mutter. Ich will tanzen!« Aber es gibt viele, die das nicht können. Für sie ist das Kind alles. Ich glaube, das ist weder für die Kinder noch für die Beziehung gut.

*

Anja: Wenn Martin nachmittags von der Arbeit nach Hause kommt, trinken wir erst mal Kaffee und sitzen eine Stunde zusammen. Jeder erzählt, was er den Tag über erlebt hat. Kürzlich hatte ich ein schönes Erlebnis, da wollte ich Martin von einer Betriebsfeier abholen. Ich kam etwas zu früh und setzte mich zu ihm und seinen Kollegen. Zuerst dachte ich noch: »Das ist blöd, wenn die Ehefrau dabeisitzt.« Aber es war kein Problem, es war sehr schön: Ich konnte dem Gespräch folgen. Weil Martin immer erzählt, was bei seiner Arbeit los ist. Das zeigt doch auch, dass man Interesse hat am Leben des anderen, dass einem nicht ausschließlich die Dinge wichtig sind, die mit der Familie zusammenhängen. Natürlich gibt es zu Hause immer etwas zu tun, aber wir nehmen uns einfach die Zeit für diese Gespräche.

Martin: Das tägliche Kaffeetrinken und Erzählen ist eine Art Ritual.

Anja: Ich bemühe mich sehr, immer nachmittags zu Hause zu sein. Zum Beispiel versuche ich, Arzttermine so zu legen, dass ich spätestens um fünf Uhr wieder zu Hause bin.

Martin: Wenn ich weiß, dass Anja mal um fünf nicht zu Hause sein kann, arbeite ich länger.

Anja: Mittlerweile beteiligen sich auch die Kinder an den Gesprächen am Nachmittag. Die Kaffeezeit ist Familienzeit.

*

Anja: Unter der Woche stehe ich morgens immer zuerst auf, um halb sechs. Da ich sowieso eher Frühaufsteherin bin, macht mir das nichts aus. Ich bereite das Frühstück vor, um sechs Uhr gehe ich durchs Haus und wecke alle auf. Auch meinen Mann. Nur wenn ich böse bin, stelle ich ihm den Wecker – das kommt sehr selten vor.

Martin: Um halb sieben gehe ich gemeinsam mit den Kindern aus dem Haus.

Anja: Ich muss erst um halb acht los, und diese Stunde alleine am Morgen genieße ich. So kann ich ganz in Ruhe den Tag angehen lassen. Ich lese Zeitung, mache Gymnastik. Um kurz nach 12 bin ich wieder zu Hause. Dann wird gekocht, die Kinder kommen um halb zwei.

Martin: Abends sind oft Termine, beinahe täglich. Die Kinder spielen Fußball, sie reiten, sie besuchen Freunde. Sie hinzufahren und abzuholen ist eine ganz schöne Kutscherei.

Anja: Das Fahren macht meistens er. Und ich gehe freitags immer Lebensmittel einkaufen.

Martin: Großkampftag!

Anja: Ja, ich muss einiges anschleppen. Das mache ich am liebsten allein. Wenn ich die Kinder und Martin dabei habe, wird so vieles unnötig in den Wagen getan, Süßigkeiten, Chips ... Ich habe grundsätzlich nichts dagegen, aber es darf nicht zu viel werden. Ich muss ja auch die Finanzen im Blick behalten. Für den Haushalt gibt es eine Art Budget, das haben Martin und ich gemeinsam festgelegt.

Martin: Ich bin hier der Budget-Sachbearbeiter.

Anja: Martin macht das gerne, am Computer und mit Tabellen. Ich habe schon immer Haushaltsbuch geführt, früher noch handschriftlich. Das war ein ziemliches Chaos: Ich habe etwas vergessen und ein bisschen beschönigt ...

Martin: Kreative Buchführung!

Anja: Am Ende wusste ich nicht mehr: »Wo ist das Geld geblieben?« Jetzt hat Martin ein Programm am Computer eingerichtet für die Haushaltsbuchführung. Ich brauche nur die einzelnen Beträge einzugeben, das Programm zählt alles zusammen. Wunderbar! So macht es mir Spaß!

Martin: Es geht ja nicht um irgendeine Kontrolle. Wir wollen nur einen groben Überblick haben, wofür wir wie viel Geld ausgeben und ausgeben können. Es ist gut zu wissen: Im Jahr haben wir für Lebensmittel soundso viel Geld, für Urlaub soundso viel ... Meistens weiß ich gar nicht genau, was gerade auf dem Girokonto ist, da hat meine Frau den Überblick, sie macht das Tagesgeschäft. Und ich bin mehr zuständig für Geldanlagen, für das Haus.

Anja: Man muss ja auch hinkommen mit dem Geld. Wenn jeder einfach etwas vom Konto nähme oder aus der Geldbörse, würde es nicht hinhauen. Mit den Budgets klappt es schon jahrelang supergut. Die Kinder bekommen Taschengeld, auch Martin und ich haben jeder einen Betrag für sich, jeder den gleichen. Davon bestreiten wir unsere persönlichen Ausgaben: Ausgehen, Kleidung, Frisör – solche Sachen. Größere persönliche Anschaffungen werden zwischenfinanziert. Martin hat gerade ein neues Rennrad, so was kann man nicht mal eben vom Taschengeld bezahlen. Also: Finanziell klappt es gut. Wir sind beide weder geizig, noch mögen wir Geld zum Fenster rauswerfen. Auch wenn wir uns gegenseitig Geschenke machen, bleibt es in einem gewissen Rahmen. Gar kein Geschenk zu Weihnachten oder zum Geburtstag: Das ist nicht schön. Aber man muss es nicht übertreiben. Ab und zu bringt Martin mir auch zwischendurch etwas mit, eine CD zum Beispiel oder feine Süßigkeiten.

*

Martin: Ich bin nicht so dafür, an Tagen wie Valentinstag oder Muttertag Blumen zu kaufen. Um ein Geschenk zu machen, muss es kein bestimmter Tag sein. Mir ist es lieber: Wenn ich etwas sehe, was Anja gefallen würde, dann bringe ich es ihr mit. Manchmal auch Blumen.

Anja: Aber selten. Blumensträuße mag ich nämlich nicht besonders gern, sie vertrocknen immer so schnell. Gegen einen schönen Strauß habe ich zwar nichts, aber ich sehe Blumen lieber im Garten als auf dem Tisch. Martin weiß, was mir gefällt, mit seinen Geschenken trifft er fast immer meinen Geschmack. Es sind liebevolle kleine Aufmerksamkeiten. Ich bekomme auch Komplimente von ihm, aber nicht ständig. Er ist nicht der Typ, der viele Worte macht – was ich ganz gut finde. Mir ist es wichtiger zu merken, dass er mich attraktiv findet, als es ständig nur zu hören. Wir möchten auch beide nicht, dass Worte wie »Ich liebe dich« zum täglichen Sprachgebrauch gehören. So etwas sparen wir uns für besondere Momente auf. Aber wir sind jeden Tag zärtlich miteinander: Berührungen, Umarmungen, ein Kuss ...

Martin: Mehrmals täglich, auf jeden Fall.

Anja: Früher gingen die Kinder früh schlafen, um acht Uhr war Ruhe, das war Prinzip. Wir zwei hatten den Abend für uns, es war ein Freiraum für uns als Paar. Heute ist es ein bisschen schwieriger, oft gehen die Kinder erst um zehn schlafen, da sind wir auch schon müde. Trotzdem bleibt die Zweisamkeit nicht auf der Strecke. Es gibt immer Möglichkeiten. Die Kinder wissen, dass unser Schlafzimmer tabu ist. Sie öffnen auch am Wochenende morgens die Tür nicht. Mittlerweile haben sie wahrscheinlich verstanden, warum wir im Schlafzimmer unter uns sein wollen. Also: Es klappt. Natürlich gibt es auch stressige Zeiten – dann ist es manchmal schwierig. Aber dafür ist es eine Woche später wieder umso besser. Man muss erfinderisch sein, sich bemühen, man darf nicht alles als Selbstverständlichkeit ansehen. Das gilt für viele Bereiche in der Partnerschaft: Es ist wichtig, einander immer mal wieder zu überraschen, immer mal etwas Neues auszuprobieren. Und man darf nicht die Erwartung haben, dass 20 Jahre lang Schmetterlinge im Bauch flattern. Die Schmetterlinge kehren hin und wieder zurück, aber sie können nicht ständig da sein. Es gibt immer Phasen, in denen man einander besonders nah ist, und andere, in denen es nicht ganz so harmoniert – dann muss man Geduld miteinander haben. Für mich ist es so: Das Gefühl der Liebe wird mit der Zeit immer tiefer. Ich weiß genau, dass ich mich auf Martin verlassen kann. Er kennt meine guten und weniger guten Seiten, und er akzeptiert mich so, wie ich bin. Ich weiß auch: Sollte ich einmal krank werden, wird er mich nie im Stich lassen. Er ist der Fixpunkt in meinem Leben. Bis heute ist es so, seit 25 Jahren.

*

Anja: Wer das alles wegwirft, ist selbst schuld. Für uns war es eigentlich immer klar, dass wir einander treu sein wollen.

Martin: Das war immer eine Selbstverständlichkeit.

Anja: Wir haben schon mal darüber gesprochen: »Was wäre, wenn ...?« Aber so genau kann man es nicht voraussehen – man weiß nicht, wie man reagieren würde. Mit Sicherheit wäre es schwierig. Grundsätzlich denke ich, wir sind beide in dieser Hinsicht nicht sonderlich tolerant.

Martin: Wir reden darüber, weil wir es bei anderen Paaren mitbekommen haben, dass jemand fremdging. Sogar auch, dass jemand jahrelang hintergangen wurde. Ich behaupte immer: »Ich könnte das nicht mitmachen!« Aber im Grunde genommen weiß ich gar nicht so genau, wie ich mich verhalten würde.

Anja: Es käme wahrscheinlich auf die Umstände an. Ich denke, es gibt keine Garantie, es kann immer etwas passieren. Nur ist für mich die Vorstellung doch ziemlich schwierig: Ein Abenteuer für eine Nacht kommt für mich nicht in Frage, so ein Typ bin ich nicht. Wenn ich wirklich etwas anfangen würde mit einem anderen, dann wären für mich Gefühle mit im Spiel, und ich müsste die Konsequenzen ziehen. Ich denke, ich würde dann gehen. Auch das hat etwas mit Achtung zu tun: Man kann einander nicht über Monate oder Jahre hinweg ständig betrügen. Ich könnte es nicht. Ich würde die Karten auf den Tisch legen, das wäre man einander schuldig. Aber es ist alles sehr hypothetisch. Ich kann mir auch von Martin nicht vorstellen, dass er mich hintergeht. Ich glaube, dass ich es merken würde.

Martin: Auf keinen Fall könnte ich es verbergen.

Anja: Und er ist ganz bestimmt nicht derjenige, der sich mit einer anderen Frau einen Moment lang heimlich vergnügt.

Martin: Wie du sagtest: Man kann für nichts garantieren. Man weiß nicht, was irgendwann passiert. Aber vorstellen kann ich es mir nicht.

Anja: Ich treffe täglich Männer aller Altersgruppen. Und – ohne mich wichtig machen zu wollen – ich weiß, dass ich auf manche Männer eine gewisse Wirkung habe. Aber ich vermisse ja nichts, was ich bei einem anderen suchen könnte! Natürlich gibt es Männer, die gut aussehen, da guckt man auch mal hin. Aber dass ich irgendein Interesse hätte, mit so einem etwas anzufangen? Das habe ich noch nicht erlebt!

*

Anja: Wir behandeln einander mit sehr viel Respekt, wir gehen fair miteinander um. Es wäre zwar gelogen zu behaupten, dass bei uns immer nur die Sonne scheint. Manchmal gibt es auch Krach! Aber selbst dann werfen wir einander niemals Worte an den Kopf, die wir hinterher bereuen müssten. Eher ist es so, dass Martin dann schweigt – was mir auch nicht so gut gefällt. Ich kann besser damit umgehen, wenn einer seinen Ärger rauslässt. Meinetwegen ruhig ein bisschen lauter, das würde mir gar nichts ausmachen.

Martin: Ja, nun, ich bin eben nicht so ein redseliger Typ. Das mag manchmal falsch sein, aber es ist einfach meine Art. Manchmal muss man über ein Problem reden, und irgendwann rede ich ja auch darüber. Aber es dauert eine gewisse Zeit. Auf jeden Fall sind wir beide unzufrieden, wenn nach einem bösen Streit eine Sendepause entsteht: Man redet zeitweilig nicht miteinander, man geht regelrecht aneinander vorbei.

Anja: Das ist ganz eklig. Ich kann das kaum aushalten.

Martin: Keiner von uns kann das aushalten.

Anja: Und dennoch passiert es machmal. Ich glaube: Bei anderen Paaren ist es möglicherweise die Regel – sie leben ständig aneinander vorbei und reden nur das Nötigste.

Martin: Bei uns ist das äußerst selten. So richtig heftiger Streit kommt im Jahr vielleicht ein- oder zweimal vor.

Anja: So schlimm, dass ich aus dem Haus gerannt bin, war es nur ein einziges Mal.

Martin: Das war ganz schlimm. Es hat mich sehr beunruhigt.

Anja: Wenn ein gewisser Punkt überschritten ist, finde ich es besser wegzugehen. In der damaligen Situation war ich schon gestresst, dann kam noch etwas hinzu. Für den Moment war es mir zu viel, und ich bin zu meiner Mutter gefahren. Ich habe mich einfach zu sehr aufgeregt, das sollten die Kinder nicht mitbekommen. Auch meine Mutter war ganz erstaunt. Die Kinder riefen dann an und sagten: »Mama, bitte komm wieder!« Und ich: »Aber ich bin doch nicht ausgezogen! Ich bin nur kurz weg.« Als ich mich beruhigt hatte, bin ich wieder nach Hause gefahren. Mein Verhalten war auf alle Fälle besser, als zu bleiben und Martin die schlimmsten Dinge an den Kopf zu werfen.

*

Anja: Im Großen und Ganzen denke ich, dass wir beide auch viel Glück miteinander hatten: Es hat bei uns charakterlich gepasst. Man kann noch so viel kämpfen – wenn es vom Charakter her nicht zusammengeht, nützt alles nichts. Insofern war es Zufall, dass der Erste gleich der Richtige war.

Martin: Aber es ist auch ganz wichtig, dass man nicht gleich aufgibt. Obwohl es vom Charakter her passt, können Probleme auftauchen. Bei uns war das ganz besonders in der Anfangszeit der Fall. Für Anja war das sicher eine sehr schwierige Zeit. Manch andere Frau hätte vielleicht gesagt: »Was soll das alles? Das mache ich nicht mit, ich gehe!« Und schon wär es vorbei gewesen.

Anja: Ich denke, viele junge Leute geben zu früh auf. Ihr Anspruch ist zu hoch, sie wollen immer im siebten Himmel schweben –

was schlicht und einfach nicht möglich ist. Erkennen kann man das aber erst, wenn man älter wird.

Martin: Es kommt bestimmt auch vor, dass einer Ja sagt zur Ehe oder zur Partnerschaft, und in Wirklichkeit steht er gar nicht dazu. Irgendwann kommt das heraus.

Anja: Irgendwann bricht es auf. Dann muss man zusehen, wie man noch die Kurve kriegt. Oder es klappt gar nicht mehr. Bestimmt machen wir nichts klüger als andere. Es gibt bei uns auch kleine Streitereien, die sich über Jahre hinziehen. Mich nervt zum Beispiel, dass Martin nicht die Haare aus der Duschwanne nimmt. Ich habe schon überlegt, ein Schild zu drucken: »Bitte die Haare entfernen!«

Martin: Aber meistens denke ich doch daran!

Anja: Dich nervt es, dass ich ständig meinen Schlüssel suche.

Martin: Ja, die Schlüsselsucherei! Manchmal finde ich das aber auch ganz lustig.

Anja: Manchmal nimmt man es leicht und lacht. Ein andermal, wenn man sowieso schon ein bisschen genervt ist, findet man es nicht so witzig. Aber der letztere Fall ist der deutlich seltenere.

*

Martin: Ja, im Allgemeinen läuft es wirklich wunderbar mit uns beiden, mit der Familie. Und ich denke, auch wenn die Kinder groß sind und ihrer eigenen Wege gehen, wird es weiterhin schön sein mit Anja. Dann beginnt die nächste Phase.

Anja: Wir möchten dann auf jeden Fall mehr reisen. Wir reisen beide gern, aber zu fünft sind Reisen sehr teuer, und für Reisen zu zweit fehlt uns heute oft die Zeit. Allein verreisen mögen wir gar nicht.

Martin: Nein, ohne meine Frau hätte ich nichts davon.

Anja: Zur Silberhochzeit möchten wir gern eine Kreuzfahrt machen. Das ist ein großes Ziel.

Martin: Den Plan gibt es schon ewig.

Anja: Wir fahren beide gern mit dem Schiff, wir beide lieben das Meer. Martin würde auch sehr gern tauchen, aber ich glaube, für mich ist das nichts. Er könnte es vielleicht später einmal im Urlaub anfangen, ich würde mich anderweitig beschäftigen.

Martin: Nein. Ich finde: Wenn, dann müssten wir es schon beide machen. Meistens gehen die Tauchkurse eine Woche lang jeden Tag. Da wäre ich immer weg, wir könnten nichts zusammen unternehmen. So wichtig ist mir das Tauchen dann auch wieder nicht.

Anja: Martins ganz großer Traum ist ein Motorrad.

Martin: Ich habe den Führerschein gemacht, aber ich hatte nie ein Motorrad. Ich wollte immer eins, nur ließ es sich finanziell nicht machen.

Anja: Ich habe auch ein bisschen Angst, dass etwas passiert.

Martin: Und ich hoffe weiterhin, dass ich irgendwann einmal ein Motorrad habe.

Anja: Wie man sieht: Es mangelt uns nicht an Ideen. Ich habe keine Angst davor, dass es leer wird ohne die Kinder. Wir haben ein sehr gutes Verhältnis zu ihnen, sie werden uns bestimmt gelegentlich besuchen. Wobei man ja nicht weiß, wo sie einmal wohnen werden, vielleicht ziehen sie weit weg, das kann man nicht voraussehen. Jedenfalls bin ich nicht der Typ, der unbedingt immer für alle kochen möchte und dann traurig ist, wenn keiner kommt. Schließlich konnten auch wir immer ganz frei leben, unsere Eltern mischen sich nicht ein. Damit sind wir sehr zufrieden, und auch unsere Kinder sollen später ihr eigenes Leben führen. Ich habe genug Interessen, die jetzt im Hintergrund stehen, weil die Zeit nicht reicht. Das ist nicht weiter schlimm, aber ich würde mich freuen, wenn irgendwann einmal mehr Zeit bleibt für anderes. Wir werden sehen. Man weiß ja nicht, wie es uns gesundheitlich gehen wird.

Martin: Ich denke, man sollte nie zu weit vorausplanen, sondern den Moment genießen. Denn man weiß nie, was kommt.

Anja: Wir wollen nicht alles aufschieben und erst verreisen, wenn wir 60 sind. Alles, was möglich ist, versuchen wir jetzt schon zu machen. Vielleicht kommt es einmal anders als erwartet, dann wäre man enttäuscht.

*

Martin: Ich finde es toll, wenn ich alte Leute sehe, die Händchen haltend spazieren gehen.

Anja: Ja, genau!

Martin: Es gab in meinem Heimatort ein Paar, die waren über 80 und gingen immer noch Händchen haltend spazieren. Das fand ich genial. Und ich hoffe, dass man uns auch einmal so spazieren gehen sieht.

Anja: Wenn wir es erleben: bestimmt!

Martin: Ich hoffe, dass wir dann noch leben, dass wir noch spazieren gehen können und noch diese Gefühle füreinander haben.

Anja: Das schaffen wir schon. Auch wenn wir dann vielleicht ein bisschen klapprig sein werden.

Martin: Ich denke auch, dass wir es schaffen. Dann musst du mir aufs Motorrad helfen.

Anja: Ja, um das Motorrad kommen wir wohl nicht herum. Und wenn es sein muss, werde ich dir auch beim Aufsteigen helfen.

»Wir sind immer den schwierigen Weg gegangen«

Roland (45) und Franz-Josef (46) sind seit fast 25 Jahren ein Paar, sie lernten sich 1979 in Berlin kennen, wo sie noch heute zusammenleben. Die beiden sind unverheiratet und haben keine Kinder.

Roland hat die Mittlere Reife gemacht und eine Lehre in einer Buchhandlung begonnen, bevor er nach Berlin kam. Hier absolvierte er eine Ausbildung zum Krankenpfleger und arbeitete zwei Jahre lang in einem Krankenhaus. Auf dem zweiten Bildungsweg erlangte er das Abitur. Seit 16 Jahren arbeitet Roland im schwul-lesbischen Buchladen »Prinz Eisenherz«, den er zusammen mit zwei Kollegen betreibt.

Franz-Josef kam nach Berlin, nachdem er die Hochschulreife erlangt hatte. Er ist studierter Sozialarbeiter und Sozialpädagoge und arbeitet im Betreuten Jugendwohnen. Seit drei Jahren macht Franz-Josef zusätzlich eine Weiterbildung zum systemischen Paar- und Familientherapeuten.

Das Paar empfängt mich an einem Donnerstagabend in seiner geräumigen Altbauwohnung, die offensichtlich mit viel Liebe zum Detail eingerichtet und dekoriert wurde. Roland und Franz-Josef könnten sich problemlos für jünger ausgeben, beide sehen sportlich aus, sie tragen schicke Brillen – wirken aber nicht eitel. Sie haben eine sehr entspannte Ausstrahlung.

Von Anfang an ist ihr Umgang miteinander – und auch mit mir! – sehr offen und herzlich. Sie fallen einander nur äußerst selten ins Wort – und nur nachdem per Blickkontakt geklärt wurde, dass die Unterbrechung keine Störung bedeutet. Unser gesamtes Gespräch verläuft in angenehmer Ruhe.

Wir sitzen in der Küche, es gibt Prosecco und zwischendurch einen Espresso.

Roland: Wenn ich an die Zeit denke, die wir schon zusammen verbracht haben, und an das, was wir gemeinsam geschaffen haben, dann bin ich unglaublich stolz. Ich bin stolz auf die lange, große Geschichte, die uns verbindet. Schon allein unsere gemeinsame Geschichte, die Entwicklung unserer Partnerschaft in den vergangenen 24 Jahren, wäre für mich ein Grund, mich nicht zu trennen. Es ist wundervoll, was wir heute miteinander haben, aber auch, was wir gehabt haben. Allerdings: Durch die ganzen Jahre hindurch ist es auch nie einfach gewesen. Es gab immer irgendwelche Fettnäpfchen. Probleme, Komplikationen, auch Konfrontationen. Wir sind immer den schwierigen Weg gegangen, haben es uns nie einfach gemacht. Was ich klasse finde: dass wir gerade auch in diesen Krisen immer das Gespräch miteinander gesucht haben. Wir haben uns der Situation gestellt und Auseinandersetzungen geführt, Auseinandersetzungen im positiven Sinne: zwar mit viel Temperament, aber immer willens, zusammen eine Lösung zu finden.

Franz-Josef: Ja, wir sind immer im Gespräch geblieben. Wir haben einander vielleicht teilweise schlimme Sachen an den Kopf geworfen. Aber viel entscheidender ist, dass man überhaupt miteinander spricht. Eigentlich waren wir uns auch von Anfang an einig: In einer Krisensituation schlafen wir nicht ein, ohne zuvor den Sachverhalt besprochen zu haben. Wenn einer mal Türen schlagend aus dem Haus rennt, kommt er auch zurück. Der andere muss nicht hinterherrennen. Heute denke ich aber, dass wir in der ersten Zeit zu sehr darauf fixiert waren, sofort Lösungen für unsere Probleme zu finden. Mittlerweile haben wir gelernt, dass das nicht immer möglich ist. Man muss zwar alles aussprechen, aber manche widersprüchlichen Meinungen kann man auch mal stehen lassen. Einer sagt: »Ich habe diese Meinung.« Der andere: »Ich habe eine andere Meinung.« – »Okay, dann ist im Moment wohl kein Konsens möglich.« – »Ja, belassen wir es dabei.« Was nicht heißt, dass man die Sache auch emotional akzeptiert und sich freut: »Juhu, eine Meinungsverschiedenheit, das ist klasse!« Aber nach einiger Zeit relativiert sich die ganze Angelegenheit meist ein bisschen. Natürlich ist es mir auch am liebsten, wenn man gleich eine Übereinstimmung findet. Nur haben wir nicht mehr den Anspruch, dass die Klärung immer sofort geschehen muss. Und ein Trennungsgrund ist solch eine Auseinandersetzung schon gar nicht.

Roland: Wobei ich mich nicht daran erinnern kann, dass du unsere Beziehung jemals in Frage gestellt hättest. Ich habe aber gerade in der Anfangsphase oft die Beziehungsfrage gestellt. Und die Anfangsphase unserer Beziehung würde ich auf fünf Jahre festsetzen. Indem ich unsere Beziehung in Frage stellte, wollte ich dich natürlich unter Druck setzen.

Franz-Josef: Die ersten fünf oder sechs Jahre, das war oft ein Hin und Her. Und dann kamst du immer mit deiner »Gretchenfrage«, wie ich sie damals nannte. Immer wieder hast du an den Grundfesten unserer Beziehung gerüttelt. Für mich stand nie außer Frage: Roland ist der Mann, mit dem ich leben will. Ganz egal, was passierte. Auch wenn ich mich mal in jemand anderen verguckt hatte, ein Verliebtsein erlebte. Für mich war ganz klar: Roland ist mein Mann, den will ich, und mit dem bleibe ich auch zusammen. Und du kamst oft ins Schwanken: Ist Franz-Josef der Richtige? Muss ich nicht vielleicht doch noch einen anderen haben?

Roland: Das schätze ich an dir: dass du so geradlinig bist und unglaublich zuverlässig. Wenn du sagst »Ich bin um 19 Uhr da« oder »Ich liebe dich« – die ganze Bandbreite: Man kann sich blindlings darauf verlassen. Was mir auch gut gefällt: Du bist ein Macher. Du gehst mit viel Energie neue Dinge an. Ich habe oft Angst, bin verunsichert und denke, das ist alles nicht zu schaffen. Insofern hast du eine Vorbildfunktion für mich: Du stellst dich kritischen, schwierigen Situationen.

Franz-Josef: Du bist ein sehr aufmerksamer, sensibler, liebevoller Mann. Der sich sehr gut auf mich einzustellen weiß – nicht nur dadurch, dass du mich so lange kennst, sondern auch durch deine große Gabe an Intuition und Menschenkenntnis. Wenn es mal schwierig ist mit uns beiden, stellst du dich den Sachen, auch in heiklen Situationen weichst du mir nicht aus. Und wenn du es ausnahmsweise mal versuchst, kriegst du doch noch die Kurve. Du bist sehr emotional. Manchmal mir ein bisschen zu emotional – dann denke ich, ein bisschen mehr Rationalität wäre angesagt. Auf alle Fälle bist du viel emotionaler als ich. Zumindest nach außen.

Roland: Na, ich weiß nicht. Du bist doch auch ein super emotionaler Mensch! Vielleicht hat es sich in den letzten drei Jahren ein bisschen bei dir verändert, seitdem du die Ausbildung machst. Vielleicht kannst du deine Emotionalität jetzt nach außen hin ein bisschen besser steuern. Aber mir machst du natürlich nichts vor! Sowieso ist doch die Hauptsache: Du bist ein sehr liebevoller, aufmerksamer Freund. Und ich finde dich nach wie vor extrem charmant, sehr eloquent und unglaublich witzig.

Franz-Josef: Danke!

*

Roland: Lustig, irgendwie: Als wir uns kennen lernten, fand ich Franz-Josef total arrogant.

Franz-Josef: Und Roland ist mir nicht weiter aufgefallen.

Roland: Wir kommen beide aus Nordrhein-Westfalen, Franz-Josef vom Lande und ich aus Wuppertal. Und wir sind beide 1978 nach Berlin gezogen. Franz-Josef im Frühjahr, nach dem Abitur. Ich im November, nachdem ich aus meiner Buchhändler-Lehre rausgeflogen war. Bevor ich nach Berlin zog, haben Freunde mir gesagt: »Wir kennen jemanden in Berlin, der ist super und der hilft dir gerne dabei, in Berlin anzukommen.« Bei dem »jemand« handelte es sich um Hans, das war Franz-Josefs Freund. Aber ich dachte mir: »Ich brauche keine Freunde über andere Freunde. Ich habe genügend Selbstbewusstsein, mir selber Freunde zu suchen.« Durch einen Zufall habe ich Hans einige Monate später doch noch getroffen. Ich erfuhr: Franz-Josef – den ich damals ja noch gar nicht kannte – trampt gerade durch Amerika. Und die beiden sind kein Paar mehr.

Franz-Josef: Ich war nach Berlin zu Hans gezogen, wir lebten zusammen in einer Wohngemeinschaft. Unsere Beziehung hielt zirka ein dreiviertel Jahr und ich hatte einen Job als Kellner am Ku'damm. Dann habe ich mich von Hans getrennt, habe aber mein Zimmer in der gemeinsamen Wohngemeinschaft behalten. Ich bin für drei Monate in die Staaten geflogen, Anfang Dezember 1979 kam ich zurück. Auf meiner Wellcome-Party in unserer Wohngemeinschaft habe ich Roland zum ersten Mal gesehen.

Roland: Zwischenzeitlich hatte ich Hans ein bisschen getröstet und ein kleines Techtelmechtel mit ihm angefangen. Es war ja die Zeit, wo man in Schwulenkreisen auf Beziehungen nicht so viel gab. Es war die Zeit vor Aids.

Franz-Josef: Und es gab diesen Sponti-Spruch: »Wer zweimal mit demselben pennt, gehört schon zum Establishment.« Ich bin eigentlich ein Beziehungsmensch und hätte vielleicht ganz gern zweimal oder öfter mit demselben gepennt ...

Roland: Jedenfalls war ich zu Franz-Josefs Willkommens-Essen eingeladen, obwohl wir uns gar nicht kannten. Hans hatte mich eingeladen.

Franz-Josef: Roland kam zu früh, ich war gerade in der Küche am Schnippeln. Er stellte sich vor: »Ich bin Roland, ein Freund von Hans.«

Roland: Ich habe dann in der Küche gesessen und gesagt: »Erzähl doch mal von Amerika! Wie war deine Reise?« Und seine Antwort lautete: »Schön.« Mehr nicht. Irgendwann fing er an, Petersilie kleinzuschneiden, und behauptete: »Petersilie stinkt, wenn man sie klein schneidet. Findest du das auch?« Ich war so verwirrt, dass ich »ja« sagte, obwohl Franz-Josefs Behauptung unsinnig war. Die Atmosphäre zwischen uns war kühl. Dann kamen die anderen Gäste, und beim Essen erlebte ich Franz-Josef als sehr aufgeräumt und charmant – nur nicht mir gegenüber. Er brillierte als Gastgeber, aber zwischen uns beiden gab es keinen Austausch.

Franz-Josef: Ich kann nachvollziehen, dass Roland mich damals so empfand. Ich erinnere mich auch an zwei Begebenheiten im »Schwuz« – das Schwulenzentrum war der Ort, an dem man sich am Samstagabend blicken lassen musste. »The place to be.« Roland hat da manchmal hinter der Theke gearbeitet. Und ich hatte »Brownies« gegessen, also Haschkekse. Davon bekam ich immer große Lust auf Trinkschokolade.

Roland: Man muss sich vorstellen: Hinterm Tresen stehen nur zwei Leute und davor ungefähr 50 Leute, die gerne etwas haben wollen. Die meisten wollen Bier. Selbst Sekt ist schon nervtötend, weil die Flaschen aufgemacht werden müssen. Und da kommt dieser Franz-Josef an und will nachts Trinkschokolade haben!

Franz-Josef: Aber Roland hat sie mir beide Male gemacht. Und jedes Mal hat er mir falsches Wechselgeld rausgegeben.

Roland: Nur einmal habe ich falsches Wechselgeld rausgegeben.

Franz-Josef: Ja, das waren schon witzige Begebenheiten.

*

Roland: Ich habe damals vor allem als Pfleger im Krankenhaus gearbeitet und hatte Nachtwachen, auch Silvester. Eine Freundin von mir kam aus Wuppertal zu Besuch, sie ging zur Silvesterparty in der Wohngemeinschaft von Hans und Franz-Josef. Als ich am nächsten Morgen ziemlich kaputt nach Hause kam, saß Katrin aufrecht im Bett und schwärmte mir vor: »Franz-Josef hat die schönsten Hände der Welt! Er ist so charmant!« Und so weiter, blablabla. Worauf sie hinaus wollte: Zu meiner Geburtstagsparty am 2. Januar sollte ich Franz-Josef einladen. »Nein!«, habe ich gesagt. »Dieses arrogante Arschloch! Was soll ich mit dem?« Katrin und ich haben uns dann darauf geeinigt: Ich lade Franz-Josef nicht namentlich ein, sondern ich lade einfach seine Wohngemeinschaft ein. Die persönliche Einladung spare ich aus. Er wird ja wohl nicht den Mut haben zu kommen! Aber Franz-Josef – ganz unbekümmert – kam trotzdem. Und war an dem Abend wie ausgewechselt, ganz reizend zu mir! So dass wir uns irgendwann auch mal knutschend auf dem Flokati wiederfanden. Das hatte aber erst mal keine weiteren Folgen. Außer, dass Franz-Josef Krach mit Hans bekommen hat.

Franz-Josef: Dass ich mich von Hans getrennt hatte, war für ihn sehr schwierig, glaube ich. Für ihn war unser dreiviertel Jahr eine lange, wichtige Zeit gewesen. Dann hatte er die Affäre mit Roland, und als ich aus Amerika zurückkomme, bahnt sich etwas zwischen Roland und mir an. Das war nicht einfach für Hans.

Roland: Hans hat es vielleicht so empfunden: Dass sich zwei Leute, die er sehr gerne mochte, gegen ihn verbündeten. Nun gut, ich hatte ja noch eine weitere Affäre laufen, und bei Franz-Josef waren auch noch ein paar Männer in der Warteschleife ... Kurz nach meinem Geburtstag hatten wir dann das erste Mal Sex. Eine lustige Geschichte! Wir zanken uns bis heute noch drüber, wie es dazu gekommen ist. Hans hatte nämlich auf meiner Geburtstagsparty seine Uhr vergessen, bei mir in der Wohngemeinschaft. Ich wollte sie Hans bringen. Und ich bin noch heute der Meinung, Hans hätte gesagt, er sei zu Hause.

Franz-Josef: Ich glaube, Roland und ich haben miteinander telefoniert. Und ich habe gesagt: »Hans ist nicht da.« Meines Erachtens hat Roland geantwortet: »Gut, dann komme ich auf jeden Fall vorbei!«

Roland: Franz-Josef machte die Tür auf, ich fragte: »Wo ist Hans?«, und er antwortete: »Bist du blöd? Du weißt doch, dass er nicht zu Hause ist!« Jedenfalls haben wir einen Kaffee getrunken, und man landete dann letztendlich im Bett. Wir zanken uns auch immer noch, wer wen angemacht hat. Ich sage natürlich: »Franz-Josef hat mich angemacht.« Und Franz-Josef sagt, es sei andersrum gewesen. Oder?

Franz-Josef: Ja. Aber was die Warteschleife angeht: Ich hatte damals, nachdem ich aus Amerika zurückgekommen war, zwei Männer kennen gelernt. Alle beide sind mir dadurch abhanden gekommen, dass sie ins Ausland gegangen sind.

Roland: Und ich bin übrig geblieben.

Franz-Josef: Na ja, best choice!

*

Roland: Wir haben uns fortan nicht verabredet, sondern man ist samstags im »Schwuz« aufeinander gestoßen. Das waren schon sehr schöne, sehr nahe Begegnungen, wir haben viel geknutscht und so. Katrin, meine Freundin aus Wuppertal, kam auch oft ins »Schwuz«. Die fand Franz-Josef ja so klasse und hat ein bisschen gepusht.

Franz-Josef: Katrin und zwei andere Freundinnen waren meistens dabei. Wir waren so eine Art Clique, sind immer zu fünft oder sechst losgezogen. Die Entscheidung, dass Roland und ich zusammen sind, diese Entscheidung haben wir letztendlich getroffen, weil alle immer fragten: »Habt ihr nun eine Beziehung, oder was ist das mit euch?«

Roland: Franz-Josef und ich haben einmal drei Tage miteinander verbracht. Ein langes Wochenende. Und am Sonntagabend ...

Franz-Josef: Da sind wir ausgegangen, zum Winterfeldplatz in die Kneipe »Slumberland«. Und dort haben Roland und ich beschlossen: Jetzt entscheiden wir uns. »Haben wir jetzt eine Beziehung?«, habe ich Roland gefragt. Und er hat geantwortet: »Ja, meinetwegen.« Ziemlich unromantisch, eigentlich.

Roland: Ich hatte allerdings keine richtige Vorstellung von »Beziehung«. Ich war zwar oft verliebt und hätte immer gern eine Beziehung gehabt. Auch mit den Männern, die ich vor Franz-Josef kennen gelernt hatte. Aber es hielt mit denen nie länger als sechs bis acht Wochen. Mit Anfang 20 war ich unglaublich oft verknallt. Ich habe jemanden gesehen und war sofort besoffen von ihm. Ich war dann auch besoffen von Franz-Josef, habe aber sehr schnell gemerkt, dass es bei ihm anders war. Weil er mit einer anderen Ernsthaftigkeit an die Beziehung rangegangen ist. Franz-Josef hat auch ziemlich bald klargemacht: »Pass mal auf: Mit anderen Männern, das ist nicht drin! Ein Bratkartoffel-Verhältnis möchte ich nicht!«

Franz-Josef: Meine Worte waren: »Be careful! Wir haben jetzt eine Beziehung. Und mit anderen Männern läuft nichts. Monogamie ist angesagt!« In meinen Beziehungen war ich immer monogam gewesen, bis zu der Trennung von Hans. Und ich dachte auch: »Das bringt's nicht, dieses Leben wie in Amerika, dieses wilde Rummachen unter den Schwulen.« Das war ja alles vor Aids. Und ich komme ja vom Lande. Wo ich aufgewachsen bin, da war es so: Wenn man mit einem Mädchen ging, dann war das fest. Bis einer von beiden sagte: »Jetzt gehen wir nicht mehr zusammen.« Ich glaube, für Roland war das eine ziemlich große Umstellung. Er hatte ja auch noch Sebastian und dann noch Rainer und ich weiß nicht, wen noch alles. Wenn er eine Beziehung mit mir leben wollte, musste er sich von den anderen verabschieden. Monogamie war meine Bedingung.

Roland: Was Franz-Josef übrigens schon sehr bald deutlich gemacht hat. Wir hatten im Januar oder Februar beschlossen, dass wir ein Paar sind ...

Franz-Josef: Wir können uns nämlich nicht auf ein Datum einigen. Im Nachhinein haben wir uns geeinigt und den 21. Januar als unseren Beziehungs-Tag festgelegt, der gilt jetzt als unser Jahrestag.

Roland: Und kurz nach diesem 21. Januar oder welchem Datum auch immer hat Franz-Josef seine Bedingung gestellt.

*

Roland: Ich fand es erst mal klasse, dass du Monogamie von mir forderst. Das habe ich gern akzeptiert. Ich habe auch nicht an »Ansprüche« gedacht. »Ansprüche« und dergleichen waren ja damals gängige Vokabeln – durch diese ganzen Männergruppen. Aber ich war erst mal ganz romantisch verklärtes Mäuschen: »Er liebt mich richtig! Das muss Liebe sein!«

Franz-Josef: Ich glaube, es ist dann Liebe geworden. Zunächst war ich verliebt: in dich und in unsere Beziehung. Ich war verliebt in die Idee, mit einem so tollen Mann wie dir zusammen zu sein. Dann ist es gewachsen, und ich habe begonnen, dich zu lieben. Als es später in unserer Beziehung komplizierter wurde, hab ich auch gemerkt, dass ich gelernt hatte: A) zu lieben; und B) was es bedeutet, eifersüchtig zu sein. Eifersüchtig war ich vorher nie gewesen. Ich konnte mir nicht vorstellen, wie Eifersucht sich anfühlt! Ich hatte kein Problem damit zu tauschen – so denke ich zumindest heute, im Nachhinein. Wenn meine Männer fremdgegangen sind, hat mich das nicht interessiert. Obwohl ich in Beziehungen immer monogam gewesen war. Zwischen den Beziehungen war ich zwar alles andere als monogam. Aber in Partnerschaften war Monogamie mein Ding – auch einseitig ... Tja, aber ich muss auch zugeben, dass ich der Erste in unserer Beziehung war, der die Monogamie-Abmachung gebrochen hat. Ich habe einen – ich benutze jetzt mal das blöde Wort – »Seitensprung« gemacht.

Roland: Es waren zwei, die du mir gestanden hast!

Franz-Josef: Zwei, ja. Innerhalb einer Woche. Mit zwei Männern. Es wurde dann so eine Art Wettkampf zwischen uns, kurzfristig. Du hattest das Gefühl: »Ich komme ins Hintertreffen, wenn ich das nicht auch mache.« Zumal die gesamte Umwelt sowieso komisch auf Beziehungen reagierte: War man in einer Beziehung, fing man an, interessant zu werden. Die anderen dachten: »Wie schaffen die das? Und dann sind sie sogar so lange in einer Beziehung! Da muss ja an den beiden etwas dran sein!« Man wurde interessanter, man bekam häufiger als sonst Offerten, und zwar relativ eindeutige Offerten. Die Versuchung wurde größer. Das war eine schwierige Phase für uns.

Roland: Wir haben uns im Januar kennen gelernt. Und im Juni bin ich bei euch gleich nebenan eingezogen, in die Wohnung im Hinterhof. Es war noch eine halbe Baustelle, meine Wohnung war noch nicht richtig fertig renoviert, und ich war schon wieder drauf und dran, da auszuziehen. Während ich noch renoviere, kommst du an und meinst: »Ich muss dir etwas sagen, es gab da zwei Männer ...« Wir kannten uns gerade mal ein gutes halbes Jahr. Für mich brach eine Welt zusammen! Das hatte auch mit einem angenacksten Selbstbewusstsein zu tun. Ich hatte zum damaligen Zeitpunkt sowieso das Gefühl, du seist mir überlegen. Ich dachte: »Der ist charmant, er kann gut parlieren. Wenn er in eine Kneipe geht, sitzt er nicht lange allein da.« Du hast ja auch so eine offene Ausstrahlung, die signalisiert: »Sprich mich an!« Eine sehr umgängliche Art. Dass die Leute auf dich abgefahren sind, habe ich immer gut verstanden. Du hattest auch einen anderen Umgang mit Sexualität als ich. Spielerisch, hast mehr ausprobiert. Auch wenn ich immer mehrere Männer hatte, bevor ich dich kennen lernte: Für mich war Sexualität ein bisschen problematisch. Ich hatte so gut wie keine One-Night-Stands. Ich war immer in die

Männer verknallt, und wenn es nur für vier Tage war. Es funktionierte nicht: Ich hätte nicht mit jemandem nur wegen der Sexualität mitgehen wollen. Und plötzlich hast du Sex mit zwei anderen Männern gehabt. Die Unterschiede zwischen uns beiden wurden also noch mal größer. Für mein Selbstbewusstsein habe ich mir dann auch andere Sexualpartner gesucht, um mit dir gleichzuziehen. Das hätte nicht sein müssen. Es ist eine schwierige Zeit gewesen. Wir hatten beide mit Eifersuchtsattacken zu tun. Ich weiß nicht mehr, wie wir da wieder rausgerutscht sind. Jedenfalls war es eine lange Phase.

Franz-Josef: Vom jetzigen Standpunkt denke ich, dass ich damals Sexualität mit Gefühl und Liebe verwechselt habe. Ich habe alles in einen Topf geschmissen und glaubte: »Wenn ich eine Beziehung führe, dann nur diese. Sex nebenher geht nicht.« Sicher war das einer der Gründe dafür, warum unsere ersten fünf Jahre so schwierig waren.

*

Franz-Josef: Es gab ja auch noch das Problem mit Hans, und eines Tages haben wir ihm gesagt: »Es ist jetzt Fakt, dass wir beide ein Paar sind. Du musst dich entweder damit arrangieren, oder du verlierst zwei Freunde.« Dieses Gespräch war schwierig, aber gut. Ich wohnte ja noch lange zusammen mit Hans in der Wohngemeinschaft. Und Roland lebte nicht nur bei uns im Hinterhof, er hatte sogar einen Schlüssel zur Wohngemeinschaft, war also quasi WG-Mitglied. Zum Glück hat sich die Situation mit Hans nach unserer Aussprache entspannt. Dafür hatten wir dann zum Beispiel noch die Komplikationen mit meiner Herkunftsfamilie: Roland war es nicht gewohnt, dass er in der Herkunftsfamilie seiner Freunde nicht anerkannt wurde. Und in meiner Familie wurde er geradezu negiert! Mein Vater wusste lange nicht, dass ich schwul bin. Das war ein Agreement mit meiner Mutter, dass man meinen Vater »schont«. Und meine Mutter hat Roland komplett abblitzen lassen. Das hat Roland sehr verletzt.

Roland: Ich war es eigentlich gewohnt, die Herzen der Mütter meiner Freunde und Freundinnen im Sturm zu erobern. Schon als Kind bin ich immer aller Mütter Liebling gewesen. Franz-Josef hatte mir von seiner Familie vorgeschwärmt: alles klasse Leute, die immer zusammenhalten. Als wir sie zum ersten Mal gemeinsam besucht haben, war Franz-Josefs Mutter distanziert und kühl zu mir. Da bin ich schneller wieder abgereist als geplant. Es hat bestimmt zehn Jahre gedauert, bis ich wieder mit hingefahren bin. Was besonders perfide war: Hans, also quasi der Ex-Schwiegersohn, bekam immer Geburtstagspäckchen – dabei war Franz-Josef viel kürzer mit Hans zusammen gewesen als mit mir! Und dann, nach Jahren, ruft Franz-Josefs Mutter an Heiligabend an und sagt nur: »Ich möchte bitte meinen Sohn sprechen.« Ganz ehrlich, ich lege keinen übertriebenen Wert auf Formalitäten. Aber hätte sie nicht wenigstens »Frohe Weihnachten« sagen können?

Franz-Josef: Ich muss dazu noch sagen: Als es auch für meinen Vater klar war, dass ich schwul bin, habe ich Roland nie außen vor gelassen. Roland war, wenn ich bei meinen Eltern gewesen bin, immer Thema.

Roland: Meine Eltern sind aus dem Osten, die ganze Familie war in der DDR. Ich bin ohne große Familienfeste aufgewachsen – und war ganz heiß darauf! Wenn meine Freunde früher in der Schule gelangweilt von Familienfesten erzählten, habe ich sie beneidet. Und als ich Franz-Josef kennen lernte, dachte ich: »Jetzt habe ich eine Chance!« Aber ich irrte.

Franz-Josef: Nach und nach löste sich die Spannung. Nach ungefähr zehn Jahren war Roland dann wirklich akzeptiert in meiner Herkunftsfamilie. Meine Eltern kamen uns in Berlin besuchen, sie wohnten zwar im Hotel, aber wir haben kleine Touren zu viert unternommen. Unterwegs hat mein Vater, der auch Geschäftsmann war, Roland gefragt: »Wie läuft's in der Buchhandlung?« Das waren kleine Annäherungen, es gab eine Entwicklung. Und mittlerweile ist Roland auch integriert in die Familie: Vor einem Jahr ist mein Vater gestorben – über einen langen Zeitraum von zwei Monaten lag er im Sterben. Roland und ich sind fast jedes Wochenende hingefahren und haben gemeinsam an seinem Bett gewacht. Bei der Beerdigung konnte ich nicht dabei sein, ich musste beruflich nach Spanien fahren. Und Roland ist nicht nur stellvertretend für mich, sondern auch aus seinem eigenen Bedürfnis heraus zur Beerdigung meines Vaters gefahren.

Roland: Ja, ich war mit dabei. Erst dachte ich, mir sei die zweite Reihe lieber. Die Mutter und die Kinder beisammen, vorne in der ersten Reihe. Aber sie haben dafür gesorgt, dass ich vorne mit bei ihnen war, sie haben mich nicht entwischen lassen. Mir wurde klar gezeigt: Du gehörst dazu. Wir haben zusammen gefeiert, und jetzt wird zusammen geheult.

*

Franz-Josef: Die ersten fünf Jahre in unserer Beziehung waren also die schwierigsten, und 1986 haben wir uns für ein halbes Jahr getrennt. Wir haben ein Gespräch geführt und stellten fest: Es gibt überhaupt keine Entwicklung mehr. Ich war frustriert von meiner Arbeit. Du hattest gerade mit dem zweiten Bildungsweg angefangen. Du machtest etwas Progressives, und ich hatte das Gefühl, ich stagniere.

Roland: Dabei hatte ich zu dem Zeitpunkt, so zirka im siebten Jahr, endlich mein Grundvertrauen gefunden. Unsere Beziehung fand ich wunderbar: Wir hatten mittlerweile unsere eigene Wohnung, unser Auto. Wir hatten Jobs, wir gingen aus, wir hatten Freunde – nach und nach haben wir uns eine Art Alternativ-Familie aufgebaut mit vielen guten, sehr vertrauten Freunden. Für mich war alles schön. Ich war ungefähr 27 Jahre alt.

Franz-Josef: Und dann hast du dich in einen anderen Mann verliebt. Das habe ich aber erst ein bisschen später festgestellt. Denn du hattest da ja zwei Männer mit demselben Namen kennen gelernt. Der eine war der Kay vom zweiten Bildungsweg, mit dem traf man sich, um Hausaufgaben zu machen. Aber man konnte eben auch sagen: »Ich gehe zu Kay« – und traf den anderen Kay.

Roland: Ja, ich habe einen Kay kennen gelernt, und es hat geknallt. In meinem Bauch und in meinem Kopf passierte ganz viel. Ich hatte das Gefühl, ich sei noch nie so verknallt gewesen. Du solltest es erst mal nicht wissen – was es zusätzlich reizvoll machte. Da hat die Sexualität für mich auch noch mal einen anderen Stellenwert bekommen: Ich lernte auf einmal jemanden kennen, der mich sexuell ganz verrückt machte. Das kannte ich nicht. Hinzu kam auch noch: Ich fand dich immer sehr attraktiv, aber diesen Kay fand ich wunderschön. Es mündete in eine Art von Verzweiflung, weil ich ja nicht aufgehört hatte, dich zu lieben. Und dann gab es noch den anderen Kay aus der Schule, der mich auch angemacht hat. Ich dachte mir: »Okay. Jetzt ist sowieso schon alles egal.« Das habe ich also auch noch angefangen, und das Chaos wurde immer größer. Schließlich sagtest du: »Ich ziehe jetzt aus. Du musst dich irgendwann entscheiden, Roland. Nicht jetzt sofort, aber ich warte auch nicht ewig.« In dem Moment, als du ausgezogen warst und deine Matratze hochkant in deinem Zimmer stand, da war mir klar: Franz-Josef ist es. Kay kann es nicht sein.

Franz-Josef: Wobei es schon ein halbes Jahr gebraucht hat, bis wieder alles klar war. Bei mir kam es damals so an: Ich wusste nur von einem Kay, den du aus der Schule kanntest und den du zum Lernen trafst. Als ich die ganze Tragweite erfuhr – ich weiß gar nicht mehr, ob du mir die Wahrheit gebeichtet hast oder ob ich es rausbekommen habe ...

Roland: Doch, ich hab es dir schon erzählt!

Franz-Josef: Na ja, ich ging jedenfalls emotional in die Krise. Wir sind dann gemeinsam nach Westdeutschland gefahren, in das Ferienhaus eines Freundes. Wir wollten unsere Beziehung überdenken und haben ein wunderbares Wochenende miteinander verbracht. Wir haben wieder einmal gespürt, wie viel wir uns gegenseitig wert sind. Und trotzdem hast du signalisiert: »Ich will von diesem anderen Mann nicht lassen.« Ich bekam Angst, dass ihr beiden euch etwas aufbaut, irgendwann verlässt du mich, und ich sitze in unserem leeren Nest. Ich fand es besser zu sagen: »Entscheide dich!« Das habe ich gemacht und bin gegangen. Eigentlich war es gar nicht dramatisch. Die Dramatik entstand nur ein bisschen dadurch, dass ich meine Matratze – auf der wir meistens geschlafen haben – hochkant gestellt habe. Und dir verboten habe, mit dem anderen Mann darauf zu schlafen. Dann haben wir angefangen, uns wieder zu »daten«, wie es so schön heißt. Ich denke, das war auch eine emotionale Sortierungsphase. Wir sind gemeinsam ausgegangen, wir haben uns gegenseitig bekocht.

Roland: Manchmal habe ich bei dir übernachtet.

Franz-Josef: In dieser Zeit haben wir uns auch noch mal ein bisschen mit anderen Männern ausprobiert. Ich jedenfalls. Und ich denke, du sogar noch ein bisschen mehr als ich. Um nach der Zeit der Zweierbeziehung noch einmal dieses – trotz Aids – offene und freie Leben in Berlin zu genießen. Es gab viele Diskussionen zwischen uns, wie man mit Aids umgeht.

Roland: Du hast einen Aids-Schock gekriegt! In der Zeit, als es losging mit Aids, kanntest du ja schon einige Männer, die sehr schnell verstorben sind.

Franz-Josef: Was dir weniger passiert ist.

Roland: Ja, zu dem Zeitpunkt ist mir das weniger passiert. Hinzu kam: Du hast ja früher ein offeneres Sexualleben gelebt mit anderen Männern als ich. Für mich sah es plötzlich so aus: »Franz-Josef propagiert eine neue Enthaltsamkeit.« Diesmal nicht in Bezug auf Treue, sondern wegen Aids. Du warst sehr schockiert, deine Libido ging runter. Ich hatte schon wieder das Gefühl, ich komme da nicht mit. Durch diesen Kay hatte ich ja eine ordentliche Portion Selbstbewusstsein abbekommen. Und dann ist auf einmal Sexualität überhaupt nicht mehr angesagt? »Das kann ja wohl nicht wahr sein!«, dachte ich. »Es kann nicht sein, dass Franz-Josef mir immer die Direktiven vorgibt, wie ich zu leben habe. So bitte nicht!« Aber wir haben uns zusammengerauft. Und nach dem halben Jahr der Trennung haben wir uns eine neue gemeinsame Wohnung gesucht: diese, in der wir bis heute leben. So hat die Beziehung wieder eine neue Qualität bekommen.

Franz-Josef: Ja! An diesem Punkt war mir bewusst: »Jetzt ist mit Roland die Basis klar. Wir haben uns erst mal füreinander entschieden. Wir können jetzt anfangen, gemeinsam etwas aufzubauen. Wir müssen nicht mehr immer über das Fundament quatschen.« Seitdem gab es hin und wieder auch mal die eine oder andere Krise. Aber das Fundament wurde nicht mehr erschüttert. Bis auf einmal, als du dich – ich muss sagen: abermals – in einen Kay verliebtest. Da habe ich mich einen Tag von dir getrennt. Und gleich gemerkt: Diese Trennung war eine Drohung, die ich gar nicht wollte. Das hat nicht funktioniert.

Roland: Es gab noch ein weiteres kleines Erschüttern, als du das erste Mal auf Weltreise gegangen bist und mich auch einigermaßen verarscht hast. Nicht nur ich habe nämlich irgendwelche Kays gehabt, dir ist gelegentlich auch mal jemand über den Weg gelaufen. Du willst eine Weltreise machen und lernst schon in Hamburg jemanden kennen! Aber eigentlich hast du Recht, dass unsere Beziehung auf soliden Füßen stand, als wir 1986 hier eingezogen sind.

*

Roland: Wir sind immer abenteuerlustig gewesen. Vor acht Jahren gab es einen Punkt, wo ich gesagt habe: »Jetzt mache ich all die Sachen, die ich in meinem Leben noch nicht gemacht habe.« Bevor ich Franz-Josef kennen gelernt hatte, bin ich nicht gern verreist. Mit ihm zusammen habe ich das Reisen entdeckt. Also wollte ich zum ersten Mal alleine verreisen, fünf oder sechs Wochen lang. Theoretisch wuste ich: Ich kann das. Aber ich hatte Angst davor. Nun, es war eine gute Erfahrung, und seit vielen Jahren machen wir regelmäßig sowohl gemeinsame als auch getrennte Reisen. Ich liebe es, mit Franz-Josef zu reisen. Aber alleine zu reisen ist auch schön: alle Entscheidungen allein zu treffen, auf sich selbst gestellt zu sein. Es gibt auch Defizite: allein essen gehen ist ein bisschen blöd, oder es gibt einen schönen Sonnuntergang, den ich gern mit Franz-Josef gemeinsam erleben würde. Andererseits kann ich im Bett rauchen, ohne dass jemand nörgelt.

Franz-Josef: Ich bin nämlich Nichtraucher.

Roland: Und in dem bewussten Jahr, wo ich alles Nicht-Erlebte ausprobieren wollte, habe ich mir auch gedacht: »Ich will jetzt mal alleine wohnen.« Nicht für immer und ewig, aber ein

Freund von uns, der in der Nachbarschaft gewohnt hat, ist für ein halbes Jahr nach Hamburg gegangen. Und ich bin in seine Wohnung gezogen. Franz-Josef war überhaupt nicht damit einverstanden. Und dann hat er es im Laufe der Zeit fast mehr geschätzt als ich. Erst hat er ein großes Fass aufgemacht, und dann musste ich fast schon an der Tür kratzen, als ich einen Monat früher als geplant wieder zurück nach Hause wollte.

Franz-Josef: Stimmt! Ich weiß gar nicht mehr: Habe ich das zugelassen, dass du früher zurückkommst?

Roland: Ja, das hast du zugelassen. Und das sind so Geschichten ...

Franz-Josef: Das sind Erfahrungen!

Roland: Ja. Erfahrungen, wo Konflikte programmiert sind, und die wir immer mutig angegangen sind. Ich hatte niemals das Gefühl, dass ich unsere Beziehung damit aufs Spiel setze.

*

Franz-Josef: So abstrakt sich das vielleicht anhört: Als ich dich vor 24 Jahren fragte: »Haben wir jetzt eine Beziehung?«, und du »ja« antwortetest – da habe ich mich für dich entschieden. Diese Frage hatte ich auch vorher niemand anderem gestellt. Ich habe mich entschieden, die Beziehung mit dir zu leben. Irgendwann hätte ich die Entscheidung revidieren können. Aber es gab keinen Grund dafür. Momentan ist meine Planung: offenes Ende. Also: Das Ende unserer Beziehung wird in sehr weiter Zukunft liegen. Irgendwann werden wir das Ende erreichen. Aber ich kann mir zurzeit kein anderes Ende als ein biologisches denken.

Roland: Ich kann es mir auch nicht anders vorstellen. Du hast ja vorhin gesagt: »Roland hat sich in einen dritten Kay verliebt.« Aber auch schon damals – das ist jetzt zehn Jahre her – stand für mich die Beziehung zu dir überhaupt nicht zur Debatte. Das habe ich dem Kay gesagt, und ich habe es auch dir gesagt. Ich war mit dir zusammen und habe überhaupt nicht daran gedacht, unsere Beziehung aufzugeben. Man muss Wege finden, wie es zusammenpasst. Wenn es nicht passt, würde ich mich immer für dich entscheiden.

*

Franz-Josef: Es gab auch eine Phase, in der wir eine Dreierbeziehung geführt haben, drei Jahre lang. Das erste Jahr war eine Anbahnung, ein Jahr lang war es eigentlich ganz schön, und das dritte Jahr war eine Katastrophe. Wir haben uns teilweise schon strapaziert, was die Emotionalität angeht. Da haben wir uns nichts geschenkt. Und wir haben vieles versucht. Eifersucht ist aber noch immer möglich. Wenn ich zum Beispiel wüsste, Roland geht heute Abend zu dem und dem Mann, und ich habe die Idee, da könnte viel Gefühl mit im Spiel sein. Dann mache ich keinen Freudensprung. Aber Roland hat das mal ganz schön gesagt: »Wenn du weißt, mir geht es dabei gut, dann kann es auch nicht schlecht für uns sein.« Ich habe ja meine Sicherheit mit ihm. Aber es ist schon auch manchmal schwierig.

Roland: Es gibt zum Beispiel die Vereinbarungen: Wir bringen niemanden mit nach Hause, und wir kommen auch immer noch in derselben Nacht heim. Es ist nicht so, dass ich samstagsabends ausgehe, jemanden kennen lerne und erst am Sonntagnachmittag hier wieder auftauche. Franz-Josef und ich kommen immer noch vor der Aufstehens-Zeit nach Hause.

Franz-Josef: Was man als Farce empfinden könnte. Und trotzdem halten wir uns daran. Das sind Gerüste, die sich Beziehungen bauen, die nicht unbedingt für andere einsichtig sind. Man könnte sagen: »So was Absurdes! Wenn dein Freund doch sowieso weiß, dass du jetzt bei mir bist. Wieso musst du dann noch heute Nacht nach Hause?« Aber es geht um die Wertschätzung dessen, mit dem man die Vereinbarung getroffen hat.

Roland: Eigentlich möchte ich keine Affären mehr haben. Das habe ich mir vorgenommen, aber natürlich bin ich nicht komplett dagegen gefeit. Früher hat Franz-Josef immer gesagt: »Es ist mir nun mal passiert.« Das hat mich zur Weißglut getrieben – als ob er nichts damit zu tun hätte! Natürlich hat man immer selber damit zu tun. Auch mir könnte es zwar »passieren«, aber ich möchte das nicht. Meine Erfahrungen zeigen mir: Ich bleibe bei Franz-Josef. So schön irgendwelche Phasen oder Momente auch sein könnten, sie stehen in keiner Relation zu den Tränen, Schmerzen und Verletzungen, die sie bringen. Es gibt Tränen bei den dritten Männern, es gibt Tränen bei Franz-Josef, es gibt Tränen bei mir. Das ist die Sache mir nicht mehr wert. Vielleicht hängt es auch damit zusammen, dass wir viele Freunde an Aids verloren haben. Ich habe gelernt, wie schnell Beziehungen durch den Tod zu Ende sein können. Auch deshalb bin ich nicht bereit, Beziehungen leichtfertig ins Leere laufen zu lassen.

*

Franz-Josef: Manchmal wird man bei einer so langen Beziehung ja von anderen gefragt: »Na, und? Habt ihr noch Sex?« Da kann ich ganz klar sagen: Für mich ist Sex eine wichtige Sache in meinem Leben, die ich nicht missen möchte. Es gab immer mal Phasen in unserer Beziehung, wo der Sex intensiver war und dann wieder weniger intensiv. Es gab auch eine Phase – und das war nicht die Aids-Krisen-Phase, sondern ziemlich am Anfang unserer Beziehung: Da war ich ein Jahr lang überhaupt nicht drauf, Sex zu haben. Das hat Roland mit durchgehalten. Ich denke, dass auch Sexualität einem Auf und Ab unterworfen ist wie Ebbe und Flut, nur nicht mit so viel Gleichmäßigkeit. Es gab Zeiten, wo der eine mehr wollte und der andere weniger. Das kenne ich auch aus vielen Beziehungsdiskussionen von anderen Paaren: dass es nicht so hundertprozentig passt. Es gibt überall Zeiten, wo die sexuellen Aktivitäten hoch sind, und andere, wo die Sexualität auf Sparflamme kocht.

Roland: Man muss etwas dafür tun wie für den Rest der Beziehung auch. Man kann die Sexualität nicht abkoppeln. Genauso, wie man Energien aufbringen muss, um im Gespräch zu bleiben, so muss man auch an der Sexualität arbeiten.

Franz-Josef: Kürzlich habe ich mit jemandem über das Thema gesprochen, und er sagte: »In meiner Beziehung fehlt Sex.« Ich habe ihn gefragt: »Wie geht ihr miteinander um?« Und seine Antwort zeigte mir, dass es bei den beiden durchaus Sexualität gibt. Es geht ja nicht nur um den Geschlechtsverkehr, sondern Sexualität kann vieles andere auch sein: Sex ist beieinander sein, zusammen in einem Bett schlafen, miteinander umgehen, streicheln, küssen, das alles. Sicherlich muss jeder für sich entscheiden, was alles dazugehört. Für mich jedenfalls ist Sex nicht nur der bloße Akt. Wir haben zwar jeder unser eigenes Schlafzimmer, und die werden auch benutzt. Das hat unter anderem damit zu tun, dass ich manchmal später nach Hause komme und Roland früh aufstehen muss. Aber man kann fragen: »Kann ich bei dir schlafen?«

Roland: Ich finde Körperlichkeit ganz wichtig und bin auch ein sehr körperlicher Mensch. Ich brauche Berührungen. Ohne ist es mir unvorstellbar.

Franz-Josef: Insofern ist man in so einer langen Beziehung ja ziemlich verwöhnt. Nachdem man aus dem Kindesalter raus ist: Wann hat der Mensch, außer in einer Beziehung, schon wieder Körperkontakt? Vielleicht One-Night-Stands. Aber selbst beste Freunde und beste Freundinnen kuscheln nicht unbedingt Haut an Haut. Dabei ist es so wichtig, dieses Haut-an-Haut. Die Menschen erleben es als Kleinkinder, dann bricht es irgendwann ab, das ist ein Verlust. Und nur in einer Beziehung kann man so was leben. Meine Meinung ist: Es kann einem nur gut gehen, wenn man Hautkontakt mit anderen Menschen hat und sich dabei wohl fühlt. Ich würde den Körperkontakt sehr missen, wenn ich keine Beziehung mehr hätte. Es wäre für mich ein großer Verlust.

Roland: Für mich auch!

*

Franz-Josef: Roland steht morgens grundsätzlich früher auf als ich, weil er mehr und früher arbeitet. Trotzdem sind wir uns den ganzen Tag über nahe. Ich bekomme jeden Morgen einen Milchkaffee ans Bett. Das weiß ich sehr zu schätzen, auch wenn ich den Kaffee nicht immer sofort trinke, weil ich dann noch zu müde bin. Auf jeden Fall gibt es ein Gespräch, bevor Roland aus dem Haus geht.

Roland: Ich sitze fünf oder zehn Minuten bei ihm am Bett, plappere ein bisschen und erzähle, was heute zu machen ist.

Franz-Josef: Und dann wünschen wir einander einen schönen Tag. Um 10 oder 11 Uhr telefonieren wir das erste Mal miteinander, und im Laufe des Tages kommen noch ein bis zwei weitere Telefonate dazu. Manchmal einfach, um etwas zu organisieren. Manchmal sagen wir auch: »Ich wollte nur mal hören, wie es dir gerade geht.«

Roland: Wir haben nicht viel Zeit füreinander an den Abenden. Ich arbeite lange und gehe danach oft noch zum Sport. Weil ich ja auch samstags arbeite, haben wir eigentlich nur die Sonntage. Aber da schläft Franz-Josef auch immer so viel länger als ich, dass wir nicht viel voneinander haben. Manchmal denke ich, Franz-Josef verplempert die Zeit. Andererseits macht es Sinn, dass jeder seine Sachen in seinem Tempo macht. Für meinen Geschmack könnte es mehr Zeit sein, die wir miteinander verbringen.

Franz-Josef: Weil wir festgestellt haben, dass wir weniger Zeit miteinander verbringen, haben wir seit einem Jahr einen so genannten »Beziehungstag«. Das ist der Donnerstag. Wenn in seinem Geschäft alles gut läuft, hat Roland donnerstags frei. »Beziehungstag« bedeutet nicht, dass wir abgekapselt zu zweit hier sitzen und krampfhaft nach Gesprächsstoff suchen. Wir können den Abend gemeinsam vorm Fernseher verbringen, wir können ins Kino gehen, wir können zusammen kochen und Freunde einladen. Aber es ist ein Tag, der für uns beide reserviert ist. Böse Zungen im Bekanntenkreis sagen »Pärchenterrortag«. Macht mir aber nichts aus.

Roland: Es fällt mir manchmal schwer, mich abends allein mit anderen Freunden zu treffen. Weil ich denke, das ist Zeit, die mir von Franz-Josef abgeht, die uns beiden gehört. Irgendwie albern und blöd – die Freunde sind mir ja auch sehr wichtig. Ich habe viel Freude, wenn ich mit ihnen zusammen bin, aber ganz tief in mir ist der Wunsch: Ich muss schnell nach Hause, um Franz-Josef über den Kopf zu streicheln. Hast du auch manchmal ein schlechtes Gewissen, wenn du dich mit Freunden verabredest und denkst, du müsstest doch eigentlich den Abend mit mir verbringen?

Franz-Josef: Nö, eigentlich gar nicht.

Roland: Das finde ich klasse. Würde ich auch gerne können.

Franz-Josef: Das hieße ja auch, die kurze Zeit, die ich mit jemand anders verbringe, überzubewerten.

Roland: Ist mir ja schon klar, eigentlich.

*

Franz-Josef: Auch zum Thema Ehe hatten wir meistens unterschiedliche Meinungen. Schon bevor es die Homo-Ehe gab. Wir sprachen einfach darüber: »Was wäre, wenn ...?« Ich sagte Ja, Roland sagte Nein. Und beim nächsten Gespräch war es umgekehrt.

Roland: Das war aber nur so dahergeredet, weil es damals noch nicht die Möglichkeit gab. Ein echter Konsens zwischen uns ist, dass Rituale ganz wichtig sind. Als schwule Männer haben wir uns eigentlich von der bürgerlichen Gesellschaft entfernt. Wir leben wohl ein anderes Leben als herkömmliche heterosexuelle Paare, wir haben auch andere Chancen als Menschen, die im Rahmen der gesellschaftlichen Norm leben. Als Heterosexueller bekommt man eher etwas vorgelebt, das man automatisch nachmacht. Nur: Wenn man sich von den bürgerlichen Rollen entfernt, dann entfernt man sich eben zugleich von Ritualen. Dabei sind Rituale so bedeutend! Und eine Hochzeit ist ja zum Beispiel auch ein Ritual. Deshalb fänden wir es schön, auch unsere Beziehung nach außen hin zu dokumentieren. Um den Trauschein und die steuerlichen Vorteile geht es uns nicht. Aber es ist mir nach wie vor wichtig, irgendwann einmal ein Beziehungsfest zu feiern.

Franz-Josef: Die Heirat als politische Angelegenheit, durch die man gewisse Vorteile hat, interessiert mich nicht. Wir haben auch seit ungefähr 20 Jahren Testamente. Und mit meiner Familie ist geklärt: Sollte ich sterben, werden meine Angehörigen nichts gegen Roland entscheiden. Darauf vertraue ich.

Roland: Auch ich habe das mit meiner Familie vereinbart und kann darauf vertrauen. Wir brauchen also nicht zu heiraten, um uns juristisch abzusichern.

Franz-Josef: Aber die Hochzeit als Ritual finde ich sehr wichtig.

Schade, dass das bei Schwulen und Lesben so wenig zelebriert wird! Ich komme ja aus einer katholischen Familie, wo Rituale immer noch sehr wichtig sind: Taufe, Kommunion, Heirat und so weiter – das hat mir in meiner Kindheit ein Gerüst gegeben. Ich habe auch eingeführt, dass Roland und ich wieder Weihnachten feiern. Zuerst hatte Roland überhaupt keine Lust darauf. Und in der Szene, in die ich nach Berlin gekommen bin, war Weihnachten total verpönt. Aber ich finde es schön, wenn das Jahr sich an solchen Terminen orientiert. Es ist gut, Meileinsteine im Jahr zu setzen. Und auch im Leben – zum Beispiel, indem wir unsere Beziehung noch mal dokumentieren.

Roland: Indem wir unsere Liebe mit Freunden und Familie feiern.

Franz-Josef: Als Termin haben wir unser 25-jähriges Beziehungs-Jubiläum im Auge. Also: Januar 2005.

»Wir sind reich – wir haben uns!«

Brunhilde (53) und Norbert (57) lernten sich 1966 kennen und waren von Anfang an ineinander verliebt. Zweieinhalb Jahre später heirateten sie. Das Paar hat eine Tochter.

Brunhilde absolvierte eine Ausbildung zur Steuerfachgehilfin, Norbert entstammt einer Landwirtsfamilie. Von ihrer Heirat an lebten und arbeiteten sie gemeinsam auf dem Hof, der Norberts Familie gehörte. Später gaben sie den Betrieb auf, Norbert wurde zunächst Landschaftspfleger, heute ist er als Hausmeister im öffentlichen Dienst tätig. Brunhilde arbeitet halbtags in einem Steuerbüro.

Die beiden leben in einer niedersächsischen Kleinstadt, sie empfangen mich am Bahnhof. Brunhilde – rot-schwarz gekleidet und mit knalligem Lippenstift – geht sehr offen auf mich zu, sie ist fröhlich und gesprächig. Norbert ist ein ganzes Stück größer als seine Frau und trägt sportliche Kleidung in Naturfarben. Er wirkt eher zurückhaltend, aber sehr höflich – er nimmt mir meine Tasche ab, hält mir die Autotür auf.

Gemeinsam fahren wir zur Doppelhaushälfte der beiden, die sich in einem Neubaugebiet befindet. Der Kaffeetisch ist schon gedeckt, es gibt selbst gebackenen Kuchen. Das Paar sagt, dass es sich sehr über meinen Besuch und auf das Gespräch freue, wobei Brunhilde anmerkt: »Mein Mann ist nicht der Redseligste, ich werde wohl mehr erzählen als er.« Falsch geraten! Schon kurze Zeit später beteiligt Norbert sich rege an unserem Gespräch, dabei wirkt er sehr ernsthaft – und zugleich äußerst stolz auf seine Ehe.

Brunhilde: Wir sagen einander oft »Ich liebe dich«.

Norbert: Sehr oft. Ich mag das, ich finde es schön, und wir lieben uns ja auch wirklich.

Brunhilde: Ja, das stimmt: Nach fast 40 Jahren sind diese Gefühle noch immer sehr stark. Sie sind anders als am Anfang – und ich denke: Vielleicht sind sie heute sogar stärker als früher. »Ich liebe dich«, das bedeutet für mich zum Beispiel: Ich bin jedes Mal glücklich, wenn ich dich sehe. Ich weiß, dass du immer für mich da bist, du würdest alles für mich tun. Du möchtest, dass ich immer glücklich bin. Ich weiß, dass du mich liebst. In deinen Augen bin ich eine schöne Frau – ganz egal, ob ich dünn oder dick, jung oder alt, gesund oder krank bin. Du bist der Mensch, der mich am besten kennt. Ich vertraue dir. Ich genieße es, wenn du mich berührst. Und wenn ich morgens aufwache, du liegst ganz nah bei mir: Dann ist alles gut. Ich liebe auch die gemeinsamen Erinnerungen, die ich mit dir habe – unser ganzes gemeinsames Leben.

Norbert: Mir geht es genauso. Und meine Frau gibt mir viel Kraft, auch das ist ganz wichtig.

Brunhilde: Auch mein Mann gibt mir Kraft. Er macht mir fast täglich Komplimente. Das liebe ich! Er sagt mir, dass er mich schön findet. Manchmal muss er es gar nicht äußern, ich merke es schon an seinen Blicken. Wenn wir von einer Feier nach Hause kommen, sagt er oft zu mir: »Du warst die Schönste von allen!« Ich finde zwar, dass andere Frauen besser aussehen als ich. Aber mein Mann meint es ernst. Und wenn er mal nicht bei mir ist, fehlen mir seine lieben Worte, dann fühle ich mich kleiner und unbedeutender. Ohne ihn wäre ich nicht so stark und selbstbewusst, wie ich es jetzt bin.

Norbert: Ich gehe morgens um sechs Uhr zur Arbeit, und nach einer Stunde vermisse ich meine Frau schon. Manchmal fragt man sich, ob das noch normal ist ... Brunhilde fängt erst um sieben Uhr an zu arbeiten, und wenn es passt, besuche ich sie bei der Arbeit, wir trinken gemeinsam einen Kaffee. Ich würde sie auch gern mittags von der Arbeit abholen.

Brunhilde: Aber das habe ich mir verbeten. Ich möchte zu Fuß gehen, weil ich die Bewegung brauche. Also treffen wir uns mittags zu Hause, essen gemeinsam etwas, dann fährt Norbert wieder zur Arbeit, und am Nachmittag ruft er mich an. Wir sind ständig in Kontakt.

Norbert: Wir hängen sehr aneinander. Heute noch genauso wie früher.

*

Brunhilde: Wir kennen uns seit dem 13. März 1966.

Norbert: Meine Frau war mir aber vorher schon aufgefallen. Sie lebte in einem Nachbardorf, irgendwann entdeckte ich sie auf der Straße. Ich sah sie und dachte: »Das muss sie sein!« Es war Liebe auf den ersten Blick.

Brunhilde: Der 13. März war ein Sonntag. Zusammen mit einem Jungen aus dem Dorf saß ich in einer Gastwirtschaft, wir tranken Cola. Dieser Junge war nicht mein Freund, aber es war schon etwas Außergewöhnliches, mit einem jungen Mann in die Gastwirtschaft zu gehen. Für mich war es ein kleines Erlebnis. Und in der Gastwirtschaft saß auch Norbert. Die beiden Männer kannten sich, wir kamen ins Gespräch. Da gefiel Norbert mir schon sehr gut. Am darauf folgenden Sonntag war ich mit Freundinnen unterwegs. Es war ein ganz kleines Dorf, es gab kein Kino, keine Disco, nichts, wo junge Leute sich treffen konnten. Also gingen wir spazieren, saßen auf einer Bank und plauderten. Währenddessen ist Norbert wohl mit dem Auto im Dorf herumgefahren und hat mich gesucht.

Norbert: Ich bin am Ball geblieben.

Brunhilde: Schließlich fand er mich und sprach mich an. Wir reden heute noch oft darüber und fragen uns, wo er den Mut hergenommen hat. Er war ein sehr schüchterner junger Mann.

Norbert: Erst durch meine Frau bin ich selbstbewusst geworden. Früher habe ich kaum gesprochen.

Brunhilde: Es muss eine ziemliche Überwindung für ihn gewesen sein, als er mich fragte, ob ich mit ihm in die Stadt fahren wollte. Natürlich wollte ich! Wir gingen zusammen in ein Café, plötzlich legte er den Arm um mich. Ich war sehr überrascht, ich hatte vorher noch nie einen Freund gehabt.

Norbert: Ich hatte auch noch keine Freundin gehabt.

Brunhilde: Wir waren ja noch so jung. Du warst 19, ich war 15 einhalb Jahre alt.

Norbert: Von da an haben wir uns jeden Tag gesehen. Schon damals konnte ich nicht mehr ohne sie sein.

Brunhilde: Ich ging noch zur Schule, ein paar Wochen später begann meine Lehre.

Norbert: Sie hatte einen weiten Weg zur Berufsschule und musste mehrmals umsteigen. Ich habe sie morgens oft zum Bahnhof gefahren. Da war es schon echte Liebe.

*

Norbert: Aber es war nicht ganz einfach mit den Eltern. Meine Eltern sagten: »Was willst du mit einer Frau, die nicht aus der Landwirtschaft kommt? Sie wird das alles nicht mitmachen hier auf dem Hof!« Es war ein mittelbäuerlicher Betrieb mit Milchvieh, Schweinen und Ackerbau, ein Mischbetrieb. Das bedeutete sehr viel harte Arbeit. Und es war klar, dass ich den Hof einmal übernehmen würde. Ich hatte zwar drei Schwestern, aber sie hatten alle schon in andere Landwirtschaftsbetriebe eingeheiratet.

Brunhilde: Seine Eltern hatten auch Angst, dass ich Norbert vom Hof weglocken würde. Ihr ganzes Leben lang hatten sie fest darauf gebaut, dass ihr Sohn später den Hof weiterführen und sie versorgen würde. Wenn Norbert nicht übernommen hätte, wären seine Eltern aufgeschmissen gewesen, sie hätten keine Perspektive gehabt.

Norbert: Außerdem gefiel es meinen Eltern nicht, dass Brunhildes Mutter geschieden war.

Brunhilde: Sie lebte unverheiratet mit einem Mann zusammen, was damals ja noch nicht so üblich war. Zuerst war meine Mutter auch ein bisschen skeptisch gegenüber Norbert. Eigentlich mochte sie ihn, aber sie hatte Angst, dass es mir in der Landwirtschaft nicht gefallen würde. Nach einiger Zeit sah meine Mutter aber, dass Norbert und ich zusammengehörten. Sie hat sogar extra ihren Lebensgefährten geheiratet, damit es keine Schwierigkeiten mehr mit Norberts Familie gab.

*

Norbert: In der ersten Zeit konnten wir uns nicht oft sehen. Ich hatte von früh bis spät in der Landwirtschaft zu tun, sieben Tage die Woche. Brunhilde machte die Lehre, abends musste sie um neun Uhr zu Hause sein.

Brunhilde: Es ging auch nicht, sich kurz zwischendurch mal zu treffen. Mein Mann musste ja immer melken. Dann musste er sich waschen, umziehen – so blieb uns nicht viel Zeit füreinander. Aber unsere wenige Zeit, die haben wir genossen! Wir haben kleine Ausflüge mit dem Auto gemacht, wir haben viel geredet und geschmust. Wir hatten beide keine Erfahrungen und haben alles ganz langsam, ganz zart angehen lassen. Von anderen hört man ja manchmal, dass ihr erstes Mal erschreckend oder enttäuschend war. Bei uns war es schön. Leider konnte man es immer nur im Auto machen. Man durfte ja niemals zu den Eltern, die durften einen ja gar nicht allein in der Wohnung lassen. Auch wegen der Nachbarn wäre das nicht gegangen. Also: Wo sollten wir hin?

Norbert: So war es eben früher: Man ist mit dem Auto in einen Feldweg gefahren.

Brunhilde: Einmal haben wir uns festgefahren und mussten Leute aus dem Dorf holen. Die wussten natürlich gleich, was los war.

*

Norbert: Vielleicht war es auch gar nicht so schlecht, dass meine Eltern gegen unsere Freundschaft waren.

Brunhilde: Ja, so was schweißt einen noch mehr zusammen. Andererseits haben wir uns in der ersten Zeit auch viel gestritten.

Norbert: Am Anfang, ja. Da bin ich manchmal mit quietschenden Reifen davongezogen. Meistens habe ich mich dann sehr schnell besonnen und bin gleich wieder zu dir umgekehrt.

Brunhilde: Ich genauso: Oft bin ich wütend aus dem Auto gestiegen – und kurz danach wieder eingestiegen. Wahrscheinlich gehört das alles einfach dazu. Wir wollten uns ja trotzdem immer wiedersehen, obwohl wir uns so viel gestritten haben.

Norbert: Trotz des Streites war immer klar, dass wir zusammengehören und zusammenbleiben.

Brunhilde: Ich kann mich noch gut an den ersten Tag meiner Lehre erinnern. In solchen Momenten fühlt sich ja jeder Mensch unsicher. Norbert brachte mich morgens zum Zug und sagte: »Du wirst es schon überstehen, Brunhilde!« Heute finde ich es wunderschön zu wissen, dass wir das alles gemeinsam erlebt haben. Alles, was es so im Leben gibt, die guten und die traurigen Dinge: Ausbildung, die ersten Zärtlichkeiten, Kinder bekommen, kranke Menschen pflegen und sterben sehen ... Diese ganzen Erinnerungen teile ich nur mit Norbert. Wenn man sich irgendwann trennen würde, könnte man das alles mit einem neuen Partner nicht wieder erleben.

*

Brunhilde: Noch während ich in der Lehre war, verlobten wir uns. Es gab ein großes Fest, eine Kochfrau kam ...

Norbert: ... gefeiert haben wir eigentlich schon immer gern. Und am 18. Oktober 1969 heirateten wir.

Brunhilde: Da hatte ich meine Lehre gerade abgeschlossen. Ich freute mich darauf, mit Norbert verheiratet zu sein und mit ihm auf dem Hof zusammenzuleben. Aber ich wollte unbedingt eine eigene Küche haben. Sonst wäre ich nicht auf den Hof gegangen.

Norbert: Das war ein bisschen schwierig. Normalerweise lebten drei oder vier Generationen in einem Haus mit einer Küche. Weil ich meiner Mutter nicht wehtun wollte, sagte ich zu Brunhilde: »Komm, lass es uns erst mal mit der gemeinsamen Küche versuchen.«

Brunhilde: Die Vorstellung, immer mit der Schwiegermutter zusammen zu kochen und mich von ihr belehren zu lassen, gefiel mir nicht.

Norbert: Brunhilde setzte sich durch, und letztendlich war ich froh darüber.

Brunhilde: Unten im Haus wohnten die Schwiegereltern, in der Mitte wir, oben wohnten Norberts Onkel und Tante. Sie hatten keine eigenen Kinder und behandelten meinen Mann wie ihren eigenen Sohn.

Norbert: Meine Tante hatte mich mit großgezogen. Als wir schon verheiratet waren, rief sie noch immer abends: »Kommst du hoch zu uns? Unterhältst du dich ein bisschen mit mir?« Und meine Frau: »Was musst du schon wieder hochrennen?« Ja, ich war immer mit vielen Frauen zusammen: drei Schwestern, Mutter, Tante, Brunhilde, und später kam unsere Tochter dazu.

*

Brunhilde: Vor der Hochzeit hatten wir immer Angst, dass ich schwanger werde, es gab ja die Pille noch nicht. Und dann, nach der Hochzeit, wollten wir ein Kind, aber es dauerte einige Zeit, bis ich schwanger wurde.

Norbert: Meine Eltern wurden schon ein bisschen nervös. Sie hofften auf einen Enkel, einen Hofnachfolger.

Brunhilde: Schließlich bekamen wir unsere Tochter, danach wurde ich nie wieder schwanger. Wir hätten gern noch mehr Kinder bekommen – andererseits sind wir überglücklich, dass wir überhaupt so eine wunderbare Tochter haben.

Norbert: Als das Kind kam, arbeitete meine Frau trotzdem weiter beim Steuerberater. Oben im Haus war ein Zimmer frei, da hat sie die Buchungsmaschine hingestellt und hat diese Arbeit noch neben der Landwirtschaft gemacht.

Brunhilde: Wir hatten zwar freies Wohnen, aber wir hatten auch nicht viel Geld. In den ersten Jahren bekam mein Mann 100 Mark im Monat von seinen Eltern.

Norbert: In der Landwirtschaft war damals schon nicht viel zu verdienen.

Brunhilde: Und später, nachdem wir den Hof übernommen hatten, haben deine Eltern uns immer sehr geholfen. Sie arbeiteten so viel und so lange sie konnten.

Norbert: Als du auf den Hof kamst, hast du als Erstes den Führerschein gemacht und bist Trecker gefahren.

Brunhilde: Ja, und es beruhigte deinen Vater, als er sah, dass ich mit anpackte. Ich gab mir große Mühe, alles gut zu machen.

Wir luden acht, neun Schichten Fuder – mehr als alle anderen im Dorf. Und mit zwei Hängern am Trecker brachte ich das Getreide weg.

Norbert: Eine Frau, die aus der Landwirtschaft kommt, hätte das wahrscheinlich nicht gemacht.

Brunhilde: Nach und nach erkannte mein Schwiegervater es an. Wenn seine Frau mal nicht zu Hause war und er bei uns aß, lobte er mich in den höchsten Tönen: »Es hat bestens geschmeckt, vorzüglich!« Das fand ich sehr lieb von ihm. Andererseits war es oft schwierig. Wenn unser Baby schrie, kam von unten die Schwiegermutter, von oben die Tante, und beide riefen: »Was ist denn bloß los?« Ich wusste es ja selbst nicht, ich war eine junge Frau mit ihrem ersten Kind!

*

Brunhilde: Wie gern ich mal mit meiner Tochter im Kinderwagen spazieren gegangen wäre! Aber das gab es einfach nicht, immer musste gearbeitet werden. Einmal ging ich trotzdem mit ihr zum Spielplatz – mir kommen heute noch die Tränen, wenn ich daran denke. Ich hatte zu Hause alles in Ordnung gebracht und Strickzeug mitgenommen, ich saß nicht tatenlos auf der Bank herum. Als wir vom Spielplatz heimkamen, rief meine Schwiegermutter: »Was soll denn das bezwecken, am helllichten Tag umherzufahren? Schämst du dich denn gar nicht?« Ihre Kritik ging mir sehr nahe.

Norbert: Trotzdem warst du nie widerspenstig, hast dich um Versöhnung bemüht und immer mitgearbeitet.

Brunhilde: Weil ich mit dir zusammen sein wollte. Und deine Mutter meinte es ja auch gar nicht böse, nur war ich eben ein bisschen anders, als sie es sich von ihrer Schwiegertochter gewünscht hätte.

Norbert: Ich bin so froh, dass wir immer zusammengehalten haben!

Brunhilde: Aber gelegentlich konnte ich mich nicht mehr zusammenreißen. Meistens passierte es samstags, dass ich die große Krise bekam. Während ich den Hausflur wischte, schimpfte ich laut vor mich hin.

Norbert: Oh, ja! Da durfte ich dir nicht in die Quere kommen! Meine Frau hat Temperament!

Brunhilde: Alles in allem war es dennoch eine sehr schöne Zeit. Abends, nachdem die Arbeit im Stall getan war und wir gebadet hatten, kuschelten wir drei uns auf dem Sofa aneinander, deckten uns zu und sahen fern. Das war unsere Freizeit. Wir haben sie uns einfach genommen, obwohl es schon spät war und wir am nächsten Morgen wieder ganz früh raus mussten.

Norbert: Wir haben immer darauf geachtet, dass unser Privatleben trotz all der Arbeit nicht zu kurz kommt.

*

Norbert: Brunhilde war immer diejenige, die mich angetrieben hat – im positiven Sinne: Zum Beispiel hatte ich keine offizielle Lehre gemacht, ich arbeitete zwar seit vielen Jahren in der Landwirtschaft, aber ich war kein ausgebildeter Landwirt. Meine Eltern hatten nie darüber nachgedacht, weil sie ja wussten, dass ich ihren Hof übernehmen würde. Als Brunhilde ihre Lehre abgeschlossen hatte, überlegte ich mir: »Und ich? Eigentlich bin ich nur Hilfsarbeiter. Wer weiß, was später einmal kommt – dann stehe ich da ohne Ausbildung.« Brunhilde gab mir den Mut, eine landwirtschaftliche Lehre nachzuholen.

Brunhilde: Nachdem wir 1974 den Hof übernommen hatten, machte Norbert auch noch seinen Meister.

Norbert: Ich habe oft bis nachts gelernt.

Brunhilde: Du saßt immer oben im Arbeitszimmer. Und wenn du komplizierte Rechenaufgaben hattest, kamst du runter zu mir, dann haben wir die Aufgaben gemeinsam gelöst. Rechnen kann ich ein bisschen besser als mein Mann. Er kann aber viele andere Sachen besser als ich, Rechtschreibung zum Beispiel.

Norbert: Wir ergänzen uns in vielen Bereichen.

Brunhilde: Und wenn einer mal etwas nicht so gut kann, lacht der andere nicht über ihn, sondern hilft. Wir sind eine Einheit.

Norbert: Ja, und so bekam ich den Meisterbrief. Brunhilde hatte mir den Anstoß dazu gegeben, und wenn man so verliebt ist, kriegt man auch vieles besser hin. Wer weiß, sonst wäre ich vielleicht heute noch Hilfsarbeiter.

*

Brunhilde: Zur Konfirmation unserer Tochter wollten wir 35 Gäste einladen – aber für so viele Leute hatten wir gar nicht genug Platz! Da haben wir einfach eine Wand eingerissen – schon war die Stube groß genug!

Norbert: Das war eine gute Idee von meiner Frau, von selbst wäre ich nie darauf gekommen. Auch für solche Dinge kam der Antrieb immer von ihr. Sie ist der Motor.

Brunhilde: Zugleich bin ich diejenige, die mehr Geld ausgibt, die großzügiger ist. Mein Mann bremst mich manchmal ein bisschen – das finde ich richtig. Alleine könnte ich nicht so gut wirtschaften – auch wenn ich bestimmt nicht zu der Sorte gehöre, die Haus und Hof verspielt.

Norbert: Es hat mir von Anfang an gefallen, dass ich mich finanziell auf meine Frau verlassen kann. Ich bin sparsam erzogen worden – wenn in der Landwirtschaft einmal Geld übrig blieb, hat man es in den Betrieb investiert. Der Betrieb ging immer vor, alles andere war Nebensache. Meine Eltern machten auch nie Urlaub.

Brunhilde: Als unsere Tochter in die Schule kam, sind wir einmal im Jahr mit ihr an die Ostsee gefahren, für vier oder fünf Tage. Es war immer ein großer Aufwand: Das Heu musste schon drinnen sein, das Getreide durfte noch nicht ganz reif sein, ein Melker musste kommen und bezahlt werden. Eigentlich hätten wir uns den Urlaub gar nicht leisten können. Aber irgendwie bekamen wir es doch hin.

*

Brunhilde: Norbert und ich sind in vielerlei Hinsicht gegensätzlich. Wahrscheinlich ist das einer der Gründe dafür, dass es so gut klappt mit uns beiden.

Norbert: Es hat mich immer gefreut, vom ersten Tag an, dass wir uns ergänzen.

Brunhilde: Wäre er genauso spendabel wie ich, würde es finanziell manchmal knapp werden bei uns. Und wäre ich genauso vorsichtig wie er, dann hätten wir viel weniger erlebt. Es gibt noch eine ganze Menge mehr Unterschiede zwischen uns beiden: Mein Mann liest fast keine Bücher, ich lese sehr gern. Er sieht sich keine Filme an, ich liebe gute Spielfilme.

Norbert: Wenn Brunhilde sich einen Film im Fernsehen anguckt, darf ich nicht ein Wort dazwischenreden. Früher konnte ich das nicht verstehen – ich selbst habe selten die Geduld, einen Film zu Ende zu sehen. Es ist nicht meine Art, stundenlang still auf dem Sofa zu sitzen.

Brunhilde: Inzwischen weiß ich, dass ich davon profitieren kann. Mitten im Film sage ich zu Norbert: »Machst du mir bitte einen Kaffee?«

Norbert: Und ich mache es gern.

Brunhilde: Später am Abend kommt mein Mann zu mir aufs Sofa, er legt seinen Kopf in meinen Schoß, während ich fernsehe. Und nach dem Film gehen wir gemeinsam ins Bett.

Norbert: Ich hänge schon sehr an dir.

Brunhilde: Ich hänge auch an dir und finde es schön, wenn wir gemeinsam einschlafen. Oft gehen wir vorher sogar zusammen ins Badezimmer, putzen uns gleichzeitig die Zähne.

*

Brunhilde: Es gibt aber auch Wochen, in denen ich fast jeden Abend unterwegs bin, und Norbert bleibt zu Hause. Ich treffe mich mit Freundinnen zum Rommee-Spielen, ich gehe zum Sport, ich gehe Kegeln. Wenn abends jemand anruft und nach mir fragt, sagt Norbert manchmal: »Meine Frau ist nicht da, die ist ja immer unterwegs.«

Norbert: Ja, das sage ich, weil es die Wahrheit ist. Aber es stört mich überhaupt nicht. Ich freue mich für dich, wenn du ausgehst und dir einen schönen Abend machst. Währenddessen mache ich mir einen schönen Abend zu Hause, ab und zu bin ich ganz gern mal allein.

Brunhilde: In die Sauna gehen wir heutzutage Gott sei Dank gemeinsam. Früher bin ich mit Freundinnen saunen gegangen, aber ich fand es schade, noch einen Abend in der Woche ohne Norbert zu verbringen. Ich habe ihn überredet, mit mir zu gehen.

Norbert: Zuerst fiel es mir schwer, so ruhig in der Sauna zu liegen. Heute habe ich mich ans Saunen gewöhnt und genieße es gemeinsam mit Brunhilde. Auch in dieser Hinsicht war sie die Treibende, und im Nachhinein bin ihr dankbar dafür.

Brunhilde: Wenn es nach mir ginge, würden wir noch mehr unternehmen.

Norbert: Wann denn? Dafür hast du doch gar keine Zeit! Und ich gehe jetzt ja auch wieder zum Sport.

Brunhilde: Ich musste ganz schön auf dich einreden, bis du losgegangen bist und eine Sportgruppe gefunden hast, die dir gefällt.

Norbert: Ja, ich brauche es, dass du mich ermutigst.

Brunhilde: Durch den Sport hat Norbert andere Männer kennen gelernt, sie unternehmen manchmal etwas zusammen, sie machen zum Beispiel Radtouren. Mir gefällt es, wenn mein Mann auch außerhalb der Arbeit unter Menschen ist. Sonst hat er ja immer nur die Arbeit im Kopf, das tut ihm nicht gut. Und auch für mich ist es schön, wenn er mir mal etwas erzählen kann, das nicht mit seiner Arbeit zu tun hat.

*

Norbert: Bis 1986 führten wir die Landwirtschaft weiter. Zusätzlich hatten meine Frau und ich Nebentätigkeiten aufgenommen: Ich fuhr Bus, meine Frau arbeitete halbtags in einem Steuerbüro.

Brunhilde: Es waren lange Tage: Wir mussten ja immer frühmorgens in den Stall, und manchmal ist mein Mann bis ein Uhr nachts Bus gefahren. Aber wir empfanden es nicht als Belastung, wir waren jung und arbeiteten gern. Außerdem genossen wir es, ein bisschen Extrageld zu haben. Wenn es regnete, war Bauernsonntag, und wir konnten in die Stadt fahren. Wir gingen einen Cappuccino trinken, gelegentlich aßen wir sogar in einem Restaurant. Das war ein Luxus, den wir uns ohne die Angestellten-Jobs nicht hätten erlauben können.

Norbert: Auch das Busfahren selbst hat mir viel Spaß gemacht, es war endlich eine Abwechslung von der Landwirtschaft. Irgendwann sah ich dann, dass unser Betrieb sich auf Dauer nicht mehr rentieren würde. Und weil ich ein Realist bin, gaben wir die Landwirtschaft auf.

Brunhilde: Unsere Tochter interessierte sich nicht für Landwirtschaft, sie machte Abitur und zog danach in eine Großstadt.

Norbert: Darüber können wir froh sein: Sie hat ihr eigenes Leben, sie kommt gut zurecht. Unser Verhältnis zu ihr ist bis heute sehr gut, wir besuchen einander oft. Aber für meine Eltern war es schwer, dass wir den Betrieb aufgaben.

Brunhilde: Sie hatten es sich anders vorgestellt. Deshalb bemühten wir uns, es ihnen so angenehm wie möglich zu machen: Alle lebten weiterhin zusammen auf dem Hof, nur ging Norbert von da an ganztags außerhalb arbeiten.

Norbert: Bunhilde arbeitete weiterhin im Steuerbüro, ich bekam eine Stelle bei der Naturschutzbehörde und wurde Landschaftspfleger. Großes Glück!

Brunhilde: Für Norbert wäre es schlimm gewesen, wenn er in einer Fabrik hätte arbeiten müssen. Dass er eine Arbeit fand, die der Landwirtschaft ähnelte, machte uns beide glücklich.

Norbert: In die Landschaftspflege konnte ich sogar gleich als Vorarbeiter einsteigen – ich hatte ja den Meisterbrief. Da Brunhilde mir einst die Kraft gegeben hatte, meinen Meister zu machen, verdankte ich ihr indirekt auch die gute Anstellung.

Brunhilde: Für meine Schwiegereltern veränderte sich dadurch nichts. Sie konnten ihr gewohntes Leben auf dem Hof führen, sie hatten ihre Hühner, Enten und ein Pferd. Wir versorgten sie bis zum Lebensende. Als meine Schwiegermutter alt wurde, bekamen wir Gott sei Dank ein liebevolles Verhältnis zueinander – wir konnten in Frieden und Zuneigung voneinander Abschied nehmen.

Norbert: Zuerst starb ganz unerwartet mein Vater, mitten in der Nacht. Brunhilde und ich haben die Situation so gut es ging zusammen gemeistert: Einer holte den Arzt, einer kümmerte sich um meine Mutter.

Brunhilde: Als mein Stiefvater starb, war es genauso. Ganz reibungslos, wir haben immer zusammengehalten.

Norbert: Später pflegten Brunhilde und ich meine Mutter, und als meine Schwiegermutter krank wurde, holten wir auch sie in unser Haus.

Brunhilde: In einem Jahr hatten wir drei Todesfälle. Natürlich ist jeder Mensch furchtbar traurig, wenn sein Vater oder seine Mutter stirbt! Aber die Trauer war erträglich, weil wir uns hatten.

Norbert: Wenn jemand gestorben war, gaben wir uns gegenseitig Kraft.

Brunhilde: Ich glaube, wenn man Single wäre und diesen Trost, diese Zärtlichkeit nicht hätte, dann träfen einen die Schicksalsschläge noch härter.

Norbert: Da bin ich mir sogar ganz sicher! Und weil wir einander haben, können wir sagen: Im Grunde genommen ging es uns nie schlecht.

*

Norbert: Was wohl auch dazu beiträgt: Wir sind beide gläubig.

Brunhilde: Wir sind beide evangelisch, wir glauben an Gott, aber wir sind nicht übertrieben christlich.

Norbert: Für mich ist der Glauben sehr wichtig. Er hat mir schon immer viel gegeben, von klein auf. Wenn ich ein paar Wochen nicht beim Gottesdienst war, vermisse ich das. Dann gehe ich auch mal allein die Kirche.

Brunhilde: Ich hatte jahrelang Beklemmungen in der Kirche. Heute habe ich es im Griff und gehe manchmal mit zum Gottesdienst. Wenn etwas Schönes passiert, wenn ich Grund zur Freude habe, dann sage ich auch im Alltag: »Lieber Gott, ich danke dir!« Der Glauben kann einem wirklich Trost und Halt geben.

Norbert: Wir haben ja auch beide viel Grund zur Zufriedenheit. Manch einer würde vielleicht sagen: »Ach, es ist doch nur ein ganz normales, kleines Leben!« Aber ich mag es, dass alles normal läuft, für mich ist das Glück. Wir haben nie schlimme Sorgen gehabt. Vielleicht besitzen wir im engeren finanziellen Sinne keine Reichtümer. Aber eigentlich, in meinen Augen, sind wir reich. Weil wir alles haben, was wir uns je wünschten. Und vor allem, weil wir uns haben.

*

Brunhilde: Nur ein einziges Mal in all den Jahren gab es eine richtige Krise. Und zwar, weil Norbert einen Unfall hatte. Er hatte eine Verletzung im Gesicht, die für mich wirklich überhaupt kein Problem war, aber ...

Norbert: Es war ein Arbeitsunfall im Winter 1991. Ich arbeitete in der Landschaftspflege, trug Schutzkleidung und Helm. Mit der Motorsäge zerteilte ich einen Baum, ich fiel hin, der Helm flog weg und die Säge auf mich drauf, über meine Nase. Eigentlich hatte ich noch Glück, es hätte ja auch meine Augen treffen können.

Brunhilde: Du hattest viel Glück! Es ist alles wieder angewachsen – zuerst waren sich die Ärzte da gar nicht so sicher gewesen. Aber das Problem war ein ganz anderes: Du bist mit dieser Verletzung nicht fertig geworden, die Narbe machte dich unglücklich. Mich hat diese Narbe nie gestört – auch eine viel, viel schlimmere Verletzung würde meine Liebe zu dir nie trüben. Ich werde dich immer gern haben, gern ansehen und zärtlich mit dir sein.

Norbert: Zuerst hatte ich tatsächlich ein bisschen Angst, dass meine Frau mich nicht mehr so gern leiden mag. Aber diese Angst war völlig unbegründet – sehr schnell merkte ich, dass Brunhilde alles tat, um mich wieder aufzubauen. Dennoch fühlte ich mich unsicher: Wenn ich durch die Stadt ging, guckten mich alle so komisch an ...

Brunhilde: Ich hatte im Leben nie gemerkt, dass Norbert eitel ist. Und plötzlich merkte ich: Durch die Narbe veränderte sich seine Persönlichkeit. Früher war er immer freundlich und ausgeglichen gewesen, jetzt verlor er leicht die Beherrschung, wurde manchmal sogar aggressiv. Es gab Momente, da dachte ich: »Wenn sich das nicht ändert, weiß ich nicht, ob ich mich daran gewöhnen kann! Was soll ich tun?« Ich konnte ihm ja nur immer und immer wieder sagen: »Es ist nicht schlimm, die Narbe stört mich nicht, und sie wird auch anderen Menschen kaum auffallen.«

Norbert: Wie lange war ich so?

Brunhilde: Ungefähr zwei Jahre lang. Dann fandest du deine innere Ruhe wieder.

Norbert: Ich kam noch einmal ins Krankenhaus, die Narbe wurde korrigiert. Und irgendwann habe ich gelernt, mit der Sache umzugehen. Dazu hast du mir die Kraft gegeben, ohne dich wäre es viel, viel schlimmer für mich gewesen.

Brunhilde: Ich weiß ja auch genau, wenn ich eine Verletzung hätte oder krank wäre – ganz egal, wie schlimm es aussehen würde: Es wäre für dich überhaupt kein Problem!

Norbert: Es sind ja auch solche Situationen, solche Unfälle, wo man plötzlich merkt, wie leicht einen das Unglück erwischen kann. Da wird man sehr nachdenklich, und vielleicht verändert so ein Erlebnis jeden Menschen ein bisschen.

Brunhilde: Ja, das habe ich jetzt gelernt. Aber ich musste mächtig viel Geduld haben. Es hat lange gedauert, bis alles wie vorher war, aber wir haben uns die Zeit genommen, und im Endeffekt hat uns diese Erfahrung noch mehr zusammengeschweißt. Nur dachte ich früher immer, dass Krankheiten eine intakte Partnerschaft nicht zerstören können. Heute bin ich mir da nicht mehr ganz so sicher. Wenn ein Mensch krank wird und sich aufgrund dieser Krankheit sein Charakter verändert, wenn dieser Mensch nie wieder herausfindet aus dem Labyrinth seiner Ängste – dann kann das zum echten Problem für eine Partnerschaft werden. Aber ich denke auch: Bei uns wird so was nicht passieren.

*

Norbert: Ich kenne so viele Menschen, die eigentlich alles haben, was man sich nur wünschen kann ...

Brunhilde: ... trotzdem sind sie unzufrieden.

Nobert: Und schon ist die Ehe in Gefahr. Dann lernen sie jemanden kennen und denken, mit ihm wäre alles besser, größer, toller. Meistens wird es aber nach kurzer Zeit schwieriger mit dem neuen Partner als mit dem alten.

Brunhilde: Und nur damit es nicht noch einmal schief geht, lassen sie sich dann auf Kompromisse ein, die sie mit dem alten Partner nicht hätten schließen müssen.

Norbert: Manche haben ja auch einen Freund oder eine Freundin nebenher, weil sie meinen, das würde sie noch glücklicher machen. Also, das wäre absolut nicht unser Ding.

Brunhilde: Ich glaube, wenn du jemals eine Affäre mit einer anderen Frau gehabt hättest, hätte ich mich getrennt. Es würde mich und unsere Ehe zu sehr belasten, es würde das Urvertrauen zerstören, und ich müsste immer daran denken.

Norbert: Mir ginge es genauso, wenn du eine Affäre hättest. Im Prinzip kann ich mir das alles gar nicht vorstellen, ich glaube nicht, dass es passieren könnte. Von meiner Seite aus: Ich arbeite viel mit Frauen zusammen, und wir verstehen uns sehr gut. Aber nach einer Stunde freue ich mich schon darauf, dich um acht Uhr in deinem Büro zu besuchen und mit dir Kaffee zu trinken. Das sagt doch schon alles! Und ich denke, dir geht es ähnlich, oder?

Brunhilde: Ja, ich kann es mir überhaupt nicht vorstellen, eine Affäre zu haben.

Norbert: Einerseits bin ich mir sehr sicher, dass wir zusammenbleiben bis zum Tod. Andererseits muss man realistisch sein, man kann die Zukunft nicht voraussehen.

Brunhilde: Genau. Insofern denke ich auch: Vielleicht wäre man vernünftig und würde trotz einer Affäre zusammenbleiben. Vielleicht würde man Zugeständnisse machen, weil man ohne den Partner nicht leben kann. Aber ich würde es nie vergessen.

Norbert: Ich auch nicht. Es ist mir auch unvorstellbar, dass wir uns trennen und ich dann mit einer viel jüngeren Frau zusammen wäre, wie es ja so oft passiert. Zum einen könnte das nicht gut gehen, weil ich nicht mehr ganz gesund bin, zum Beispiel habe ich oft Rückenschmerzen. Mit einer jungen Frau wäre das ein Problem, sie hätte kein Verständnis dafür. Aber eigentlich kann ich es mir sowieso nicht vorstellen, mit einer fremden Frau zu leben – ganz egal, wie alt sie ist. Ich meine: Ich kenne dich seit deinem 16. Lebensjahr, ich weiß alles über dich, und du weißt alles über mich. Das ist unschätzbar viel wert, und es ließe sich nie mit einer anderen Frau wiederholen.

*

Brunhilde: Früher, als junge Frau, war ich ziemlich eifersüchtig. Ich hatte immer Angst, meinen Mann zu verlieren, weil ich dachte: Es kann mit keinem anderen Mann so schön werden wie mit Norbert! Ich kann keinem anderen Mann gegenüber so offen, so unbefangen, so sehr ich selbst sein. Wenn Norbert zum Beispiel mit der Feuerwehr unterwegs war, fragte ich ihn hinterher: »Waren auch Frauen da?« Im Nachhinein weiß ich: Es war lächerlich, solche Fragen zu stellen. Heute empfinde ich höchstens noch ab und zu eine ganz kleine, unbestimmte Eifersucht. Zum Beispiel werde ich manchmal ein bisschen eifersüchtig, wenn mein Mann etwas getrunken hat. Dann ist er immer so anders.

Norbert: Ein bisschen lockerer.

Brunhilde: Und dann guckt er auch mal ganz offen andere Frauen an. Ich weiß ja, dass das normal ist. Andererseits denke ich immer: Alle sollen mitbekommen, dass ich für Norbert die Allerwichtigste und Allerschönste bin.

Norbert: Wahrscheinlich bin ich auch mal eifersüchtig, aber nur sehr selten. Ich kann mich nicht daran erinnern, wann ich das letzte Mal eifersüchtig war.

Brunhilde: Man wird gelassener, wenn man sich so lange kennt, alles wird schöner. Und man gönnt dem Partner auch, dass er mal woanders hinguckt oder bei anderen gut ankommt. Nur hin und wieder, wenn man vielleicht ohnehin keine gute Laune hat, ärgert es einen doch bisschen. Vielleicht ist es auch gut, dass die Eifersucht nie ganz abhanden kommt. Ganz ohne Eifersucht wäre es nicht mehr weit bis zur Gleichgültigkeit.

*

Brunhilde: Zwischen Norbert und mir gibt es bis heute sehr viel Zärtlichkeit, jeden Tag. Wir berühren uns sehr gern, ohne Zärtlichkeit könnten wir nur schlecht leben. Selbstverständlich haben wir auch noch Sex miteinander, es ist alles noch da. Aber es ist auch ganz normal, dass Sex heute nicht mehr so wichtig ist wie mit 17 oder 20 Jahren.

Norbert: Es wird auch vieles anders, wenn man schon mehrere Leiden hat. Ich habe seit meinem 16. Lebensjahr auf dem Trecker gesessen, ich habe immer schwere körperliche Arbeit gemacht. Und wenn man Schmerzen hat, kann das auch ein Grund dafür sein, dass es mit dem Sex ein bisschen nachlässt.

Brunhilde: Aber ein Paar, das so lange zusammen ist wie wir, kann mit den Leiden viel besser umgehen als ein Paar, das sich gerade erst kennen gelernt hat.

Norbert: Wir kennen uns so gut, jeder weiß genau, was der andere gern hat – und auch, was der andere vielleicht gerade nicht mag oder nicht kann wegen der Schmerzen.

Brunhilde: Jeder Körper verändert sich. Man bekommt nicht nur Krankheiten, sondern auch Falten, man altert.

Norbert: Und wenn man sich so liebt wie wir uns, ist das überhaupt kein Problem. Im Gegenteil: Wir lieben auch die so genannten Schönheitsfehler und Schwächen des anderen. Sie sind ja im Laufe unseres schönen gemeinsamen Lebens entstanden, sie gehören einfach dazu.

*

Brunhilde: Rückblickend können wir beide heute sagen: Im Laufe der Jahre und Jahrzehnte hat sich unser Leben immer mehr verbessert. Wer hat das schon? Wir kennen viele Menschen, denen es früher, als wir die Landwirtschaft hatten, besser ging als uns. Heute geht es uns besser als ihnen. Vor zwei Jahren konnten wir den Hof verkaufen, von dem Geld haben wir uns dieses halbe Haus mit dem kleinen Garten gekauft. Wir haben uns bewusst etwas Kleines ausgesucht, das war unser Ziel.

Norbert: Früher in der Landwirtschaft: Das waren ja alles Riesenflächen. Allein die Hof- und Gebäudefläche betrug fast 5000 Quadratmeter. Anschließend wollten wir gern etwas Überschaubares haben, das nicht so viel Arbeit macht.

Brunhilde: Wir haben keine Schulden, wir müssen keine Miete zahlen. Über das, was wir jetzt haben, können wir uns immer wieder sehr, sehr freuen. Hier fühlen wir uns wie zwei kleine Könige. Die harte Arbeit in der Landwirtschaft hat sich gelohnt!

Norbert: Wir haben uns von Anfang an alles gemeinsam erarbeitet, wir haben alle Entscheidungen gemeinsam gefällt, und wir haben die Landwirtschaft gemeinsam abgeschlossen.
Brunhilde: Auch dieses Haus haben wir gemeinsam gestaltet: Welche Tapeten, was für Vorhänge, welche Fußbdöden nehmen wir? Das haben wir alles zusammen entschieden. Oft machen Frauen so was ja alleine.
Norbert: Auch wenn wir hin und wieder getrennt etwas unternehmen: Alle größeren Sachen machen wir gemeinsam.
Brunhilde: So wie es jetzt ist, kann unser Leben weitergehen bis zum Ende. Es gibt nichts, was noch im Raum steht.
Norbert: Alles ist superschön. Wenn es nach mir ginge, könnte ich so noch ewig weiterleben. Aber, wie gesagt, ich bin Realist. Wir leben jeden Tag bewusst, weil das Leben sehr plötzlich zu Ende gehen kann. Und ich habe keine Angst vor dem Tod. Wenn es vorbei ist, ist es vorbei.
Brunhilde: Unserer Tochter habe ich schon mehrmals gesagt: »Sollte ich vor deinem Vater sterben, wäre es gut, wenn er eine neue Frau fände. Bitte, sei dann nett zu jener Frau.« Ich möchte nicht, dass Norbert einmal alleine ist, ich würde ihm eine neue Partnerin wünschen. Das haben wir also auch schon geklärt.
Norbert: Wir reden viel über später, auch über den Tod.
Brunhilde: Wir reden über alles!
Norbert: Wir können jeden Tag stundenlang an einem Tisch sitzen und uns unterhalten. Es wird nie langweilig.
Brunhilde: Manchmal überlegen wir, wie es sein wird, wenn wir in Rente gehen. Auf alle Fälle werden wir es genießen, mehr Zeit füreinander zu haben. Wir werden viel spazieren gehen und viel unternehmen, solange es geht. Aber wir machen keine großen Pläne für die Zukunft – alles, was wir heute verwirklichen können, machen wir sofort.
Norbert: Wir haben uns nie unerreichbare Ziele gesetzt, sondern den Moment genossen.
Brunhilde: Sollte einmal einer von uns krank werden und Hilfe brauchen, werden wir auch das ganz sicher hinbekommen. So

weit wir es körperlich schaffen, ist jeder von uns für den anderen da. Ich weiß ganz sicher: Egal, was für eine Krankheit ich bekommen würde – mein Mann würde mich pflegen, und umgekehrt wäre es genauso. Da kennen wir keine Grenzen, uns wäre nichts lästig oder womöglich eklig. Insofern müssen wir keine Angst vor dem Alter oder vor Krankheiten haben.

*

Brunhilde: Aber bis dahin werden wir weiterhin viel Spaß haben. Wir verreisen viel, wir gehen oft tanzen – unser Bekanntenkreis ist groß, da gibt es immer etwas zu feiern.

Norbert: Sonnabends gehen wir sehr gern zum Frühstücken in ein Café. Wir fahren sogar ganz weit, um in einer anderen Stadt zu frühstücken.

Brunhilde: Dann schlendern wir über den Markt, obwohl wir eigentlich gar nichts kaufen müssen.

Norbert: Wir gucken uns die Städte und die Leute an ...

Brunhilde: ... es sind wunderschöne Samstage – das ist das, was wir als Luxus empfinden.

Norbert: Wir können immer noch viel zusammen sein. Wir werden uns nie über.

Brunhilde: Und auch nicht langweilig. Sollte es ausnahmsweise einmal langweilig werden, dann machen wir es uns wieder interessant.

Norbert: Wenn wir samstags nach Hause kommen, arbeiten wir ein bisschen – einer draußen, einer im Haus. Wir sind sehr aufeinander fixiert, aber jeder macht zu Hause auch mal allein seine eigenen Sachen.

Brunhilde: Wegen der Hausarbeit gibt es bei uns überhaupt keine Diskussionen. Ich bin ja nur halbtags berufstätig, da ist es gar nicht nötig, dass Norbert viel im Haushalt hilft.

Norbert: Manchmal sauge ich auch Staub.

Brunhilde: Ja, klar, und du würdest noch viel mehr machen. Aber es muss ja nicht sein.

Norbert: Brunhilde macht den Haushalt ganz toll. Es gefällt mir, dass immer alles schön sauber und ordentlich ist. Was ich auch so liebe: Ich kann jederzeit an den Schrank gehen, habe immer saubere Wäsche, alles ist gebügelt.

Brunhilde: Wenn ein Mann morgens um fünf aufstehen muss, und er arbeitet bis 16 Uhr, dann finde ich es selbstverständlich, dass die Frau seine Wäsche macht. Ich kenne es nicht anders, und ich finde es in Ordnung.

Norbert: Meine Frau macht sich für mich auch gern hübsch zurecht.

Brunhilde: Wenn wir ausgehen, sagt Norbert immer: »Oh, du willst wohl wieder die Schönste sein!« Und das meint er ganz positiv. Weil er es einfach mag, wie ich mich anziehe und zurechtmache. Mit allem Drum und Dran, auch Lippenstift und Nagellack – das hat er schon immer geliebt.

Norbert: Ja, das mag ich sehr gern. Andererseits achtet meine Frau auch darauf, dass ich gut gekleidet bin.

Brunhilde: Du möchtest stolz auf mich sein und ich auf dich.

Norbert: Und weil ich stolz auf dich bin und dich liebe, bringe ich dir hin und wieder einen Blumenstrauß mit. Ich mag selbst gern Blumen, und es macht mir Spaß, dir Blumen zu schenken.

*

Norbert: Trotz allem gibt es natürlich manchmal Streit.

Brunhilde: Es ist nicht schön, sich zu streiten, aber es gehört dazu. Das letzte Mal haben wir uns gestritten, weil mein Mann das Licht im Vorgarten ausgemacht hatte.

Norbert: Brunhilde ging zum Sport und ließ draußen das Licht an. Ich bin nun mal sparsam, also habe ich das Licht ausgeschaltet. Ich wollte es wieder einschalten, bevor sie nach Hause kommt. Aber dann bin ich eingeschlafen.

Brunhilde: Nur weil er ein paar Cents sparen wollte, musste ich draußen im Dunkeln tappen! In solchen Situationen kann ich mich so ärgern, dass ich laut werde. Leider werde ich manchmal auch ausfallend und sage Dinge, die man nicht sagen darf.

Norbert: Heutzutage reagiere ich gar nicht mehr darauf. Über solchen Kleinkram muss man sich nicht streiten. Ich schweige und gehe schlafen.

Brunhilde: Wenn wir am nächsten Morgen aufwachen, ist immer alles wieder in Ordnung.

Norbert: Ich lege meinen Arm um Brunhilde und merke: Sie reagiert so, als sei nichts gewesen. Dann kuscheln wir ein bisschen, und die Aufregung ist vergessen.

»Kompromisse sind das A und O«

Als Annette (32) ihren Helge (33) kennen lernte, verliebte sie sich zum ersten Mal im Leben. Mittlerweile sind die beiden seit 16 Jahren ein Paar. Sie heirateten im Jahr 2000. Annette arbeitet als Werbetexterin, Helge ist Physiker. Das Paar lebt in einer deutschen Großstadt, es hat keine Kinder.
Helge möchte an unserem Gespräch nicht teilnehmen: Er hat Annette ermuntert, die Geschichte ihrer Beziehung allein zu erzählen. Ich treffe Annette an einem Sonntagnachmittag in einem Café – sie kommt gerade von der Arbeit. Annette trägt eine moderne Trainingsjacke, Jeans und sportliche Schuhe. Im Gespräch wirkt sie sehr konzentriert und nachdenklich. Immer wieder entstehen Pausen, in denen Annette überlegt, wie sie ihre Erinnerungen und ihre Gedanken am besten ordnet, am treffendsten formuliert. Später gehen wir zum Abendessen in ein Restaurant, erst nach Mitternacht verabschieden wir uns voneinander.

Helge und ich sind zwei grundverschiedene Menschen. Helge ist kein Mann der großen Worte, er redet wenig und überlegt sich vorher gründlich, was es zu sagen gibt. Er denkt sehr strukturiert, und seinen Alltag, sein Leben organisiert er ziemlich perfekt. Ich dagegen bin eher chaotisch und mag schrecklich gern plaudern – eine meiner Lieblingsbeschäftigungen ist, mit Freundinnen von Café zu Café zu ziehen. Helge hat nur wenige Freunde, aber er hat ein Hobby, das ihn sehr erfüllt: Fliegen. Mit Segelfliegen verbringt er seine kompletten Wochenenden und viele Urlaube. Er kann es nicht nachvollziehen, dass ich mein Geld für überteuerte Getränke und Kleidung zum Fenster hinauswerfe; mir ist es ziemlich fremd, dass dieser Mann so viel Geld in der Luft verpulvert.

Ihm ist sein Schlaf heilig, er geht abends um elf Uhr schlafen und steht um sechs auf, wobei er den Wecker zwischen fünf und sechs Uhr alle zehn Minuten klingeln lässt. Nach dem Aufstehen dauert es ungefähr noch eine Stunde, bis er richtig wach ist und zur Arbeit fährt. Er macht sich ganz langsam im Bad fertig, kocht sich einen Kaffee, liest Zeitung, trödelt vor sich hin. Zum Beispiel braucht er schätzungsweise fünf Minuten, um seine Schuhe anzuziehen. Ich bin oft bis spät nachts unterwegs und schleiche dann mit einer Taschenlampe durch die Wohnung, um Helge nicht zu wecken. Jahrelang hat mich das Weckerkonzert am frühen Morgen genervt, heute nehme ich es kaum noch wahr. Ich wache ohne Wecker um neun Uhr auf, springe aus dem Bett, bin gleich hellwach. Schnell unter die Dusche, schnell anziehen, und um 10 Uhr bin ich in der Agentur.

Vor vielen, vielen Jahren, als wir noch nicht zusammen wohnten, wollte ich Helge an seinem Geburtstag überraschen. Ich wusste, dass halb sechs sein Wecker klingeln würde, weil er um sieben bei der Arbeit sein musste. Darum bin ich viertel vor fünf aufgestanden, habe mich schnell angezogen, seine Geschenke in meinen Fahrraddtaschen verstaut und bin zu ihm geradelt. Zwei Minuten vor halb sechs war ich da – und er hatte schlechte Laune, weil ich ihm zwei Minuten Schlaf geraubt habe.

Übrigens liebt Helge die Berge; ich liebe das Meer, die Weite. Wenn wir in die Berge fahren, finde ich den Blick aus dem Fenster beklemmend: überall massives Gestein. Helge fühlt sich da pudelwohl; er findet es auch super, auf einen Berg zu klettern, um anschließend runterzugucken. Das kann ich nicht nachvollziehen. Ist aber nicht so schlimm: Ich fahre einmal im Jahr für ein paar Tage mit ihm in die Berge, und ab und zu fahren wir gemeinsam ans Meer. Die ideale Lösung ist, einen Urlaubsort mit Meer und Bergen zu finden – was uns auch schon einige Male gelungen ist.

Das klingt jetzt sicher komplett unromantisch, aber es ist nunmal die Wahrheit: Unsere Partnerschaft besteht zu einem Großteil aus Kompromissen. Ich glaube, dass das bei den meisten langjährigen Partnerschaften so ist. Und ich finde es überhaupt nicht tragisch, im Gegenteil, das ist einfach eine unabänderliche Tatsache: Kompromisse sind das A und O in Beziehungen – und wahrscheinlich auch im ganzen Leben. Ein Trost für die Romantiker: Helge und ich sind absolut glücklich miteinander! Wir können uns überhaupt nicht vorstellen, einander zu verlassen oder auch nur einmal fremdzugehen. Wir wollen für immer zusammenbleiben, und wir sind uns durchaus bewusst, dass »für immer« eine lange, lange Zeit sein kann!

Dass er bei diesem Buch hier nicht mitmacht, ist auch typisch für ihn und für unsere Partnerschaft. Ich hatte ja schon geahnt, dass er an diesem Gespräch nicht teilnimmt. Aber ich wollte unsere Liebesgeschichte auch nicht so gern ganz allein erzählen. Mein Plan war: Ich lade die Autorin zu uns nach Hause ein, unterhalte mich mit ihr am Küchentisch – irgendwann wird Helge schon dazukommen und ein paar Sachen sagen. Na ja, er hat das abgelehnt, und zwar so deutlich, dass ich seine Entscheidung sofort respektiert habe. Kurz danach haben Helge und ich uns zusammengesetzt und lange über uns beide gesprochen. Das hat uns richtig gut getan: Wir wissen jetzt – nach 16 Jahren! – noch mehr voneinander, und ich kann einiges aus Helges Sicht erzählen, mit seinem Einverständnis.

Zum Beispiel habe ich bei jenem Gespräch mit Helge vor ein paar Tagen endgültig festgestellt, dass er jedem meiner Geheimnisse irgendwann auf die Spur kommt. Wir haben zwar keine großen Geheimnisse voreinander – warum sollten wir? Aber so kleine Heimlichkeiten hegen wir schon. Wie mein Kautabak-Geheimnis: Es gibt so einen holländischen Kautabak, den mag ich wahnsinnig gern. Ich lasse ihn mir von einem Freund mitbringen, der manchmal in Holland ist. Helge findet es unschick und ungesund, wenn ich Tabak kaue, deshalb achte ich seit einiger Zeit darauf, dass er davon nichts mitbekommt. In unserer Wohnung gibt es diverse Kautabak-Verstecke. Dafür, dass Helge nicht in meinen Sachen herumschnüffelt, lege ich die Hand ins Feuer. In den Schubladen oder Taschen des anderen zu wühlen kommt bei uns überhaupt nicht in Frage; wir lesen auch nie Briefe oder Emails, die für den anderen bestimmt sind. Trotzdem weiß Helge, dass ich heimlich Tabak kaue: Er hat es geahnt, gefühlt, geschmeckt. Und er hat es mich heimlich weitermachen lassen. Der Clou an der Geschichte ist: Vor einiger Zeit schon hat Helge die Frau des Freundes, der mir den Kautabak mitbringt, darum gebeten, ihren Mann von seinen »Lieferungen« an mich abzuhalten. Mit diesem Paar sind wir nämlich beide gut befreundet, wir treffen uns oft zu viert zum Essen. Ehrlich: Ich war richtig gerührt, als ich herausfand, dass er solche Wege geht. Helge weiß schon genau: Er hätte mir x-mal sagen können, ich solle vom Tabak lassen – ich hätte weitergemacht. Dieses Wissen, diese Vertrautheit geben mir ein sehr gutes, sehr zufriedenes Gefühl.

Bei unserem langen Gespräch neulich habe ich Helge auch mal wieder gefragt, was er eigentlich an mir mag. Ich finde, diese Frage sollte man einander gelegentlich stellen – zumal bei einem Paar wie uns, wo es auf den ersten Blick kaum Gemeinsamkeiten gibt, man nicht so oft etwas zusammen unternimmt, überhaupt wenig Zeit miteinander verbringt. Seine Antwort klingt für Außenstehende vielleicht ungewöhnlich, war aber für mich keine große Überraschung: Genau die Dinge, die er nicht so gerne mag oder nicht richtig verstehen kann an mir, findet er zugleich anziehend. Dass ich so viel unterwegs bin zum Beispiel, dass ich so viele Ideen habe, dass ich spontan bin und mir nicht erst den Kopf zerbreche, bevor ich etwas sage oder tue. Auch, dass ich etwas chaotisch bin und morgens manchmal noch nicht weiß, was mittags sein wird. Ähnliches kann ich meinerseits über Helge sagen: Das, was mich manchmal an ihm stört, liebe ich eigentlich. Seine Strukturiertheit, seine Ruhe, seine Konsequenz, seine Verlässlichkeit. Uralt, aber wahr: Gegensätze ziehen sich an. Der besonnene, sachliche Helge und die unstete, emotionale Annette: passt prima. Wie schön!

Ich mache Helge gern Komplimente, sage ihm, »du siehst heute wieder besonders gut aus« oder »du hast die schönsten braunen Augen der Welt«. Dass von seiner Seite in dieser Hinsicht wenig kommt, daran bin ich gewöhnt. Sicher denkt er, es sei klar, dass er mich gern leiden mag – und einer wie er kommt nun mal nicht auf die Idee, Selbstverständlichkeiten auszusprechen. Ist schon okay, was soll ich auch tun? Ihn auffordern, mir Komplimente zu machen? Das wäre doch albern. Manchmal sagt er mir, ich solle mich nicht schminken – besonders Lippenstift kann er nicht leiden. Wenn ich ihn dann nach einer Begründung frage, lautet seine Antwort: »Du brauchst diese ganze Schmiere nicht, du bist ungeschminkt viel schöner!« Das nehme ich dann als Kompliment. Bei anderen Männern würde man in so einer Situation vielleicht denken, sie reden bloß »blabla«. Aber Helge redet nie »blabla«, sondern sagt nur, was er wirklich meint.

Gelegentlich male ich Bilder, und vor einiger Zeit hatte ich die Gelegenheit, eine kleine Ausstellung in einer Galerie zu machen. Ich kann mich nicht erinnern, dass Helge sich davor jemals zu meinen Bildern geäußert hätte. Aber als ich die Ausstellungsstücke zusammenstellte, mischte er sich plötzlich ein: »Das Bild hier wird aber nicht verkauft! Das hängen wir ins Wohnzimmer!« So hat er seine Anerkennung ausgedrückt, er hat gezeigt, dass ihm meine Malerei gefällt. Auch dies habe ich als ehrliches Kompliment empfunden.

Meinen ersten Blumenstrauß von Helge habe ich vor ein paar Wochen bekommen. Ich war krank, lag im Krankenhaus, da brachte er mir diesen großen Rosenstrauß. Den ersten in 15 Jahren! Was soll man dazu schon sagen? Ich sage mal: »Ich habe mich sehr gefreut.« Wenn ich miterlebe, wie Freundinnen oder Kolleginnen von ihren Männern überrascht werden, wie sie Anrufe bekommen: »Ich habe von einer tollen neuen Cocktailbar gehört, dahin lade ich dich heute Abend ein«, dann denke ich schon mal heimlich: »Ach, bitte, ich will auch!« Aber ich denke es nur kurz, denn: Helge ist nun mal kein Super-Komplimentemacher, kein Blumen-Schenker, kein Überraschungs-Einlader. Helge ist eben Helge. Den kann man nicht ändern. Und den will ich auch nicht ändern. Ich liebe ihn ja so, wie er ist.

Nein, ich habe keinen Grund, auf andere Beziehungen neidisch zu sein. Wenn ich nur daran denke, wie gut Helge riecht, sind mir Geschenke sofort wieder egal. Wenn ich seine Küsse schmecke, kann ich ohne weiteres auf Cocktail-Einladungen verzichten. Ich bin nämlich süchtig nach Küssen, und Helges Küsse sind so lecker! Bei ihm muss ich auch nie eifersüchtig sein. Er ist immer fair, mit mir rumschreien würde er schon gar nicht. Bin ich mal traurig, ist es der allerbeste Trost, von Helge in den Arm genommen zu werden. Wenn andere mich in schwierigen Momenten umarmen, fange ich an zu weinen. Nur in Helges Armen beruhige ich mich, alles wird gut. Oder besser gesagt: Alles ist gut!

Ob ich damals, als wir uns kennen lernten, schon geahnt habe, dass wir einmal so vertraut miteinander sein würden, dass wir so unzertrennbar zueinander gehören würden? Nun, unser Kennenlernen liegt ja 16 Jahre zurück, ich war 16 Jahre alt – da denkt niemand so weit in die Zukunft. Von Beziehungen hatte ich sowieso noch keine Ahnung, und ich hatte keine Erfahrungen. Ein Techtelmechtel hatte ich vorher zwar mit einem Jungen gehabt, nur habe ich den noch nicht mal richtig geküsst. Er hat versucht, mir das Küssen beizubringen, mit Zunge und mit geschlossenen Augen, aber es hat mich nicht interessiert. Was möglicherweise damit zusammenhing, dass ich sechs Jahre lang auf eine Klosterschule gegangen war, bevor ich auf das Gymnasium wechselte. Es kam also der Tag, an dem Helge mich ansprach, auf einer Karnevalsfeier in der Schule. Er war eine Klasse über mir und hatte sich für mich die originelle Anmache ausgedacht: »Hallo, ich heiße Helge Kramer.« Süß, oder? Ich fand, dass er gut aussah. Wir haben uns ein bisschen unterhalten und uns in den nächsten Wochen auch öfters getroffen. Langsam begannen wir, ein bisschen Händchen zu halten und zu knutschen – von meiner Seite aus war es so, dass ich dachte: »Nun gehen wir miteinander, und da gehört das wohl dazu.«

Einige Wochen nach der Karnevalsfeier hatte Helge einen ziemlich schlimmen Motorradunfall, er blieb lange im Krankenhaus, ich habe ihn regelmäßig besucht. Erst da wurde mir wirklich bewusst, wie gern ich ihn mochte. Nicht, weil er körperlich schwer verletzt und bemitleidenswert war. Sondern als Mann. Helges Krankenhausaufenthalt war für uns beide eine gute Gelegenheit, viel zu reden und uns dadurch näher zu kommen. So zeigte sich, dass es uns beiden Ernst war mit unserer Beziehung. Dass es mehr war als eine »kleine Jugendliebe«. Dass wir für eine lange Zeit zusammengehören wollten. Wir haben damals nicht darüber geredet, aber wir haben es ähnlich empfunden, wie sich später herausstellte. Insofern waren wir einander schon als Teenager sehr gleich – und sind es noch heute: Zuneigung, Verantwortung und Vertrauen sind für uns beide besonders wertvoll. Wir gehören zu den Menschen, die sich kaum vorstellen können, dass einem so bedeutende Gefühle wie Liebe plötzlich abhanden kommen. Für uns beide ist Partnerschaft etwas Ernsthaftes. Was die großen Dinge angeht, herrschte bei Helge und mir also von Anfang an Übereinstimmung. All die Unterschiedlichkeiten zwischen uns sind vergleichsweise unbedeutend.

Witzigerweise hatte ich in jener Anfangszeit unserer Beziehung die erste und einzige Nebenbuhlerin, Sabine. Auch sie besuchte Helge immer im Krankenhaus, einmal hat sie ihm einen superklasse Kuchen gebacken. Solche Art Geschenke sind von mir nicht zu erwarten, ich bin keine gute Hausfrau und schon gar keine großartige Kuchenbäckerin. Von mir hat Helge ein Plüschtier bekommen, ein Nilpferd. Am Tag des Kuchengeschenkes ergab es sich, dass Sabine und ich gleichzeitig an Helges Bett saßen. Sie fragte: »Von wem ist denn das Nilpferd?« Darauf Helge, in einem ziemlich verträumten Tonfall: »Von Annette!« Natürlich fragte ich dann meinerseits: »Und wer hat dir diesen tollen Kuchen gebacken?« – obwohl ich die Antwort mehr als ahnte. Dass Helge nun ohne große Euphorie Sabines Namen nannte, habe ich genossen. In dieser Situation steckte eine unausgesprochene – und gegenseitige – Liebeserklärung zwischen uns.

Als Helge aus dem Krankenhaus kam und es ihm langsam besser ging, besuchte er mich immer häufiger bei mir zu Hause. Meine Mutter mochte ihn wohl, jedenfalls ließ sie uns unbehelligt in meinem Zimmer im ersten Stock zusammen sein, und mein Vater hat sich kaum zu dem Thema geäußert. Als Helge und ich uns ungefähr ein Jahr kannten, hatten wir zum ersten Mal Sex miteinander – für jeden von uns war es das allererste Mal überhaupt. Ich kann mich noch erinnern, dass ich sofort danach eine Trainingshose angezogen habe, um ihm den Anblick meiner Beine zu ersparen, die ich furchtbar hässlich fand. Er hat nichts dazu gesagt, aber in der folgenden Zeit hat er mir durch Worte und Taten indirekt zu verstehen gegeben, dass er alles an mir leiden mag, auch meine Beine. Zunächst ist Helge immer bis nachts bei mir geblieben und um zwei Uhr die sieben Kilometer von unserem Dorf in die Stadt zu seinem Elternhaus geradelt. Bis wir irgendwann herausbekamen, dass sowohl seine als auch meine Eltern es mehr begrüßen würden, wenn Helge bei mir übernachtete. Was »Aufklärung« angeht, verhielt meine Mutter sich übrigens absolut dem Klischee entsprechend: Erst als ich schon lange die Pille nahm und regelmäßig mit Helge schlief, wollte sie mit mir ein »vorbeugendes« Gespräch zum Thema Verhütung führen.

Bis heute finde ich Küsse sehr viel aufregender, schöner und wichtiger als Sex im engeren Sinne; da geht es Helge anders. Aber das ist nun wirklich kein Problem in unserer Partnerschaft: Helge weiß, wie er mich verführen kann, und ich lasse mich gern von ihm verführen. Wir beide kuscheln auch viel und gehen bis heute Hand in Hand oder Arm in Arm durch die Gegend. Sich gegenseitig in der Öffentlichkeit abzuschlecken, finden wir unnötig, aber wir mögen uns – auch körperlich – so gern, dass wir keinen Grund sehen, draußen unsere Zuneigung vor anderen zu verstecken.

Weder Helge noch ich sind jemals fremdgegangen, das heißt: Wir hatten noch nie im Leben andere Sexualpartner. Ich habe noch nie einen anderen Mann geküsst – ich sah mich nie dazu veranlasst. Und ich bin mir ziemlich sicher, dass Helge keine andere Frau geküsst hat, seitdem er mich kennt. Unsere Partnerschaft, seine Arbeit, sein Hobby: Damit ist sein Leben ausgefüllt, er dreht sich noch nicht einmal nach anderen Frauen um oder schwärmt von irgendwelchen Sängerinnen oder so. Er ist eben ein sehr konsequenter Mensch.

Für meinen Teil muss ich zugeben, dass ich mich hin und wieder schon in andere Männer verguckt habe. Wobei: Das waren eigentlich nur Schwärmereien; nichts, weshalb man ein schlechtes Gewissen haben müsste. Es war nur so, dass ich Männer traf, mit denen ich mich gut über Themen unterhalten konnte, die Helge nicht interessieren. Bücher zum Beispiel. Ich liebe Bücher, ich besitze riesige Berge davon, ich lese unvorstellbar gern und denke viel nach über Literatur. Wenn ich mich mit einem Mann gut über Literatur unterhalten kann, dann passiert es schon mal, dass ich mich für ihn interessiere. Mit Erotik hat das allerdings nichts zu tun. Ich genieße nur genau das, was der Mann mir bietet: das besondere Gespräch. Mehr will ich gar nicht. Im ganzen Leben hatte ich niemals die geringste Lust darauf, mit einem anderen Mann als Helge ins Bett zu gehen.

Als ich einmal mit einer Gruppe von Freunden zusammensaß, behauptete einer aus voller Überzeugung, »jeder erwachsene Mann« hätte schon »mindestens ein Abenteuer mit einer Nutte« gehabt. Die anderen Männer in der Runde signalisierten Zustimmung. Am nächsten Tag habe ich Helge davon erzählt, das Wort »jeder« deutlich betont und Helge nach seinen »Abenteuern« gefragt. Es hätte ihm nicht unangenehm sein müssen, mir gegenüber zu sagen: »Ja, ich mache, was jeder Mann macht.« Aber er meinte nur: »So ein Unsinn!« Wahrscheinlich ist es so: Wir beide mögen und brauchen Zärtlichkeit und Sex, aber wir bewerten Sexualität auch nicht zu hoch. Wir sind glücklich mit dem, was wir gemeinsam haben.

So behutsam, rücksichtsvoll und ernsthaft, wie Helge und ich heute miteinander umgehen, genauso haben wir von Anfang an nicht nur uns gegenseitig, sondern auch unsere Beziehung behandelt. Und zwar nicht aus Angst vor Streit oder anderen bösen Überraschungen, sondern weil es unsere Art ist, weil es seinem und meinem Wesen entspricht. Als er schon Abitur hatte, blieb Helge noch in seiner Kleinstadt, bis auch ich die Schule abgeschlossen hatte. Erst danach suchte er sich eine Lehrstelle in einer ziemlich weit entfernten Großstadt. Ich war froh über seine Geduld, und da ich selbst keine beruflichen Pläne hatte, belegte ich ein Studium in derselben Großstadt. Obwohl es sich wirklich anbot, zogen wir erst mal nicht zusammen in eine Wohnung, sondern ich nahm mir ein Zimmer in einem Studentenwohnheim, und er mietete für sich eine kleine Souterrainbude. Es war bei uns nie nötig, solche Entscheidungen lange zu diskutieren und zu planen. Wir beide wussten, was für uns am besten war, und wir waren uns darin einig. Erst nachdem wir uns an die Großstadt und an unsere neuen Beschäftigungen gewöhnt hatten, als dann auch noch die Stimmung in meinem Wohnheim schlecht wurde, suchten wir uns ein neues, gemeinsames Zuhause.

Zwischenzeitlich hatte ich eine ziemliche Begeisterung für das Großstadtleben entwickelt und wäre nur allzu gern ins Zentrum gezogen. Aber so was geht mit Helge nicht. Wir wohnen jetzt in unserer dritten gemeinsamen Wohnung, und immer war klar: Wo Helge wohnt, muss es ruhig sein. Auf keinen Fall dürfen Kneipen, Läden, viele Autos oder andere Unruhequellen ihn belästigen. Außerdem hasst er es, wenn er vor seinem eigenen Haus stundenlang einen Parkplatz suchen muss. Ich besitze keinen Führerschein – nachdem meine zwei Anläufe im Abstand von rund zehn Jahren gescheitert sind, hat auch Helge eingesehen, dass ich zu viel Angst vorm Autofahren habe. Er träumt nämlich eigentlich davon, irgendwann einmal mit unseren zukünftigen Kindern in einem Häuschen am Stadtrand zu wohnen – da ist es äußerst hinderlich, wenn die Frau nicht Auto fährt. Heute steht aber fest: Ich fahre nicht, und wenn wir schon aus der Stadt herausziehen, muss ein Bahnhof in der Nähe sein.

Manchmal merke ich Helge an, dass er sich etwas mehr Haushaltseifer von mir wünschen würde. Bei uns zu Hause geht es zwar nicht schlampig zu, aber es kann vorkommen, dass sich Staub auf den Regalen ansammelt. Da wir beide viel arbeiten und auch in der Freizeit wenig zu Hause sind, fehlt uns schlicht die Zeit zum Putzen. Und ich finde es auch sinnlos, mich über Staub zu ärgern, den ich fast nie zu Gesicht bekomme. Helge geht es im Prinzip ähnlich, aber mit jedem Besuch bei Freunden oder Geschwistern, die prächtige Eigenheime haben – gepflegt und ordentlich bis in die Garage –, steigt sein Wunsch nach einem eigenen derartigen Idyll. Problematisch fand er zum Beispiel eine Zeit lang meine – zugegebenermaßen äußerst umfangreiche – Schuhe-Sammlung. Er schlug vor: »Immer, wenn du dir neue Schuhe kaufst, wird ein getragenes Paar aussortiert.« Als der konkrete Fall dann zum ersten Mal eintrat, standen wir zusammen vor meinem Schuhberg, und ich wählte ein Paar aus: »Okay, die hier kommen meinetwegen weg.« Sein prompter Einwand: »Warum gerade die? Die mag ich so gern leiden, und sie sind doch noch ganz in Ordnung!« So blieb der erste Schuh-Chaos-Beseitigungsversuch zugleich unser letzter.

Kochen ist auch so ein lustiges Thema: Wenn ich koche – was ziemlich selten ist –, dann will ich meinen Spaß dabei haben. Ich nehme mir Zeit, trinke vielleicht schon mal ein Glas Wein in der Küche – sonst kann ich ja gleich in der Kantine essen oder mir eine Pizza bestellen. Helge wärmt entweder Fertigkost auf, oder er macht ein Riesenbrimborium um die Essenszubereitung. Bei ihm wird nämlich streng nach Kochbuch verfahren. Und wenn da steht »eine Messerspitze Salz«, überlegt er sich gründlich, was für ein Messer gemeint sein könnte. Normal wäre doch, einfach ein bisschen Salz in den Topf zu streuen, oder?

Vor einigen Jahren fand Helge plötzlich seinen Traumjob in einer anderen Stadt, 800 Kilometer entfernt! Zu diesem Zeitpunkt hatte ich nicht nur das Leben in dieser Großstadt, meiner neuen Heimat, schätzen gelernt, sondern war auch sehr zufrieden mit meiner beruflichen Situation: Kurz nach Beendigung meines Studiums hatte ich in einer Agentur zu arbeiten begonnen, meine Aufgaben machten mir Spaß, und ich hatte mit einigen Kollegen Freundschaft geschlossen. Obwohl wir wussten, dass wir einander sehr, sehr vermissen würden, entschieden Helge und ich uns für die räumliche Trennung.

Natürlich war die Zeit manchmal bitter: das Alleinsein, die Sehnsucht nach einander, die ewige Reiserei an den Wochenenden, die ständigen Abschiede. Andererseits tat uns die Entfernung in den drei Jahren, die sie insgesamt andauerte, in gewisser Weise auch gut. Auf alle Fälle tat sie mir gut. Ich fand eine Wohnung in einem lebhaften Viertel, sehr leicht zu erreichen mit Bahn und Bussen, voll mit herrlichen Klamotten-, Buch- und Krimskramsläden, voll mit Cafés und Kneipen, in denen ich die Nächte mit meinen Freundinnen verbrachte. Es fällt mir nicht schwer zuzugeben, dass ich dieses quirlige Leben genossen habe. Die Zeit der räumlichen Trennung von Helge war für mich eine Gelegenheit, das planlose Ausgehen, das Shoppen, das Schlendern nachzuholen, das mir beim Zusammenleben mit Helge nicht möglich ist, weil er ja immer in ruhigen Stadtteilen wohnen will. Ich habe mich sozusagen ein bisschen »ausgetobt«, habe hin und wieder auch mit anderen Männern geflirtet. Wobei ich feststellte: Die meisten Männer sind ziemliche Schwätzer. Zumindest die Männer, die einen abends in der Kneipe ansprechen. Sie mögen für einen Moment ganz unterhaltsam sein, aber auf Dauer möchte ich mit der Sorte Mann nichts zu tun haben. Die drei Jahre des Getrenntlebens hatten also in mehrerlei Hinsicht ihr Gutes, trotz aller Sehnsucht und Schmerzen. Sie haben dazu beigetragen, dass Helge und ich heute so glücklich und unkompliziert zusammenleben.

Im Jahr 2000 haben wir geheiratet, also zu einem ziemlich skurrilen Zeitpunkt: ein Jahr, nachdem Helge weggezogen ist. Er hatte mir früher schon zwei »Anträge« gemacht, wenn man das so nennen kann. Na ja, Heiratsanträge auf seine Art eben. Als Freunde von uns heirateten, äußerte er sich ungefähr in der Form: »Sollten wir doch auch mal machen, oder?« Ich war darauf nie näher eingegangen. Als wir 800 Kilometer auseinander wohnten, ergab sich das Thema erneut, wir haben zum ersten Mal ernsthaft und ausführlich darüber gesprochen. Wir waren uns einig, dass wir für immer zusammenbleiben wollen. Und wir fanden beide, dass Heirat eine gute Möglichkeit ist, unsere Partnerschaft noch stärker zu festigen. Die eigentliche Hochzeit haben wir dann sehr kurzfristig geplant. Es gab kein großes Fest, sondern nur eine Party mit Freunden in meiner kleinen Wohnung. Für Helge und mich war es trotzdem ein sehr wichtiger und auch schöner Tag.

Seit einem Jahr leben wir jetzt wieder zusammen, Helge ist in »meine Stadt« zurückgekehrt, ich habe uns eine Wohnung gesucht, ganz nach seinen Wünschen. Möglicherweise beginnt in unserem Leben und in unserer Partnerschaft demnächst eine neue Phase: Wir haben in letzter Zeit viel übers Kinderkriegen geredet – ein Thema, bei dem mir bis vor kurzem immer etwas mulmig wurde. Grundsätzlich mag ich zwar Kinder, und es war mir immer wichtig, einen Mann zu haben, der Kinder liebt. Auch bin ich seit meiner Jugend davon ausgegangen, dass ich irgendwann einmal Mutter werden würde. Nur gehöre ich wohl zu den Menschen, denen es nicht ganz leicht fällt einzusehen, dass man mittlerweile »erwachsen« ist und dass Anfang 30 ein prima Alter zum Kinderkriegen ist. Außerdem macht mir die Vision ein bisschen Angst, als Mutter und Hausfrau in einem Vorort zu wohnen und mich von meinem bunten Leben mit Beruf, Freunden, Großstadt zu verabschieden. Helge hat mich nie bedrängt, aber er hat mich immer öfter mit dem Thema konfrontiert und seinen Wunsch geäußert, Vater zu werden. Jetzt haben wir uns geeinigt: Ja, wir stellen uns auf ein Kind ein. Und wenn irgendwann tatsächlich ein Kind kommen sollte, werden wir uns ein Aupairmädchen und eine Haushaltshilfe suchen. Damit ich die Möglichkeit habe, recht bald wieder zu arbeiten und noch ein bisschen meinen gewohnten Lebensstil fortzuführen.

Wir haben sogar begonnen, auf ein Haus zu sparen. Allein könnte ich so etwas niemals. Das Geld, das mir zur Verfügung steht, gebe ich aus. Und wenn ich etwas sparen wollte, würde ich die Ersparnisse immer mal wieder anknabbern, um mir zum Beispiel ein Paar prächtige Schuhe zu kaufen. Aber mit Helge zusammen klappt es: Jeden Monat geht per Dauerauftrag von seinem und von meinem Konto jeweils ein bestimmter Betrag auf unser gemeinsames Sparkonto, und da geht keiner ran. Ist doch super, dass ich durch Helge sogar das Sparen gelernt habe!

Natürlich gibt es gelegentlich noch Reibereien zwischen uns, aber ich kann mir auch nicht vorstellen, dass in irgendeiner Beziehung auf dieser Welt immer 100 Prozent Sonnenschein ist. Zum Beispiel werde ich ein bisschen nörgelig, wenn Helge meinen Freundinnen – ganz Gentleman! – Feuer gibt und ein paar Stunden später meckert, dass ich geraucht habe. Ja, er meint es gut mit mir, ja, es geht ihm um meine Gesundheit, weiß ich doch alles, aber ... Ihm fehlt auch ein bisschen das Verständnis dafür, warum ich keinen Sport treibe. Er meint, man müsse »seine Grenzen ausloten«. Da kann er lange reden! Denn ich brauche nichts »auszuloten«, ich bin mir bewusst: Meine sportlich-körperlichen Grenzen sind sehr eng. Wie gesagt: Das sind alles nur kleine Reibereien, eigentlich unbedeutend. Hauptsache ist doch: Wir sagen einander ganz häufig »immer noch« – das steht bei uns für »ich liebe dich«. Und das zählt!

Ich glaube, für die meisten Männer sind ihre Beziehungen selbstverständlicher als für die Frauen. Es heißt ja immer, Männern fehle die Bereitschaft, sich mit ihrer Partnerschaft auseinander zu setzen. Aber das ist nicht der Punkt. Zumindest nicht bei Helge: Er ist sich meiner – und unserer Beziehung – absolut sicher. Unsere Liebe ist für ihn eine Selbstverständlichkeit. Diese Einstellung könnte man schade finden oder sogar kritisieren. Tue ich aber nicht. Ich bin froh, wie es ist. Genau genommen ist es wohl überwiegend dem Schicksal zu verdanken, dass wir ein Paar sind. Zufällig lebte er gerade in meiner Nähe, als wir beide ins richtige Alter für eine Partnerschaft kamen. Das klingt jetzt fatalistisch, dennoch ist es meine ehrliche Meinung: Wäre er damals nicht dagewesen, hätte es auch ein anderer werden können, mit dem ich mein Leben verbringe. Wahrscheinlich wäre ich dann auch ein anderer Mensch geworden, als ich es jetzt bin. Würde anders denken, andere Wünsche haben, ein anderes Leben führen ... Nur bin ich mir ziemlich sicher, dass es kein glücklicheres Leben wäre als dieses, das ich jetzt habe.

»Wir haben uns gegenseitig erzogen«

Simone und Franziska sind beide 40 Jahre alt, vor 15 Jahren wurden sie ein Paar. Die beiden leben in Hamburg, sie sind unverheiratet und haben keine Kinder.

Simone ist Zahntechnikermeisterin. Franziska ist bildende Künstlerin und Performancekünstlerin, sie betreibt ein Internetantiquariat, arbeitet als DJ und Autorin. Simone ist sehr schlank und hat eine schicke Kurzhaarfrisur, Franziska, mit langen Haaren, ist ein bisschen kräftiger; beide tragen modisch-elegante Kleidung.

Sie empfangen mich in ihrem geräumigen Zuhause – sie nennen es »Wohnung«, dabei ist es eigentlich ein ganzes Gebäude: eine ehemalige Werkstatt auf einem lauschigen Hinterhof. Jede hat hier ihren eigenen Bereich: Wir sitzen in Simones Wohnzimmer, das klar und edel gestaltet ist. Nebenan, in Franziskas Wohn- und Arbeitsräumen, sieht es bunter, belebter aus.

Simone tritt mir gegenüber selbstbewusst und distanziert auf, Franziskas Ausstrahlung empfinde ich als wärmer, vertraulicher. Im Gespräch sind beide zunächst eher zurückhaltend – offensichtlich gehören sie nicht zu den Langzeitpaaren, die oft und voller Stolz ihre Partnerschaft vor Dritten bejubeln. Nach und nach ist ihnen aber immer mehr Freude an der Unterhaltung anzumerken, wobei mir auffällt: Keine von beiden neigt zum Monologisieren, sie kommunizieren miteinander in einem harmonischen, gleichberechtigten Dialog. Es sind jeweils dieselben Themen, bei denen Simone und Franziska still und nachdenklich werden. Bei anderen Themen sprudeln die Worte aus beiden zugleich nur so hervor.

Franziska: Eigentlich haben wir eine klassische Rollenverteilung: Simone verdient das Geld, ich mache den Haushalt.

Simone: Ja, das kann man vielleicht »klassisch« nennen. Aber es ist sicher der einzige Bereich, wo es bei uns so eine deutliche Rollenverteilung gibt.

Franziska: Dadurch, dass ich kein Geld verdiene, ist es für mich ganz normal, Hausfrauenpflichten zu übernehmen. Ich putze die Wohnung, ich bringe Kleidung in die Reinigung ...

Simone: Das ergab sich rein zufällig. Ich habe mich 1997 selbstständig gemacht, mein Geschäft ist kontinuierlich gewachsen. Franziska hatte einen Buchladen, der nicht so gut lief. Wir wollten dann gern umziehen in diese große Wohnung, aber ich konnte nicht Franziskas Buchladen und zugleich die Wohnung finanzieren. Gemeinsam haben wir uns überlegt: Franziska schließt ihren Laden und richtet hier ein Internetantiquariat ein, eine Versandbuchhandlung. Sie schreibt ja auch selbst, ist also viel mehr zu Hause als ich. So fing Franziska einfach an, einiges für mich zu erledigen.

Franziska: Irgendwann sagte Simone: »Du brauchst kein Geld mehr zu verdienen. Ich verdiene genug für uns zwei.« Jahrelang hatte ich immer furchtbare Hilfsjobs gemacht – denn mit dem, was ich kann, ist einfach kein Geld zu verdienen. Es hat auch Simone genervt, dass ich abends oft heulend von der Arbeit nach Hause kam. Sie hat aber nie von mir gefordert: »Wenn ich schon das Geld heranschaffe, musst du dich um alles andere kümmern.« Unvorstellbar, so was würde keine von uns sagen. Es ist mir einfach ein Bedürfnis, mich um den Haushalt zu kümmern, wenn ich zu Hause bleibe. Und ich denke, es gehört sich so.

Simone: Ja, sie empfand es als Verpflichtung. Und ich musste in vielen Gesprächen erklären: Franziska ist Künstlerin, Autorin, sie betreibt eine Buchhandlung – und somit ist sie in meinen Augen berufstätig. Nur weil sie wenig Geld verdient, würde ich noch lange nicht denken, dass sie faulenzt. Es war mehr Franziskas Problem, dass sie meinte, durch die Hausarbeit etwas wieder gutmachen zu müssen.

Franziska: Wenn ich Geld bekomme, dann tue ich auch was dafür.

Simone: Das mit dem Geld haben wir so geregelt: ...

Franziska: Wir haben keine gemeinsame Kasse, jede hat ihr eigenes Konto. Ich jobbe regelmäßig in Simones Labor, ein paar Stunden in der Woche mache ich einen Teil der Büroarbeit.

Simone: Dafür bekommt Franziska ein Gehalt von mir. Sie hat ihr eigenes Geld, weil sie arbeitet.

Franziska: Für die Büroarbeit bezahlt Simone mir zu viel Geld. Ich bin total überbezahlt. Manchmal, wenn wir Streit hatten, war mir diese Abhängigkeit von Simone ein bisschen unangenehm. Aber das hat sich mittlerweile gebessert.

Simone: Stimmt. Wir streiten uns seltener, seitdem Franziska keine Hilfsjobs mehr macht.

Franziska: Ja, seitdem bin ich ausgeglichener geworden.

Simone: Es muss auch ganz klar sein: Wenn man sich streitet, hat das nichts mit dem Finanziellen zu tun. Zu behaupten: »Du lebst von meinem Geld, also gib gefälligst nach!« – das wäre ...

Franziska: ... das wäre sehr unfair!

Simone: Ich weiß ganz genau: Wenn wir finanzielle Probleme bekämen, würde Franziska drei Jobs annehmen. Aber im Moment ist das nicht nötig.

Franziska: Bei uns gibt es keine Machtspiele. Es war von Anfang an so: Simone hat immer viel gearbeitet, hatte immer mehr Geld als ich und hat mich meistens zum Essen eingeladen. Ich habe es bei anderen Leuten beobachtet und in früheren Beziehungen auch selbst erlebt: Wenn einer weniger Geld hat als der andere, besteht die Gefahr, dass er sich verschuldet. Er will immer mithalten, macht und kauft Sachen, die er sich nicht leisten kann. Das geht langfristig nicht gut. Andererseits: Was bringt es einem, wenn man Geld hat und immer allein essen gehen muss?

Simone: Das frage ich mich auch.

Franziska: Allein in den Urlaub fahren, allein im Auto rumsitzen, nur weil die andere es sich nicht leisten kann: Das ist doch traurig!

*

Franziska: Wobei ich durchaus allein verreise, aber nicht zum Vergnügen, sondern zum Schreiben.

Simone: Das ist natürlich völlig in Ordnung.

Franziska: Auch wenn ich jetzt äußern würde: »Ich möchte gern vier Wochen mit einer Freundin wegfahren.« Überhaupt kein Thema!

Simone: Ich habe kein Bedürfnis, allein in den Urlaub zu fahren. Wenn Franziska weg ist, genieße ich es ein bisschen, die Wohnung mal für mich allein zu haben. Und man empfindet zugleich die Vorfreude darauf, dass die andere zurückkehrt.

Franziska: Am liebsten fahren wir natürlich zusammen in Urlaub, da wir uns im Alltag ja so selten sehen. Ich organisiere den Urlaub.

Simone: Was das angeht, bin ich faul. Würde Franziska nicht den Urlaub planen, käme ich wahrscheinlich nie raus. Dann würde ich weiterarbeiten und nicht drüber nachdenken. Höchstens zu Kongressen würde ich fahren.

Franziska: Zu denen ich übrigens mittlerweile fast immer mitfahre.

Simone: Ja, weil die Kongresse oft in sehr schönen Städten sind. Es ist ganz praktisch: Tagsüber bin ich mit meinen Leuten zusammen und mache meine Sachen. Franziska unternimmt allein etwas oder arbeitet. Abends treffen wir uns und gehen essen.

*

Simone: Dadurch, dass Franziska in meinem Labor jobbt, hat sie einen guten Einblick in meine Arbeitswelt. Nur steckt sie eben nicht so tief drin wie ich, sie bewahrt sich eine Art Außensicht. So kann sie viele Dinge anders einschätzen als ich. Wenn ich berufliche Probleme habe, mit Mitarbeitern, Kunden oder mit mir selber, dann besprechen Franziska und ich das. In solchen Situationen ist sie mir oft eine ganz wichtige Hilfe. Es ist aber nicht so, dass wir uns zusammensetzen und ganz formvollendet die Dinge analysieren. Wenn ich abends nach Hause komme, erzähle ich einfach von meinem Tag. Über Freude genauso wie über Frustration.

Franziska: Oftmals sprudelt es richtig aus Simone heraus, obwohl wir auch tagsüber täglich telefonieren.

Simone: Natürlich gibt es neben Franziska noch andere Leute, mit denen ich meine beruflichen Belange bespreche. Das sind vor allem Freunde, die den gleichen Beruf haben wie ich. Wir tauschen uns oft aus.

Franziska: Meine Probleme sind etwas subtiler. Es bringt nicht so viel, wenn man sie ausspricht. Beim Schreiben kämpfe ich zum Beispiel mit Problemen wie Arbeitsunslust oder Selbstzweifeln. Das hängt alles mit mir selbst zusammen, andere können mir da nicht sehr helfen.

*

Simone: Als ich Franziska damals kennen lernte, fand ich das total aufregend: eine Künstlerin! Ich mochte sie rein äußerlich sehr gern leiden, und mich faszinierte, was sie machte, wie sie lebte. Dann kam sie auch noch aus Süddeutschland ... Also, für mich – die ich eher ein bisschen spießig veranlagt bin: eine spannende, fast mysteriöse Frau.

Franziska: Wir haben uns in der Frauenkneipe kennen gelernt.

Simone: Es war für mich das erste Mal, dass ich überhaupt so eine Kneipe betrat. Eine Beziehung zwischen mir und einer anderen Frau war gerade zu Ende gegangen, aber diese Frau und ich sind gute Freundinnen geblieben. Wir wollten uns einen Spaß machen: »Jetzt gehen wir einfach mal in die Frauenkneipe und schauen uns das an.«

Franziska: Ich war schon öfters da gewesen. Weil ich neu in Hamburg war, dachte ich mir: »Ich stell mich mal in die Frauenkneipe, um jemanden kennen zu lernen.« Mittlerweile stand ich da schon ein dreiviertel Jahr herum, habe auch Frauen kennen gelernt, aber es hat sich keine Beziehung ergeben. Und dann entdeckte ich Simone. Ich habe sie irgendwie angesprochen – im Endeffekt ist es ja klar, wozu man dort ist. Man geht nicht in die Kneipe, um wichtige Gespräche zu führen, sondern um eine Frau kennen zu lernen. Als Antwort auf meine Ansprache kam von Simone erst mal nur heiße Luft.

Simone: Es machte mich so perplex, dass ich angesprochen wurde! Außer »Hallo« habe ich nicht viel rausgebracht.

Franziska: Ich dachte: »Die ist wahrscheinlich einfach dumm.«

Simone: Einige Wochen später haben wir uns zufällig noch mal in der Frauenkneipe getroffen.

Franziska: Ja, wir haben uns auch gleich so angegrinst ...

Simone: ... und sind ins Gespräch gekommen.

Franziska: Normalerweise zieht man dann immer noch weiter, in eine andere Kneipe. Aber Simone war ganz brav und ging nach Hause. Ich habe mir nichts dabei gedacht, ich fand: »Mal schauen, vielleicht ergibt sich etwas draus, vielleicht nicht.« Kurz darauf kamst du mich besuchen. Ich war nicht darauf gefasst – ich trug einen Jogginganzug. Was ich ganz bestimmt nicht getan hätte, wenn ich dich erwartet hätte.

Simone: Ich bin der Meinung, dass wir verabredet waren. Ich habe dir definitiv keinen Überraschungsbesuch abgestattet.

Franziska: Mag sein – keine Ahnung, warum ich den Jogginganzug anhatte. Du standst vor der Tür, in einem ganz langen, schwarzen Mantel, und ich dachte: »Oh, nein! Das ist eine Nummer zu groß für mich!« Wir sind dann mit meinem Hund spazieren gegangen. Relativ schnell klärte sich, was da zwischen uns ist.

Simone: Wir waren beide dabei, uns ein bisschen zu verlieben. Ich habe dich nicht besucht, um dir zu sagen: »Ich will mit dir die Beziehung meines Lebens führen.« So was ergibt sich, finde ich: Du lernst jemanden kennen, findest ihn aufregend, man verliebt sich ...

Franziska: ... man genießt die erste Zeit ...

Simone: ... und dann stellt sich langsam heraus, ob man wirklich zusammenbleiben möchte oder nicht. Wenn das erste heiße Feuer erlischt, muss man sehen, ob man bereit ist, Kompromisse zu schließen.

Franziska: Es beginnt die Zeit, wo einen die andere manchmal ein bisschen nervt.

Simone: Genau!

*

Simone: Ehrlich gesagt, habe ich mir zunächst keine Gedanken gemacht, ob es eine richtige Beziehung werden würde mit Franziska.

Franziska: Ich grundsätzlich schon. Ich war nicht auf One-Night-Stands aus, sondern wollte gern in einer Beziehung leben. Simone und ich waren eigentlich von Anfang an ständig zusammen.

Simone: Wir hatten nur noch theoretisch zwei Wohnungen, ich war so gut wie nie bei mir zu Hause. Dann lief Franziskas Mietvertrag aus, sie hatte kein regelmäßiges Einkommen, und die Wohnungssituation in Hamburg war nicht gerade ideal. Also schlug ich vor: »Ich miete eine Wohnung für dich an.« Aber wir fanden keine kleine Wohnung, die uns gefiel, sondern nur große. Irgendwann haben wir gedacht: »Eigentlich könnten wir gleich zusammenziehen.«

Franziska: Damals hast du auch schon ziemlich viel gearbeitet. Wenn wir nicht zusammengezogen wären, hätten wir uns kaum noch gesehen.

Simone: Es ergab sich die Möglichkeit, aufs Land zu ziehen, was uns beiden gefiel. Und von vornherein war klar, dass jede zwei eigene Zimmer hat.

Franziska: Ich hatte schon immer mehr Platz und auch mehr Platzbedürfnis.

Simone: Stimmt, wir haben dann auch noch den Dachboden für dich als Atelier ausgebaut. Natürlich schliefen wir meistens in einem Zimmer. Aber es gab zwei Schlafzimmer, zwei Wohnzimmer, das Atelier und ein Büro für Franziska. Nach einiger Zeit haben wir es ein bisschen geändert: Aus dem einen Schlafzimmer wurde die Bibliothek.

Franziska: Wir waren uns immer einig: Jede muss ihren eigenen Bereich haben.

Simone: Ich möchte mich einfach zurückziehen. Ich bin zwar gern mit Franziska zusammen, aber ich habe auch gern meine eigene Privatsphäre.

Franziska: Ein gemeinsames Wohnzimmer wäre ein Albtraum. Wenn Simone abends nach Hause kommt, gibt es einen Kuss, wir reden ein bisschen, dann geht jede in ihr Zimmer. Wenn wir im Urlaub zwei Wochen den ganzen Tag und jeden Abend nebeneinander sitzen, reicht mir das.

Simone: Es ist schon länger her, dass Franziska sagte: »Wenn du nach Hause kommst, fühle ich mich verpflichtet, meine Arbeit liegen zu lassen und mich mit dir zu unterhalten.« Und ich erklärte ihr: »Das musst du nicht! Du kannst deine Arbeit weitermachen.« Manchmal scherzen wir noch so ein bisschen: »Meinetwegen musst du hier nicht rumstehen!«

Franziska: Wir lachen viel zusammen.

Simone: Sehr viel.

Franziska: So richtig mit Tränen, Bauchweh und so. Wir machen uns auch übereinander lustig.

*

Franziska: Ja, und dann gehe ich eben wieder in mein Zimmer, widme mich meinen eigenen Sachen. Manchmal fragt Simone mich, ob sie bei mir fernsehen darf.

Simone: In meinem Zimmer habe ich keinen Fernsehanschluss.

Franziska: Meistens bin ich damit einverstanden, dass sie den Fernseher einschaltet. Aber es gibt auch Tage, wo ich sage: »Nein, ich möchte jetzt gern hier bleiben und meine Sachen machen.«

Simone: Das ist natürlich völlig okay, darüber braucht man sich gar nicht zu unterhalten.

Franziska: Ich muss Simone auch bitten, wenn ich gern an ihrem Kamin sitzen möchte. Aber es ist nicht so, dass wir so etwas bösartig ausspielen.

Simone: Gemeinsam ist nur das Schlaf- und das Ankleidezimmer. Und die Küche, wobei es ja eine offene Küche ist in meinem Wohnzimmer. Wir haben jede einen eigenen Eingang zur Wohnung, jede ein Badezimmer.

Franziska: Körperpflege gehört in die Privatsphäre. Manchmal sind wir zwar zusammen im Bad, klar. Ich habe weniger Probleme damit als Simone.

Simone: Ich mag das überhaupt nicht. Wenn man bei der anderen mal ins Bad möchte, kann man reinkommen. Aber vorher wird geklopft, das ist selbstverständlich. Ansonsten ist in der Wohnung aber alles offen, und auf dem Holzfußboden hört man die andere, wenn sie ins Zimmer kommt. Trotzdem klopft Franziska oft an.

Franziska: Wenn der Fernseher oder Musik läuft, bin ich mir nicht sicher, ob du mich gehört hast.

Simone: Auch sonst.

Franziska: Aus Höflichkeit klopfe ich, wenn ich zum Beispiel an den Kühlschrank muss. Ich weiß ja nicht, ob ich vielleicht störe.

Simone: Wenn bei dir die Tür geschlossen ist, würde ich sie nie aufreißen, ohne vorher zu klopfen. Ich finde es auch total unangenehm, wenn ich irgendwas suche, du bist nicht da, und ich muss in deinen Schreibtisch gucken. Natürlich weiß ich, dass sich dort keine Abgründe auftun. Wir haben keine Geheimnisse voreinander. Aber in deinem Schreibtisch habe ich nicht rumzuwühlen.

Franziska: Wir waschen auch unsere Wäsche getrennt. Ich habe keine Lust, mir anzuhören: »Du hast meine Wäsche verfärbt!«

Simone: Dito. Auch das hat mit Intimsphäre zu tun.

*

Simone: Auf dem Lande haben wir fünf Jahre gewohnt. Die erste Zeit war zwar schön und spannend, aber wir waren uns noch gar nicht klar, ob unsere Beziehung hält.

Franziska: Ziemlich zu Anfang ...

Simone: ... haben wir uns überhaupt nicht verstanden.

Franziska: Der erste Winter, wir waren zwei oder drei Jahre zusammen ...

Simone: ... da bin ich fremdgegangen.

Franziska: Wir hatten uns nie Treue versprochen, wir hatten es nie ausgesprochen. Ich setze Treue voraus.

Simone: Ich bin mit jemandem verreist, und da passierte es. Anschließend war ich mir nicht sicher: Was geschieht nach dem Urlaub? Wird es mit Franziska weitergehen? Aber ich kam nach

Hause, habe sie gesehen und wusste, dass ich weitermachen wollte mit ihr.

Franziska: Simone sagte mir, dass sie fremdgegangen war.

Simone: Weil ich die Beziehung weiterführen wollte, musste Franziska wissen, was passiert war und warum.

Franziska: Es war unerträglich für mich, mir diesen Seitensprung vorzustellen. Furchtbar! Wenn ich bei Heterobeziehungen sehe, wie die Typen ständig fremdgehen, ist es mir völlig unverständlich, dass die Frauen es immer wieder verzeihen. Ich könnte einen Partner, der ständig fremdgeht, nicht anfassen oder auch nur angucken.

Simone: Mir ginge es genauso. In dieser Hinsicht sind wir beide gleich gestrickt, und es gab keine weiteren Seitensprünge.

Franziska: Mir ist in all den Jahren keine Frau begegnet, wegen der ich unsere Beziehung gefährdet hätte, und ich glaube nicht, dass noch ein Seitensprung eintreten wird. Ich achte darauf, welche Frauen sich in Simones Nähe bewegen. Es gab eine Patientin, die auffällig oft zu ihr ins Labor kam und immer wieder ihre Zähne repariert haben wollte. So was spreche ich ganz offen an. Ich sage, welche Ängste ich habe. Das kann Simone gut nachvollziehen wegen der Sache damals. Es tut noch immer weh, wenn ich daran denke.

*

Franziska: Wobei ich damals auch nicht ganz unschuldig war. Durch mein negatives Verhalten habe ich Simone praktisch in die Arme der anderen getrieben.

Simone: Es gab eine ganze Zeit, in der du viel negative Energie verstrahltest.

Franziska: Ich weiß, dass ich ziemlich furchtbar war. Ich musste erst mal erzogen werden, ganz im Ernst.

Simone: Franziska war wahnsinnig aufbrausend.

Franziska: Aggressiv, teilweise auch unverschämt.

Simone: Nervig. Und die Aggressivität – das war für mich ganz klar – hatte damit zu tun, dass sie mit sich selbst unzufrieden war.

Franziska: Simone hat mich gezähmt. Sie hat mich zu einem ordentlichen Menschen herangezogen. Ich glaube, ich hatte damals instinktiv jemanden gesucht, der mir ein Vorbild sein konnte. Ich hätte niemanden haben wollen, der ähnlich verdorben war wie ich. Simone war ruhig, vernünftig, aber manchmal ist sie damit nicht weit bei mir gekommen, manchmal musste sie mich anschreien. Ich wusste genau: Wenn ich Simone so weit bringe, dann habe ich es zu weit getrieben. Es war mir peinlich, ich habe mich entschuldigt und vor allem versucht, mich zu ändern. Aber das hat Jahre gedauert. Immer wieder musste das Gleiche auf den Tisch kommen! Umgekehrt habe ich ein paar Sachen an ihr erzogen. Simone hat auch ihre Schwierigkeiten.

Simone: Ich bin ziemlich verstockt. Maulfaul.

Franziska: Du hast auch Anwandlungen von Pedanterie.

Simone: Stimmt.

Franziska: Also: Wir sind eigentlich sehr unterschiedlich. Jeder kann vom anderen lernen.

Simone: Franziska war im Prinzip, auf eine gewisse Art, immer viel organisierter als ich. Ich hatte zwar meinen Job, war ehrgeizig und wusste beruflich genau, wo ich hinwollte. Aber alles drumherum war das blanke Chaos. Bei Franziska war es das Gegenteil: Sie wusste nie, wo es eigentlich hingeht, was sie machen will. Aber sie war und ist diejenige, die verhindert, dass der Gerichtsvollzieher vor der Tür steht, weil ich mal wieder vergessen habe, private Rechnungen zu bezahlen. Insofern bin ich die Chaotin, und sie ist die Ordentliche. Als Franziska und ich uns kennen lernten, habe ich auch ganz wenig und unregelmäßig gegessen. Noch heute ist es so: Sobald sie weg ist, esse ich fast nichts. Manchmal machen wir Scherze darüber: Wenn ich Franziska nicht hätte, wäre ich wahrscheinlich spindeldürr, hätte ein Penthouse, würde Porsche fahren ...

Franziska: Du wärest todunglücklich, einsam ...

Simone: ... sehr einsam. Es läuft einfach darauf hinaus, dass ich jemanden gefunden habe, der sich um mich kümmert. Der meine Schwachpunkte erkannt hat und entgegengesteuert hat.

Franziska: Und wenn ich dich nicht hätte, wäre ich wahrscheinlich eine drogensüchtige Taxifahrerin oder so. Auf alle Fälle aggressiv und auch einsam.

*

Franziska: Einmal standen wir in einem Imbiss ...
Simone: ... das war ganz am Anfang ...
Franziska: ... und die Bedienung war sehr unangenehm zu uns. Es war kurz vor einer Eskalation.
Simone: Du hast gegen den Zigarrettenautomaten getreten! Aber du warst natürlich nicht permanent so, und ich fand es auch ganz interessant. Ich kannte so was nicht.
Franziska: Man meint ja immer, Frauen seien nicht aggressiv.
Simone: Einerseits fand ich deine impulsive Art toll, ich war ja in dich verliebt! Aber wenn eine Grenze erreicht war, gab es Streit. So richtig mit Türenknallen und Abhauen.
Franziska: Du warst diejenige, die immer abgehauen ist.
Simone: Ja, das war ein Problem. Es war meine Art, abzublocken.
Franziska: Das hast du dir abgewöhnt.
Simone: Früher bin ich zu mir nach Hause gegangen. Als wir zusammengezogen waren und es Streit gab, habe ich mich gefragt: »Wo gehe ich jetzt hin?«
Franziska: Dann bist du zwei Stunden in der Gegend rumgefahren und hast mir unterwegs noch ein Auto gekauft.
Simone: Ach, ja! Diesen kleinen Fiat!

*

Franziska: Mittlerweile, wenn es mal Streit oder Komplikationen gibt, bin ich mir eigentlich immer sicher, dass wir es wieder hinkriegen.
Simone: Ich auch.
Franziska: Solange ein Wille da ist, kann man alles wieder hinkriegen. Man muss einfach wissen: Ist die Liebe noch vorhanden? Ist es einem das Ganze wert?
Simone: Ich habe noch nie über die Frage nachgedacht: »Will ich mit dieser Frau wirklich für immer zusammen sein?« Es hat sich einfach ergeben. Je länger du zusammen bist, desto mehr sprichst du natürlich auch darüber, wie es ist, wenn man älter wird. Als die Erste von uns 30 Jahre alt wurde, dachte man:

»Mein Gott, 30, das ist schon ein Alter!« Und inzwischen fängt man an, gemeinsam zu überlegen, wie es sein wird, wenn man 60 ist.

Franziska: Dass man darüber nachdenkt, finde ich selbstverständlich. Denn mir fällt nichts ein, was uns auseinander bringen könnte. Früher habe ich oft gedacht: »Was ist, wenn ich morgens aufwache und feststelle, dass ich Simone nicht mehr liebe?« Aber dann dachte ich mir auch: »Eigentlich kann so was nicht passieren.« Es gibt noch die Möglichkeit, dass die andere schwer krank wird. Man kann sie eigentlich nur noch pflegen und hätte natürlich trotzdem gern jemanden fürs Herz. Vielleicht würde man eine kennen lernen, die einem Halt gibt und in die man sich ein bisschen verliebt. Aber auch das wäre für mich kein Trennungsgrund – ich denke, dass Simone und ich in solch einer Situation trotzdem ein Paar bleiben würden.

Simone: Zum Glück war aber noch keine von uns ernsthaft krank.

Franziska: Falls der Fall eintritt, ist geklärt: Ich möchte nicht ewig leiden und gepflegt werden müssen. Sollte es dazu kommen, erhebe ich an Simone den Anspruch, dass sie mir etwas besorgt, um mein Leiden zu verkürzen.

Simone: Ja, da sind wir uns einig. Wenn man merkt, dass Schluss sein soll, dann macht man auch Schluss.

Franziska: Ebenso ist geklärt, dass Organe gespendet werden. Wenn eine stirbt, sagt die andere: »Ja, man kann ihre Augen rausnehmen, ihre Nieren.« Wir haben auch Testamente.

Simone: Und andere Verträge. Damit wir die Sicherheit haben: Wenn eine von uns im Koma liegt, darf die andere sie besuchen und erhält Auskunft von den Ärzten. Mein Problem ist nur: Sollte etwas passieren, wüsste ich nicht, wo die Verträge sind. Was so was angeht, bin ich sehr schlampig.

Franziska: Oh, ich habe vergessen dir zu sagen, wo ich sie hingelegt habe!

Simone: Ja, solche Verträge sind wichtig, aber damit ist die Sache dann auch abgeschlossen. Die so genannte »Homo-Ehe«, also eine eingetragene Lebensgemeinschaft, wollen wir nicht eingehen. Denn dadurch hat man im Endeffekt nur Nachteile und keine Rechte. Es gibt zum Beispiel keinerlei steuerliche Vorteile für Homo-Ehepaare. Aber wenn ich ein Sozialfall werden würde, müsste Franziska für mich sorgen. Auch wenn man Kinder bekommen will, bringt die Homo-Ehe keinen Vorteil.

*

Franziska: Wir haben früher manchmal darüber nachgedacht, ein Kind zu bekommen. Immerhin sind wir zwei Frauen. Irgendwann hat, glaube ich, jede Frau einen ganz natürlichen, hormonell bedingten Kinderwunsch.

Simone: Wenn die ersten Freundinnen ...

Franziska: ... Kinder bekommen.

Simone: Wir dachten damals beide: »Ach, es wäre schon schön, ein Kind zu bekommen!« Das ist ja ganz normal, die Uhr tickt ...

Franziska: ... und bei den meisten Hetero-Paaren passiert es dann, dass die Frau schwanger wird. Sie planen es gar nicht richtig, sie vergessen zum Beispiel zufällig die Pille. Aber wir mussten es uns ganz rational überlegen. Ich denke, wenn es sich alle Frauen so genau überlegen müssten, gäbe es wahrscheinlich noch weniger Kinder. Unser Kind hätte ich ja gebären müssen, weil Simone das Geld verdient. Sie kommt abends um acht und oft auch erst um zehn Uhr nach Hause, hätte das Kind also wahrscheinlich kaum gesehen.

Simone: Das hätte ich nicht sehr schön gefunden.

Franziska: Und ich ganz allein mit dem Kind? Nein, dafür fühlte ich mich nicht mütterlich genug. Dann war da noch die ungeklärte Frage: Wer soll der Vater sein? Man hätte irgendeinen Freund nehmen können, aber der hätte sich als Vater einmischen können. Einen Wildfremden wollte ich auch nicht als Vater meines Kindes, das war mir nicht geheuer. Und es hat mich abgestoßen, dass es einfach nicht die Möglichkeit gab, Simones Erbgut mit in das Kind zu packen. Es wäre so schön, Simones Ebenbild in dem Kind zu sehen. Aber biologisch wäre es ja nur mein Kind gewesen.

Simone: Ja, eben. Diese romantische Verschmelzung in dem Kind, das ging bei uns ja nicht. Mittlerweile haben meine Brüder Kinder bekommen.

Franziska: Auch in meiner Bekanntschaft gibt es viele Kinder. Wir sind oft mit Kindern zusammen, das reicht völlig.

Simone: Ja, das reicht.

*

Franziska: So sind wir eben zu zweit unseren Weg gegangen. Heute sind wir nicht nur glücklich miteinander, sondern wir sind auch aufeinander angewiesen – auf verschiedene, durchweg positive Arten. Zum Beispiel gehören wir beide nicht zu den Menschen, die sich anderen gegenüber besonders gern öffnen, die eine Seelenschau betreiben. Viele Heterofrauen haben ja eine beste Freundin, bei der sie sich ausheulen. Aber Simone und ich sind füreinander die besten Freundinnen. Wenn ich mal traurig bin oder fertig mit den Nerven, die Tränen brechen raus, dann nimmt Simone mich in den Arm und tröstet mich. Das kann sie am besten, sie ist ja die Einzige, die so ziemlich alles weiß über mich. Und danach schaut man gemeinsam, wie man die Situation ändert.

Simone: Wenn es mir mal schlecht geht, ist es genauso.

Franziska: Wir unterstützen uns gegenseitig. Wenn sich eine mal nicht richtig bewusst ist, in was für einer Situation sie eigentlich steckt, muss man sie darauf stoßen. So kann man sich gegenseitig vorwärts pushen. Ich konnte es nicht mehr hören, als Simone früher ständig über ihren Job gejammert hat, als sie noch angestellt war. Ich sagte ihr: »Du musst raus aus dem Laden!« Sie ist diesen Schritt gegangen, und es war der richtige Schritt.

Simone: Es war auch Glück, dass bestimmte Sachen nicht gleichzeitig passierten. Als ich auf der Meisterschule war, hat Franziska mir den Rücken freigehalten. Als sie an der Kunsthochschule Prüfungen hatte, habe ich versucht, ihr den Rücken freizuhalten.

Franziska: Wir können einander am besten unterstützen und brauchen dafür nicht die Hilfe anderer Freunde. Wir haben beide wenige Freunde, eigentlich sind es eher Bekannte.

Simone: Jede von uns hat ihren eigenen Bekanntenkreis. Im Laufe der Jahre haben wir die Bekannten der jeweils anderen natürlich kennen und auch schätzen gelernt.

Franziska: Aber wenn es mal Streit mit dir gab, habe ich mich nie bei einem Bekannten ausgeheult. Wir lösen unsere Konflikte selber.

Simone: Wir besprechen uns und finden gemeinsam eine Lösung.

Franziska: Ich kann mir nicht vorstellen, zu jemandem zu sagen: »Weißt du was? Simone hat mir dies und jenes an den Kopf geworfen!« Wenn Simone mich mal beschimpft, bin ich im ersten Moment zwar vielleicht sauer. Aber hinterher verstehe ich, was sie meinte und dass sie recht hatte. Meine Aufgabe ist es dann, mich zu ändern. Und nicht, mit einer anderen Freundin zu quatschen. Das Wichtigste an einer Beziehung ist ja die ständige Arbeit daran.

Simone: Man bekommt nicht vom Schicksal eine wundervolle Beziehung geschenkt. Vieles muss hart erarbeitet werden.

Franziska: Das Zueinander-Finden ist Schicksal. Man muss dieses Schicksal erkennen und es weiterhin unterstützen. Das Schicksal ist immer nur ein Anlass, und dann muss man zusehen, was man daraus macht. Man muss sich ständig bewusst machen, wie viel der andere einem wert ist und wie viel einem an der Beziehung liegt.

*

Franziska: Wir machen einander auch viele Komplimente. Das muss man, es ist notwendig.

Simone: Total wichtig!

Franziska: Man muss darauf achten, dass man nicht nur beieinander ist, sondern einander auch sehr aufmerksam wahrnimmt. Zum Beispiel hat Simone mir, als es noch keine Zentralverriegelungen gab, immer zuerst die Autotür aufgeschlossen und aufgehalten. Ab und zu helfen wir einander in den Mantel.

Simone: Nicht immer, das fände ich übertrieben. Aber manchmal denkt man dran, und dann macht man es. Aufmerksamkeit ist ganz ...

Franziska: ... ganz wichtig! Man muss immer, ununterbrochen, aufmerksam sein! Selbst das kleinste Anzeichen von Unlust oder von Gleichgültigkeit ist ein Alarmsignal. Zwar kann es jedem passieren, dass er sich ein bisschen gehen lässt. Aber dann muss der andere gleich sagen: »Du könntest auch mal wieder ein bisschen auf dies und jenes achten!« Ich sage immer: »Währet den Anfängen!« Oftmals sind Frauen zu gleichgültig, oder sie trauen sich nicht, etwas zu sagen. So verwandelt sich dann der schlanke Jüngling in einen dickbäuchigen Kerl im Jogginganzug. Viele vertrauen auch zu sehr darauf, dass die andere Person ihm oder ihr sicher ist. Aber – ob man verheiratet ist oder nicht: Man hat kein selbstverständliches Anrecht aufeinander, auch nicht nach 15 Jahren.

Simone: Zusammenhalt und Liebe sind keine Selbstverständlichkeiten. Wir sagen einander oft: »Ich liebe dich!« Wenn man es empfindet, sagt und hört man es gern. Auch Zärtlichkeit ist wichtig.

Franziska: Sehr wichtig!

Simone: Klar hat man seltener Sex als am Anfang ...

Franziska: ... aber das hat nicht unbedingt damit zu tun, dass man weniger Lust aufeinander hätte. Oftmals ist es auch ein echtes Zeitproblem. Und ständig hat eine von beiden ihre Tage.

Simone: Bestimmt ist es in jeder Beziehung so: Es gibt gute Phasen, und es gibt Phasen, wo es nicht so gut läuft.

Franziska: Wir finden es auch beide gar nicht so wichtig, ständig Sex zu haben. Aber wenn, dann gut. Qualität vor Quantität! Davon hat man wesentlich mehr. Sonst wird es auch schnell langweilig.

*

Simone: Es gibt zwischendurch Abende, wo wir uns nicht sehen. Manchmal sogar ganze 24 Stunden nicht. Wenn ich abends schlafen gehe, ist Franziska manchmal noch unterwegs.

Franziska: Schön ist das nicht. Ich würde zum Beispiel gern häufiger etwas für uns kochen am Abend. Aber wenn Simone erst um zehn Uhr kommt, koche ich nicht mehr.

Simone: Seit ungefähr einem Jahr versuche ich, meine Arbeit anders zu organisieren und früher Feierabend zu machen. Phasenweise klappt es schon.

Franziska: Wenn Schulferien sind, hast du weniger zu tun.

Simone: Ja, und die zwei Monate vor Weihnachten sind immer die Hölle.

Franziska: Das weiß ich mittlerweile auch: Alle wollen vor Weihnachten die Zähne haben. Trotzdem werde ich sowohl traurig als auch zornig, weil ich finde, Simone kann zwei Monate nicht ausschließlich mit Arbeit verbringen. Es ist gesundheitsgefährdend, und ich fühle mich gehandicapt in solchen Zeiten. Ich bin zwar gern allein und froh, wenn ich niemanden sehe. Aber manchmal sehe ich sie monatelang fast gar nicht! Und ich habe auch keine Lust, mich notgedrungen mit anderen Leuten zu treffen. Simone ist der einzige Mensch, der mich nicht anstrengt, mit dem ich einfach gern zusammen bin.

Simone: Wir gehen auch nur noch selten aus. Wenn Franziska irgendwo auflegt, schaue ich da vorbei ...

Franziska: ... oder wir gehen zusammen mal auf Privatpartys. Ich bleibe dann manchmal etwas länger als Simone.

Simone: Wenn ich müde bin oder keine Lust mehr habe, gehe ich allein weg.

Franziska: Es gibt keinen Zwang, gemeinsam nach Hause zu gehen. Manchmal, wenn ich mich auf einer Party langweile, benutze ich Simone, um mich rauszureden und auch nach Hause gehen zu können. Dann sage ich: »Ich hab keinen Schlüssel dabei, ich muss mit Simone gehen.«

Simone: Wenn andere Paare meinen, immer alles zusammen machen zu müssen und auch gemeinsam nach Hause gehen zu müssen, sieht es für mich ein bisschen so aus, als würden sie einander nicht vertrauen. Dabei ist Vertrauen doch so entscheidend, wenn man sich liebt!

Franziska: Liebe kann man ja eigentlich kaum beschreiben. Aber wenn ich es in Worten ausdrücken sollte, würde ich sagen: Liebe bedeutet, dass man sich zu 100 Prozent aufeinander verlassen kann, dass man ein absolutes Gefühl der Sicherheit hat und füreinander da ist. Auch, dass man den anderen erotisch findet. Dass man mit ihm lacht. Und dass es eine geistige Übereinstimmung gibt. Dass man oftmals das Gleiche denkt und sagt im selben Moment.

Simone: Aber auch Unterschiede, sogar Diskussionen können ein Ausdruck von Liebe sein. Dass man sich miteinander auseinandersetzt.

Franziska: Manchmal denke ich: »Ich kenne Simone gar nicht!« Das finde ich dann auch wieder spannend: Man denkt, man kennt sich schon so lange – und kennt sich eigentlich doch nicht wirklich. Menschen verändern sich ständig. Manchmal stehe ich mit einem Staunen vor Simone. Und kurz darauf denke ich: »Meine Frau ist so hübsch, alles an ihr gefällt mir. Ich möchte nie eine andere haben als sie!«

»Wir haben immer unverkrampft zusammen weitergelebt«

Brigitte (54) und Jörg (57) sind seit 1971 zusammen. Ein halbes Jahr, nachdem sie sich kennen lernten, heirateten sie. Brigitte brachte ein Kind mit in die Ehe, ihr zweites Kind bekam sie gemeinsam mit Jörg. Die beiden sind ehemalige DDR-Bürger, sie leben in Berlin-Mitte.

Brigitte studierte Bibliothekswissenschaft, war zunächst in der Staatsbibliothek tätig, später in der Gastronomie. Heute arbeitet sie in einer Behörde des Bundesministeriums der Justiz. Jörg ist Bassist, seine 1976 gegründete Bluesrock-Band gehörte viele Jahre lang zu den bedeutendsten Bands des DDR-Undergrounds. Seit 1992 betreibt Jörg eine Musikkneipe am Prenzlauer Berg.

In unseren telefonischen Vorgesprächen sagen mir die beiden, dass sie »nicht zu den Leuten gehören, die viel von sich erzählen«. Trotzdem laden sie mich herzlich ein zu einem persönlichen Gespräch.

Ich besuche das Paar in seiner schönen, sanierten Altbauwohnung, Jörg bietet mir gleich das »Du« an – »anders geht das doch nicht!« – und erklärt, wie verkommen die Wohnung zu DDR-Zeiten war. Als wir zum eigentlichen Thema kommen, vergeht den beiden die Plauderlaune ein wenig – immer wieder sagt Jörg: »Los, stell uns bitte Fragen!« Wir führen ein sehr ruhiges Gespräch – auch die Sätze mit Ausrufezeichen werden zwar nachdrücklich, aber leise geäußert.

Brigitte: Wir müssen unbedingt versuchen, unser Leben ein bisschen zu ändern. Wir sind absolut urlaubsreif.
Jörg: Vor allem brauchen wir mehr Zeit füreinander.
Brigitte: Ja, wir sehen uns viel zu selten.
Jörg: Das ist so was von ätzend!

Brigitte: Wenn ich abends nach Hause komme, ist Jörg meistens gerade losgegangen zur Arbeit.

Jörg: Weiß du noch? Früher war ich die Wärmflasche. Ich musste immer zuerst ins eiskalte Bett und es anwärmen.

Brigitte: Ja, und heute gehe ich immer alleine schlafen. Morgens stehe ich um halb sechs Uhr auf, mit Glück ist Jörg dann schon zu Hause. Oft kommt er erst später, die Kneipe muss ja so lange geöffnet bleiben, wie Gäste da sind. Samstags mache ich gelegentlich die Kneipe, damit Jörg mal eine Nacht frei hat. So bleibt uns nur der Sonntag als gemeinsamer Tag, deshalb lassen wir sonntags niemanden in unsere Wohnung.

Jörg: Früher haben wir die legendärsten Feten gefeiert, mit 100 Leuten. Und heute sind wir froh über diese paar Stunden am Sonntag, die wir zu zweit verbringen können. Also, irgendwie ist das bescheuert.

Brigitte: Es kommt noch hinzu: Man hat sich nicht viel zu erzählen, man redet fast nur noch über die Arbeit. Von meiner Arbeit darf ich aber nichts erzählen. Na ja, und dann unterhalten wir uns eigentlich nur über die Kneipe und die Gäste.

Jörg: Bei diesem Zeitmangel bleibt auch die Zärtlichkeit auf der Strecke. Für Zärtlichkeit braucht man Zeit, schnelle Zärtlichkeit gibt es nicht. Fängt ja auch beides mit »Z« an: Zärtlichkeit und Zeit. Also: Wir müssten bei diesem harten Leben eigentlich mindestens zweimal im Jahr Urlaub machen. Aber wir können es uns nicht leisten, wir schaffen es nicht.

Brigitte: Mittlerweile mag ich auch gar nicht mehr in Urlaub fahren, weil ich mich so unruhig fühle. Ich könnte den Urlaub nicht genießen.

*

Jörg: Früher hatten wir auch nicht viel Zeit füreinander: Wochentags hat Gitti gearbeitet, und an den Wochenenden war ich mit der Band unterwegs.

Brigitte: Ja, aber das war etwas anderes, wir haben uns mehr gesehen als heute. Richtig schlimm war es natürlich, als Jörg ins Gefängnis kam.

Jörg: Ich war dreimal im Knast. Das erste Mal haben sie mich

1965 eingesperrt, zwei Jahre wegen versuchter Republikflucht. Dann 1969, weil ich Flugblätter verteilt hatte wegen des Einmarsches in Prag. Nach dem Gefängnis ist man in Schwerpunktbetriebe verpflichtet worden, »Arbeitsplatzbindung« hieß das. Das bedeutete, ich musste Musik oft nach Feierabend machen, wie ein Amateur. Irgendwann hat Gitti mich als Hausmann angemeldet, aber das ging nicht lange gut.

Brigitte: 1973 haben sie dich weggeholt.

Jörg: Vorbeugehaft.

Brigitte: Ja, 73 waren die Weltfestspiele, und vorher gab es eine Säuberungsaktion.

Jörg: Alle Langhaarigen, alle politisch Suspekten haben sie weggesperrt.

Brigitte: Es war im Mai, unser Sohn war eineinhalb Jahre alt. Morgens um sechs Uhr klingelte es an der Tür. Sie nahmen Jörg mit und ließen ihn nicht wieder raus.

Jörg: Ohne Grund. Später haben sie »asoziales Verhalten« als Grund angegeben.

Brigitte: »Asoziales Verhalten« – das galt für jeden, der kein Arbeitsverhältnis hatte. Im Endeffekt hatte Jörg noch Glück, er kam in die Berufung.

Jörg: Damals war ich ziemlich fit mit Paragraphen, ich wusste, wie man sich seiner Haut wehren konnte. Ohne einen Anwalt habe ich meine Berufung geschrieben, und dieser Berufung wurde stattgegeben.

Brigitte: Zuerst hatten sie ihn zu fünf Jahren verurteilt, dann wurde es auf drei Monate runtergesetzt, also kam er nach den Weltfestspielen frei. Und das alles wegen nichts, er hatte ja überhaupt nichts verbrochen!

*

Jörg: Als wir uns kennen lernten, war ich gerade zum zweiten Mal im Knast gewesen.

Brigitte: Es war Anfang 1971, und es war sehr kalt.

Jörg: Ja, 70/71, das war ein grausiger Winter.

Brigitte: Ich komme aus Greifswald, aber damals studierte ich schon in Berlin, es war mein letztes Studienjahr. Gemeinsam mit einem Bekannten hatte ich den Plan, eine Band zu gründen, ich wollte singen. Sehr schnell zeigte sich, dass das Unsinn war, es hätte nicht geklappt, für mich wäre es auch nicht das Richtige gewesen. Aber über diesen Bekannten lernte ich Jörg kennen.

Jörg: Gesehen hatten wir uns schon vorher mal. Da hatte ich sie schon so ein bisschen abgeleuchtet.

Brigitte: Jörg war noch in einer Beziehung, als wir uns kennen lernten.

Jörg: »Beziehung«? Diesen modernen Quatsch kann ich nicht ab! Ich hatte eine Freundin! »Beziehung«, so was Blödes!

Brigitte: Jörg hatte eine Freundin.

Jörg: Ich weiß gar nicht mehr genau, wie das damals war. Ich glaube, sie hatte einen anderen getroffen, während ich im Gefängnis saß.

Brigitte: Jedenfalls bin ich dann sehr schnell schwanger geworden, es gab ja noch nicht die Pille. Im November 1971 wurde unser Sohn geboren. Es war mein zweites Kind. Meine Tochter war vier Jahre alt, als Jörg und ich uns kennen lernten.

Jörg: Wir waren fast von Anfang an zu viert, und es war eigentlich toll, es hat mir Spaß gemacht mit den Kindern. Ich habe ihnen schöne Möbel für ihre Kinderzimmer gebaut ...

Brigitte: Andererseits haben wir uns neulich gerade darüber unterhalten, dass es auch nicht einfach war. Ich fand es zwar irgendwie ganz normal, Kinder zu bekommen, aber Jörg ...

Jörg: Ich denke, wir können rückblickend sagen, dass wir beide keine Jugend hatten. Wir hatten nicht diese aufregende, interessante Zeit, die man sich unter »Jugend« vorstellt. Ich bin mit 18 Jahren das erste Mal ins Gefängnis gekommen, war zwei Jahre im Erwachsenenvollzug. Und Gitti ist mit 17 Mutter geworden.

Brigitte: Damals war es noch eine Schande für die ganze Familie, zumal in einer Kleinstadt. Und es war für mich sehr anstrengend: tagsüber die Ausbildung, abends das Baby, Windeln waschen und alles. Außerdem, und das ist natürlich das Wichtigste, war es eine sehr große Verantwortung. Wenn man selbst noch ein junges Mädchen ist, kann man das alles nicht so gut meistern. Ich würde heute jedem raten, erst später Kinder zu bekommen.

Jörg: Aber auch nicht zu spät, finde ich.

Brigitte: Damals war es ja anders als jetzt, wir sind trotz der Kinder weggegangen. Wenn ich sehe, wie sich heute in vielen Familien alles nur um die Kinder dreht, wie sie die Kinder verwöhnen – so was gab es nicht in der DDR. Du musstest arbeiten gehen, die Kinder waren in der Krippe und im Kindergarten. Erst hatten wir keinen Krippenplatz, wir mussten das Baby privat unterbringen, für 200 Mark im Monat. Das war wahnsinnig viel Geld, ich habe ja nur 600 Mark verdient! Dann war die Krippe ganz weit weg, jeden Morgen musste ich ewig lange mit dem Bus fahren. Danach schnell zur Arbeit, es gab richtig Ärger, wenn man mal zehn Minuten zu spät kam. Also, es war heftiger Stress. Trotzdem hat man es irgendwie alles geschafft. Heute kann ich mir das gar nicht mehr vorstellen.

Jörg: Wir sind abends manchmal zu Feten gegangen und haben den Kleinen mitgenommen. Wir hatten eine Tragetasche aus dem Westen, wo man das Baby hineinlegen konnte.

Brigitte: Aber man konnte sich nicht viel um die Kinder kümmern. Es wäre besser gewesen, wenn man mehr Zeit für sie gehabt hätte.

*

Jörg: Dann gab es noch ein anderes Problem, auf das ich nicht gern näher eingehen möchte. Also, ich hatte Probleme mit dem Alkohol. Heute bin ich schon lange trocken, ich habe mir sogar das Qualmen abgewöhnt. Über 40 Jahre lang habe ich Kette geraucht, nie weniger als 40 Zigaretten am Tag. Gitti hat nie was dazu gesagt.

Brigitte: Ich rauche ja selbst.

Jörg: Na ja, ab und zu mal eine. Ein Nachbar von uns muss zum Rauchen immer auf den Balkon gehen – alleine so was wäre für mich undenkbar, dass ich in meiner eigenen Bude nicht rauchen darf! Irgendwann habe ich ganz von alleine beschlossen, dass Schluss sein muss mit den Zigaretten. Jetzt futtere ich ständig Süßigkeiten, ganz ohne Sucht geht es bei mir wohl nicht. Als unser Sohn schon erwachsen war, habe ich ihn mal gefragt, ob die Kinder das früher gemerkt haben mit dem Saufen. Und er sagte: »Ja, manchmal haben wir es gemerkt.« Ich bin nie grölend durch die Wohnung getorkelt oder so, aber ich hatte eine Fahne. Diese ganze Knast-Scheiße habe ich einfach nicht klar gekriegt in meinem Kopf. Mit dem Alkohol habe ich versucht, es zu kompensieren.

Brigitte: Im Osten wurde überhaupt viel getrunken. Es gab ja nichts anderes.

Jörg: Drüben haben sie geraucht oder was weiß ich was gemacht. Und bei uns war es eben der Suff.

Brigitte: Seltsame Mehrfruchtweine haben wir getrunken und solchen Quatsch. Aber ich habe ja immer gearbeitet. Ich war nie so betrunken, dass ich am nächsten Tag nicht zur Arbeit konnte.

Jörg: Bei mir war es zeitweise mehr mit dem Alkohol, was für Gitti bestimmt nicht einfach war. 1974 wollten sie mich dann wieder einsperren wegen »asozialen Verhaltens«. Da bin ich in die Trinker-Heilanstalt geflüchtet.

Brigitte: Irgendjemand hatte mir den Tipp gegeben, mich an einen Psychologen oder Psychiater zu wenden. Also bin ich hingegangen und sagte: »Mein Mann trinkt, und er steht ständig am Fenster und will rausspringen. Ich habe Angst, dass er sich umbringt!« Das war gelogen, aber nur so hat man eine Einweisung bekommen. Und Jörg brauchte diese Einweisung, um sich dem Gefängnis zu entziehen. Er kam nach Weißensee in ein katholisches Krankenhaus, das war großes Glück.

Jörg: Der Ärztin, die mich da behandelte, habe ich reinen Wein eingeschenkt. Ich sagte zu ihr: »Die wollen mich einsperren. Ich bin aber nicht asozial. Ich mache Musik.« Und sie hat alles ganz schnell hingekriegt: Innerhalb von 14 Tagen wurde ich aufgenommen, andere mussten zwei Jahre lang warten. Im Prinzip war es in meinem Fall ja eine fingierte Sache. Ich hatte nicht geglaubt, dass ich alkoholkrank war. Aber im Krankenhaus stellten sie bei mir schon irgendwelche Grenzwerte fest. Da war ich noch nicht mal 30 Jahre alt. Eine normale Therapie dauert sechs Wochen, mich haben sie neun Monate dabehalten.

Brigitte: Die ersten drei Wochen war, glaube ich, Besuchsverbot. Danach konnte man ihn besuchen, und dann durfte er ab und an mal raus. Ich war es ja auch gewohnt, allein zu sein. Manch andere hätten das vielleicht nicht so gepackt. Aber ich, irgendwie ... Wenn man sich arrangiert, dann geht es auch. Außerdem gehören wir beide nicht zu den Menschen, die ständig aufeinander glucken müssen. Vielleicht sind wir ja gerade deshalb noch zusammen, weil wir so wenig Zeit miteinander verbringen konnten.

Jörg: Ach, das ist doch Quatsch!

Brigitte: Ja, ich habe es ja nicht ernst gemeint. Natürlich ist es furchtbar, gezwungenermaßen voneinander getrennt zu sein. Andererseits, wenn ich manche Ehepaare sehe, die immer zusammen sind, die alles zusammen machen: So ein Leben kann ich mir wirklich nicht vorstellen.

Jörg: Wir haben uns trotzdem öfter gesehen, als es sich jetzt anhört. Finde ich.

Brigitte: Normalerweise war Jörg nur am Wochenende weg zu Auftritten: Donnerstag, Freitag, Sonnabend, manchmal noch Sonntag. Aber auch nicht jedes Wochenende und manchmal nur einen Tag. Ich wusste von vornherein, dass es so ist. Und irgendwie hat es ja – trotz allem – ganz gut geklappt. Jedenfalls wäre ich nie auf die Idee gekommen, mir einen »normalen Mann« mit einem »normalen Beruf« zu wünschen. Nein, niemals!

Jörg: Es ist ja nicht nur bei Musikern so. Mein Vater zum Beispiel war Lokführer, er war auch selten zu Hause.

*

Brigitte: Geheiratet haben wir schon im Juni 1971. Es gab dafür zwei Gründe: Erstens hätte ich nach dem Studium nach Greifswald zurück gemusst, ich brauchte eine Zuzugsgenehmigung, um in Berlin bleiben zu können. Zweitens wollten wir eine gemeinsame Wohnung haben. Für beides war Heirat die Voraussetzung.

Jörg: Andernfalls hätten wir nicht geheiratet. Es war eine Heirat aus Kalkül, aus gesellschaftlichen Zwängen. Man muss bedenken: Das waren ausklingende Hippie-Zeiten, vom Gefühl her bedeutete uns die Ehe damals nichts.

Brigitte: Wir hatten ja auch keine Ringe.

Jörg: Doch, wir hatten einen Ring, den haben wir hin und her getauscht!

Brigitte: Irgendwann später habe ich den Ring verkauft.

Jörg: Auf dem Standesamt trug ich einen Levis-Anzug.

Brigitte: Der Standesbeamte glaubte uns erst gar nicht, dass wir das Brautpaar sind! Nach der Trauung sind wir zu Jörgs Eltern gefahren.

Jörg: Nachmittags musste ich los, ich hatte einen Auftritt.

Brigitte: Und ich blieb bei Jörgs Eltern. Also, wir haben das alles bewusst so gemacht, wir wollten unsere Hochzeit nicht groß feiern.

Jörg: Heute denke ich: Das war schon ein bisschen krank. Aber wir waren nun mal so drauf, wir haben es durchgezogen.

Brigitte: Wir haben zuerst auch die Hochzeitstage überhaupt nicht gefeiert. Damit haben wir erst später angefangen.

Jörg: In gewissem Sinne war sie überheblich, diese althergebrachte Hippie-Haltung. Eigentlich Blödsinn. Mittlerweile feiern wir unseren Hochzeitstag. Ist doch klar! Einmal sind wir sogar für eine Woche verreist über den Hochzeitstag.

Brigitte: Oder wir gehen dann essen, wir gehen ja sonst nicht zusammen weg. Können wir ja nicht wegen der Kneipe.

Jörg: Dieses Jahr ist unser 33. Hochzeitstag. Mensch, eine Schnapszahl! Da müssen wir uns was einfallen lassen!

*

Brigitte: Richtige Eheringe haben wir uns erst nach vielen Jahren gekauft. Ich glaube, an unserem 15. Hochzeitstag.

Jörg: Ja, da war ich gerade im Studio und habe die Platte aufgenommen. Es muss also 1986 gewesen sein.

Brigitte: Der Plan war, die Ringe im Intershop zu kaufen, aber

Jörg wollte den Intershop nicht betreten. Also bin ich alleine reingegangen. Die Verkäuferin war unheimlich zickig.

Jörg: Die dachten ja, Wunder was sie sind. Blöde Kühe!

Brigitte: Ja. Und das Dumme war: Normalerweise haben Jörg und ich dieselbe Größe bei Ringen. Nur dieses eine Mal passte ihm der Ring nicht. Ich musste in den Laden zurückgehen und seinen Ring umtauschen. Da hat die Verkäuferin so einen Wind gemacht! Sie sagte: »Wenn Sie jetzt nicht mit dem Mann kommen, wird nichts umgetauscht!« Du musstest dann mitkommen, unter Protest. Kannst du dich erinnern?

Jörg: Es war für mich eine Schande, Westsachen im Osten zu verkaufen. Ich konnte das nicht akzeptieren.

Brigitte: Eigentlich durfte man ja gar keine Westwährung haben – aber ausgeben durfte man sie. Es war wirklich irre.

Jörg: Ich glaubte an ein linkes Gesellschaftsmodell – aber nicht an das, was wir hatten. Für mich waren die Intershops eine ganz große Kacke, eine verrohte Superscheiße!

*

Brigitte: Das mit dem Fluchen ist auch so eine Sache, das war für mich schwierig. Bevor ich Jörg kennen lernte, kannte ich so was nicht. Bei uns zu Hause durfte nicht geflucht werden.

Jörg: Bei uns doch auch nicht!

Brigitte: Teilweise ist es auch heute noch so ...

Jörg: Mensch, gewöhn dir bloß das Fluchen an!

Brigitte: Mache ich ja auch. Aber wenn bei Jörg zum Beispiel irgendwas nicht gleich funktioniert, wird geflucht. Und ich beziehe das auf mich. Ich denke dann immer: »Jetzt ist er sauer mit mir!«

Jörg: Ach, du Scheiße!

Brigitte: Dabei weiß ich eigentlich, dass er nicht mich meint. Schon ganz früher einmal, da haben wir bei seinen Eltern renoviert. Jörg fluchte, weil die Tapete nicht reichte, und ich habe geheult. Es war ja nun wirklich nicht meine Schuld. Aber ich konnte damit nicht umgehen, und noch heute fällt es mir schwer. Meine Mutter hat immer gesagt, fluchen sei Gotteslästerung.

Jörg: Mann, und für mich ist das nur Druck-Ablassen. Mensch, wenn ich fluche, das ist ...

Brigitte: ... das ist furchtbar!

Jörg: ... fantastisch!

Brigitte: Manchmal haben wir uns auch so gestritten, dass die Fetzen flogen.

Jörg: Ja, aber das ist lange her.

Brigitte: Einmal hat Jörg vor Wut ein Messer geschmissen. Natürlich nicht nach mir.

Jörg: Die Klinge hat ganz tief im Küchenboden gesteckt. Diese Aggressionen hatten bei mir sicher mit den Knast-Jahren zu tun. Es hat lange gedauert, ehe ich gelernt habe, damit umzugehen. Noch heute kommt manchmal mächtig was hoch.

Brigitte: Das Allerschlimmste war, wenn du tagelang nicht gesprochen hast.

Jörg: Es war nie als Bestrafung gemeint. Aber ich bin ja auch feinnervig, und wenn ich das Gefühl hatte, verletzt zu werden, dann war meine Reaktion: nicht sprechen. Ich konnte das, weil ich ein paar Jahre in der Einzelhaft gesessen hatte. Bis heute gilt: Ich spreche gern mit Menschen, aber ich brauche das nicht unbedingt. Ich kann auch schweigen.

*

Jörg: Besonders empfindlich bin ich in Bezug auf Ungerechtigkeit. Wenn ich das Gefühl habe, mir widerfährt Unrecht, mache ich zu. Ich glaube, einmal habe ich tagelang geschwiegen, weil ich zu Unrecht verdächtigt wurde, mit einer anderen Frau geschlafen zu haben.

Brigitte: Ja, ich war manchmal eifersüchtig und bin ziemlich ausgeflippt.

Jörg: Dabei war ich immer ganz brav! Es wäre für mich undenkbar gewesen, etwas mit einer anderen Frau anzustellen. Und das als Musiker! Ich meine, es war eine beliebte, erfolgreiche Band, wir waren begehrte Buben. Aber bei mir ist nichts gelaufen – keine Groupies, nichts, null. Trotzdem hat Gitti mich verdächtigt, was ich damals als unfair empfand. Aber das ist ja schon so lange her! Heute denke ich: Gar keine Eifersucht – das ist auch ein bisschen suspekt.

Brigitte: Aber du hast deine Eifersucht nie so deutlich gezeigt wie ich.

Jörg: Ich bin mir sicher: Wer nie eifersüchtig ist, liebt nicht. Man kann sich zwar vornehmen: »Ach, komm, sei tolerant« – aber das funktioniert nur bis zu einer gewissen Grenze, danach fängt es an zu klemmen. Bei mir war es zeitweise so: Ich habe Gitti auf einer Fete mit einem anderen Mann gesehen, ich hatte vielleicht auch schon einiges getrunken. Dann merkte ich: Sie lässt sich umwerben und wehrt sich nicht mit Faustschlägen. Und es stellte sich ein unangenehmes Gefühl bei mir ein. Heute verstehe ich das alles viel besser, ich finde auch: Mal ein bisschen zu flirten ist doch eigentlich toll. Aber Eifersucht gibt es bei mir bis heute, wenn auch sehr selten.

Brigitte: Ganz am Anfang verkehrten wir mit Leuten aus einer Kommune. Ich lernte sie durch Jörg kennen, vorher hatte ich so was nicht gekannt und konnte es mir auch nicht vorstellen. Diese Leute lebten ziemlich freizügig. Ich betrachtete das immer aus einem gewissen Abstand.

Jörg: Auch ich habe mich da nicht reingehängt, sondern ich habe es beobachtet. Etwas auszutesten ist ja an sich nichts Negatives. Mich hat diese so genannte Freizügigkeit nicht gestört, aber es wirkte alles ein bisschen verkrampft. Es kam für mich nicht in Frage, und im Nachhinein hat sich dieses Kommunen-Ding ja auch als Blödsinn erwiesen, es ist gescheitert.

Brigitte: Verehrerinnen hat Jörg heute noch. Bei mir ist es etwas anders, als Frau in meinem Alter. Es gibt ja eher wenige Männer, die auf ältere Frauen stehen. Aber es gibt junge Damen, die ältere Herren interessant finden.

*

Jörg: Einmal habe ich einen Scheidungsantrag zerrissen. Gitti legte ihn mir vor, und ich habe ihn in der Luft zerrissen. Es war für mich nicht Gegenstand irgendeiner Diskussion.

Brigitte: Diese Sache hatte aber nichts mit Eifersucht zu tun. Es war noch in den 70er Jahren: In einer Kneipe haben sich montags abends immer alle getroffen, Jörg und seine Leute nannten das »Herrenabend«. Und es sollten keine Frauen mitkommen.

Jörg: Im Nachhinein finde ich das ganz schön scheiße. Na ja, ist nun mal so gewesen.

Brigitte: Offiziell war es der »Herrenabend«, aber natürlich saßen dann auch andere Frauen mit am Tisch. Und man ging hinterher noch zu den anderen Frauen nach Hause. Aber die eigenen Frauen sollten nicht dabei sein, das hat mich sehr gekränkt.

Jörg: An den Wochenenden waren die Musiker auf Tour, und am Montag kamen sie aus allen Himmelsrichtungen zusammen, man hat von seinen Erlebnissen erzählt, hat sich ausgetauscht. Das war ursprünglich die Idee. Gitti hat Recht, wenn sie sagt: »Da hatten andere Frauen nichts am Tisch zu suchen.«

Brigitte: Zwei dieser Damen wohnten neben der Kneipe, und wenn um Mitternacht die Kneipen schlossen, sind alle noch zu ihnen nach Hause gegangen.

Jörg: Ja, das war eine mächtige Scheiße. Bloß: Wenn wir zu den Mädels hoch gegangen sind, war das eigentlich eine Verlängerung der Kneipe. Es hatte nichts mit den Mädels zu tun.

Brigitte: Sowieso hätte ich ja gar nicht bis spät nachts mit den anderen feiern können, weil ich nach Hause musste wegen der Kinder. Aber ich fühlte mich zurückgesetzt, ich habe immer gesagt: »Ich fühle mich wie das fünfte Rad am Wagen.«

Jörg: Zumal Gitti auch ein Recht auf den Montag hatte – ich war ja immer die ganzen Tage vorher auch nicht zu Hause gewesen.

Brigitte: Na ja, und dann hatte ich irgendwann die Faxen dicke. Da bin ich zum Gericht gegangen, habe mir diesen Schrieb geholt und ihn vor Jörg hingeschmissen.

Jörg: Und ich habe ihn einfach zerrissen.

Brigitte: Zum Glück!

*

Brigitte: Diese ganze Musikszene habe ich auch erst durch Jörg richtig kennen gelernt. Ich mochte Musik, und mir gefiel Jörgs Musik. Aber ich war kein übertriebener Fan, ich bin ihm nicht nachgereist.

Jörg: Wir sind ja durch den ganzen Osten getourt.

Brigitte: Wenn Jörg in Berlin aufgetreten ist, bin ich hingegangen, manchmal mit den Kindern. Aber es gab noch andere Bands, die mir gefielen.

Jörg: Wir beide sind eifrige Jazz-Gänger gewesen. Ich habe Blues und Rock gemacht, aber angehört haben wir uns viel Jazz. Trotzdem hat jeder seinen eigenen Bekanntenkreis behalten: Gitti war mehr mit Schriftstellern zusammen, ich mit Musikern.

Brigitte: Wir hatten immer einen großen Bekanntenkreis, das war uns sehr wichtig. Nach und nach ist es alles auseinander gefallen, ganz viele sind in den 70ern illegal in den Westen abgehauen. Es gab eine kurze Phase, in der auch Jörg den Plan hatte wegzugehen.

Jörg: Aber meine Ansage war: »Ich bin die Vorhut, die Mannschaft hole ich nach.« Ich wollte mich nicht davonstehlen!

Brigitte: Ja, bloß habe ich immer gesagt: »Ich mache das nicht illegal mit Kindern.« Noch heute bin ich mir sicher, dass diese Entscheidung richtig war. Die Flucht ging zwar bei vielen gut, aber es ist auch Unglück passiert.

Jörg: Diese ganzen Stasi-Dreckschweine, diese ganze Polizei- und Gefängnis-Scheiße: Das alles führte dazu, dass ich Fluchtgedanken hatte.

Brigitte: Einmal warst du ja auch auf einem Transit.

Jörg: Ein paar Mal! Aber es ist immer schief gegangen. Zum Glück, denke ich im Nachhinein. Denn der Westen wäre mir nicht bekommen.

Brigitte: Ich fand damals: »Wenn Jörg wirklich in den Westen gehen will, muss er es tun.« Und das habe ich auch zu ihm gesagt. Es war für ihn ja wirklich ganz schlimmer Stress in der DDR. Aber als er dann losfuhr, war es schon ein komisches Gefühl. Einmal war er an meinem Geburtstag auf einem Transit, das werde ich nie vergessen. Ich durfte niemandem etwas sagen, selbst seinen Eltern nicht, die mich besuchten.

*

Jörg: Irgendwann habe ich dann meinen Frieden geschlossen: Ich hatte die Musik, ich hatte die Band, wir waren erfolgreich, es war für mich ein lebenswertes Leben. Dann sind immer mehr Freunde von uns weggegangen. Und auf einmal hat es Gitti erwischt. Da sagte sie, sie wolle nicht mehr im Osten bleiben.

Brigitte: Ja, das war Mitte der 80er Jahre. Wir hatten hier kaum noch jemanden, und dann kam der Auslöser: Der Band-Manager flüchtete und ließ Jörg, den Kappellenleiter, auf 50.000 Mark Schulden sitzen.

Jörg: Er ist mit unserem ganzen Bandvermögen abgehauen.

Brigitte: Und wir hatten die Schulden am Hals. Wir hatten nie Geld gehabt, aber das war der Gipfel!

Jörg: Mit der Band haben wir zwar immer halbwegs gut verdient, aber das ganze Geld ist wieder in die Instrumente und ins Equipment gegangen, wir haben alles aus dem Westen gekauft.

Brigitte: Ich habe auch nie viel verdient, wir hatten ständig Schulden, es war furchtbar. Und dann dieser große Knall, 50.000 Mark! Um die Schulden abzutragen, habe ich 1987 meine Anstellung in der Staatsbibliothek gekündigt und bin in die Gastronomie gegangen. Es war ein harter Job, aber zu DDR-Zeiten hat man da sehr viel Geld verdient. Nach der Wende wurde ich arbeitslos, und dann ergab es sich mit der Kneipe. Der Probenraum von Jörgs Band sollte nämlich plötzlich 800 Mark Miete kosten

Jörg: Von 45 Ost auf 800 West.

Brigitte: Für eine Schrottbude! Da hatte Jörg die Idee: »Weißt du was? Wir machen daraus eine Musikkneipe!«

Jörg: Wir wollten die Kneipe eigentlich gemeinsam machen.

Brigitte: Die ersten Jahre haben wir es auch gemeinsam gemacht, aber es war ein unglaublicher Stress.

Jörg: Diesen Stress kann man einander nicht abnehmen, selbst wenn man sich noch so gewogen ist.

Brigitte: Am Anfang war es jeden Abend brechend voll. Es war laut, wir hatten Live-Musik, es wurde geraucht wie verrückt. Irgendwann ist man dann entnervt. Ich finde es nicht gut, so was zusammen zu machen. Wenn man mit einem Fremden arbeitet, kann man dem mal etwas sagen. Aber bei einem Ehepaar geht das schlecht. Wir beide arbeiten auch zu verschieden: Jörg ist zum Beispiel eher langsam, er strahlt immer noch Ruhe aus, während ich schon kurz vorm Explodieren bin. Das macht mich nervös. Also habe ich mich bei der Behörde beworben, ich wollte es eigentlich nur ausprobieren. Sie haben mich gleich genommen und mir einen Dauervertrag gegeben.

*

Jörg: Es gibt jedenfalls nichts zu verklären an dieser Ehe und an diesen fast 33 Jahren. Es ist sicherlich kein Elend, was wir haben. Aber wir sehen uns einfach nicht genug. Wenn wir mehr Zeit füreinander hätten und auch ein bisschen mehr Geld, würden wir viel unternehmen: Wir würden Fahrrad fahren, uns Boote borgen, die Stadt und das Umland erschließen. Das wäre so schön! Langweilen würden wir uns ganz bestimmt nicht miteinander!

Brigitte: Wir sitzen auch gern zusammen auf dem Balkon und schweigen vor uns hin.

Jörg: Das sowieso! Wir können auch auf einer Insel auf einem Felsen sitzen und schweigen – wunderbar!

Brigitte: So was geht natürlich erst, wenn man sich lange kennt. Bei vielen Menschen beobachte ich, dass sie sehr wenig Geduld haben mit ihren Partnern. Aus unserem Bekanntenkreis sind wir heute die Einzigen, die noch zusammen sind. Sicher hat es auch damit zu tun, dass wir geduldig miteinander waren. Früher hätte ich mir zum Beispiel gewünscht, dass Jörg zu mir sagt: »Ich liebe dich.«

Jörg: Und mir kam das immer so abgeleiert vor. Mir war es lieber zu sagen: »Ich habe dich lieb.« Das würde ich auch heute noch sagen. Gitti hat das nicht gereicht. Aber »Ich liebe dich« fällt aus. Geht nicht, da ist bei mir eine Sperre. Das läuft für mich unter »abgenutzte Floskel«.

Brigitte: Es war nicht immer einfach für mich, Jörg zu verstehen. Vieles war mit ihm ganz anders als mit anderen. Aber letztendlich habe ich es ja kapiert.

Jörg: Ja, ich bin manchmal kompliziert. Ich finde auch, man muss nicht alles aussprechen. Dass man jemanden gern hat, kann man meiner Meinung nach auch mit Blicken, Gesten oder Berührungen ausdrücken. Was ich aber mit gutem Gewissen sagen kann: Gitti ist mein einziger Freund. Ich habe vielleicht ein paar Kumpels, aber außer ihr keinen Freund. Ich kann ihr vertrauen wie sonst niemandem. Sie hat mir immer Halt gegeben, immer zu mir gestanden – das Trinken aufzugeben, hätte ich zum Beispiel ohne sie nicht geschafft. Und sie ist sehr einfühlsam, hat einen ausgeprägten Sinn für Gerechtigkeit. Gitti ist ein grundehrlicher Mensch.

Brigitte: Das schätze ich auch so sehr an Jörg: Dass ich mich jetzt auf ihn verlassen kann. Und er hat eben diese Ruhe, die ich nicht habe. Er steckt manches weg, das würde ich auch gern können.

Jörg: Wir können nach so vielen Jahren nicht mehr den strahlenden Helden oder die Superfrau geben. Ich habe einen kleinen Bauch, Gitti hat die eine oder andere Falte – das alles gehört zum gelebten Leben. Weiterhin ist sie für mich eine tolle, eine super Frau. Es gibt immer mal Dinge, die ich an ihr wiederentdecke – etwas, das ich schon wusste, entdecke ich neu. Finde ich klasse, so was!

Brigitte: Man hört ja auch öfter, dass sich Paare nach langer Zeit trennen – nach 30 Jahren oder mehr – und dann neue Beziehungen eingehen. Das könnte ich mir für mich überhaupt nicht vorstellen. Ich weiß nicht, warum – darüber habe ich schon manches Mal nachgedacht. Ich weiß nur: Es würde bei mir nicht gehen, es würde nicht funktionieren.

*

Jörg: Ansonsten ist es so: Wir haben – vielleicht im Unterschied zu anderen Paaren – meistens völlig unverkrampft zusammen weitergelebt. Ich habe mich nie gefragt: »Was wird in zehn Jahren sein? Werde ich sie dann noch lieb haben? Was wäre, wenn ...?« Sondern wir waren einfach zusammen, und es war schön. Es ist schön.

Brigitte: Wir sind zum Beispiel auch getrennt verreist. Nach der Wende habe ich die ersten Reisen mit einer Freundin gemacht.

Jörg: Ich habe währenddessen die Kneipe ausgebaut. Es wäre für mich auch undenkbar gewesen, mit dem Bus nach Monaco und nach Paris zu fahren.

Brigitte: Und ich hatte immer von Paris geträumt.

Jörg: Fand ich ja auch in Ordnung. Was so was angeht, sind wir beide locker. Ich könnte auch allein verreisen, wenn ich wollte.

Brigitte: Ja, das würde ich dir wirklich gönnen!

Jörg: Aber zu lange getrennt sein möchte ich auch nicht. Einmal musste Gitti für drei Wochen zur Kur, da habe ich sie so vermisst.

»Das Trennungsjahr war das Beste, was uns passieren konnte«

Julia (36) und Pierre (43) lernten sich vor 14 Jahren in Zürich kennen und heirateten sechs Monate später. Das Paar hat zwei Kinder. Julia, gebürtige Schweizerin, ist ausgebildete Kauffrau und arbeitete in einer Werbeagentur, als sie Pierre kennen lernte. Später nahm sie ein wirtschaftswissenschaftliches Studium auf, welches sie als Diplom-Volkswirtin abschloss. Zurzeit ist Julia Vorstandsassistentin in einem Medienunternehmen.

Pierre kommt aus Düsseldorf, beruflich widmete er sich lange der Kunst und dem Design. Als er Julia kennen lernte, arbeitete er als Art Director in der Werbung. Später ging Pierre in die Unterhaltungsbranche, er gründete und leitete ein bedeutendes Unternehmen für Konzertproduktion und Event-Marketing. Vor wenigen Jahren zog Pierre sich aus dem Business zurück, heute ist er Hausmann und hat seine künstlerischen Tätigkeiten wieder aufgenommen.

Obwohl wir uns noch nicht kennen, laden die beiden mich für ein Wochenende in die Schweiz ein, in ihr schönes, lichtdurchflutetes Haus an einem Berghang nahe Zürich. Im Wohnzimmer sitzen wir unter Gemälden berühmter Gegenwartskünstler, aber die meiste Zeit verbringen Pierre, Julia und ich auf der Dachterrasse mit Ausblick auf ein weites Tal. Ich werde freundschaftlich aufgenommen von der Familie, die harmonische Ruhe und Ausgeglichenheit ausstrahlt. Ab und zu erscheint es mir ein bisschen übertrieben, mit welchem Pathos Pierre seine Ehe beschreibt. Später erfahre ich: So verhält er sich nicht nur in dieser Situation – auch bei Festen trägt Pierre der versammelten Gesellschaft Liebeserklärungen an Julia vor.

Pierre: An einem wundervoll sonnigen Tag im Mai 1989 lernten wir uns kennen. Es war mein erster Tag in Zürich, ich war hergekommen für ein berufliches Projekt mit der Agentur, in der auch Julia arbeitete. Mittags gingen wir zusammen essen. Wir saßen mit vielen Leuten an einem Tisch, alle redeten – ich schwieg und staunte. Ich beobachtete dieses Mädchen, das noch sehr jung war, aber eine unglaubliche Grandezza hatte. Zu der Zeit war ich zwar auch erst 29 Jahre alt, aber – ich formuliere es mal vorsichtig – schon ziemlich lebenserfahren. Wenn du dann jemanden siehst, der viel jünger ist und so ein Selbstbewusstsein, solch eine Souveränität ausstrahlt und dabei eine sehr natürliche Schönheit ist – dann bist du erst mal nur fasziniert. Von der ersten Sekunde an, in der ich sie sah, liebte ich diese Frau. Im ersten Bruchteil einer Sekunde war mein Schicksal entschieden.

Julia: Wobei Pierre mir schon etwas früher aufgefallen war. Es war sehr lustig: Er kam am Morgen an die Rezeption, meldete sich an, setzte sich und musste eine Zeit lang warten. Ich bin ein paarmal an ihm vorübergegangen: das erste Mal, weil ich an der Rezeption vorbei musste, und dann absichtlich, weil ich Pierre interessant fand. Damit es nicht so blöd aussah, dass ich da immer hin- und hergelaufen bin, wandte ich mich schließlich an die Rezeptionistin und tat so, als gäbe es etwas mit ihr zu besprechen. Man muss jetzt wissen: Unsere Rezeptionistin war eine Frau, die oft Dinge vorhersah und -sagte, sie hatte das zweite Gesicht. Da flüstert sie mir doch plötzlich zu: »Der dort sitzt, das ist dein Mann!« Und ich: »Du spinnst ja!« Aber sie behauptete: »Doch, Julia, du wirst demnächst heiraten.« Dabei hatten Pierre und ich zu dem Zeitpunkt noch kein Wort miteinander gewechselt! Ich fand die Behauptung der Rezeptionistin völlig absurd und konnte darüber nur lachen.

Pierre: Mir ist bei dem Mittagessen klar geworden: Julia strahlt. Sie ist eine Frau mit einer faszinierenden Aura. Nachmittags waren wir beide wieder in der Agentur, in verschiedenen Räumen. Auf einmal kam sie an meinen Tisch und fragte ganz förmlich, ob ich Lust hätte, mit ihrer Freundin und ihr zwei Tage später einen Kneipenbummel zu machen. Ich antwortete: »Ja, klar, super, toll!« Und wir verabredeten uns. In dem Moment, wo sie wegging, überlegte ich mir: »Die Freundin interessiert mich eigentlich gar nicht. Wie komme ich aus der Nummer jetzt wieder raus?« Ich bin zu Julia gegangen und sagte: »Es tut mir Leid, ich habe gerade in meine Agenda geguckt, und blöderweise habe ich übermorgen schon etwas vor. Das hatte ich total vergessen.« Also, eigentlich fing alles mit einer Lüge an. Musste aber so sein, denn ich wollte ja nur mit Julia und nicht mit ihrer Freundin weggehen. Ich habe alles auf eine Karte gesetzt und gefragt: »Kannst du nicht heute schon?« Und sie: »Ja, klar, gleich nach der Arbeit!« Am Abend sind wir in ein Gartenrestaurant am Zürichsee gegangen, wir haben ein bisschen gegessen und viel Rotwein getrunken. Irgendwie ergab es sich, dass wir einander unsere Lebensentwürfe erzählten. Unsere Visionen, unsere Ideen. Ich habe Julia ein Bild beschrieben, wie ich mir meine Familie wünschte, wie ich einmal leben wollte. Ich sagte: »Ich stelle mir vor, dass ich mit meiner Frau am Küchentisch sitze, eine Stiege führt runter in den Garten, draußen spielen die Kinder, die Sonne scheint.« Viele Jahre später konnten wir dieses Bild tatsächlich gemeinsam verwirklichen. An jenem Abend aber merkten wir: Zwischen uns herrschte absolute Übereinstimmung! Ganz egal, ob es um die Musik ging, die wir mögen, um irgendwelche Wünsche, Gedanken oder Ideen. Als hätten wir uns schon ewig gekannt! Spät am Abend schloss das Lokal, und als wir die letzte Flasche Wein köpften, sagte ich: »Du, ich würde es gern haben, wenn du meine Frau wirst.« Ich habe es mit genau diesen Worten gesagt. Julia antwortete sehr zu meinem Erstaunen, dass sie das eine gute Idee fände, aber sie hätte gern zehn Tage Bedenkzeit.

Julia: Echt? So habe ich das gesagt?

Pierre: Aber ja! Wir haben uns dann ein Taxi genommen und sind zu dem Appartement gefahren, das ich für meine Zeit in Zürich angemietet hatte. Ich war zuvor nie in diesem Appartement gewesen. Gemeinsam mit Julia habe ich es zum ersten Mal betreten. Wir haben die Nacht zusammen verbracht, haben miteinander geschlafen. Und seit dieser Nacht sind wir ein Paar. Bis auf eine kurze Periode haben wir uns nie wieder getrennt. Zwei Wochen nach unserem Kennenlernen sind wir nach Düsseldorf gefahren, zu einem Fest. Dort haben wir meinen Eltern und meinen Freunden Julia als meine zukünftige Ehefrau vorgestellt.

Julia: Ungefähr zehn Tage, nachdem wir uns kennen gelernt hatten, habe ich Pierre eine Antwort auf seinen Heiratsantrag gegeben. Ich war zwar noch sehr jung, 21 Jahre. Aber ich hatte es mir gut überlegt. Ich hatte das Gefühl: »Ich weiß genug, ich kenne ihn genug. Und ja, ich möchte seine Frau werden.«

Pierre: Bei dem Fest in Düsseldorf waren die Reaktionen sehr unterschiedlich. Denn ich war bekannt dafür, dass ich große, schlanke Frauen mochte. Und dann komme ich plötzlich mit einer süßen kleinen Schweizerin um die Ecke. Viele dachten: »Pierre hat den Verstand verloren. Und dann auch noch heiraten! So kennen wir ihn ja überhaupt nicht!«

Julia: Pierres Vater hat mir ein Loblied auf seinen Sohn gesungen. Das macht einen doch eher wieder stutzig, wenn der Vater sagt: »Also, eigentlich ist er ganz nett, der Pierre.«

Pierre: Wir haben dann den Hochzeitstermin verkündet, es war mein 30. Geburtstag im November, genau sechs Monate, nachdem wir uns kennen gelernt hatten.

Julia: Manche Leute warnten mich: Pierre sei zu wild, nicht zähmbar. Und meine Tante sagte: »Der will nur einen Schweizer Pass. Hüte dich!«

Pierre: Die Beziehung ist anfangs aus Schweizer Richtung massiv angefeindet worden.

Julia: Auch an meinem Arbeitsplatz. Ich war das Sweetheart in dieser Agentur, alle erhoben irgendeinen Anspruch auf mich. Solange ich Single war oder nur unbedeutende Beziehungen hatte, waren alle glücklich und zufrieden. Aber als ich sagte: »Ich heirate, ich bin fest vergeben« – da wurde es kompliziert. Man hat mir sogar Lügen über Pierre erzählt.

Pierre: Auch Julias Eltern waren skeptisch. Ihre Mutter hat geweint, als Julia ausgezogen ist. Ihr Vater hat mich starren Blickes registriert.

Julia: Ich war zuvor ein Jahr im Ausland gewesen, war danach wieder zu meinen Eltern gezogen und wollte mir eine eigene Wohnung suchen. Dann bin ich gleich mit Pierre zusammengezogen.

Pierre: Vom Kennenlernen bis zum Zusammenziehen waren es vielleicht zwei Monate. Das ist schon sportlich! Auf diese Ehe hat anfangs keiner außer uns einen Pfifferling gegeben. Niemand.

Julia: Natürlich hatten meine Eltern Verlustängste, auch meine Freunde, manche Kolleginnen und Kollegen. Bei einigen Menschen äußerten sich diese Ängste dadurch, dass sie die Beziehung in Frage stellten. Sie hatten mich vorher noch nie so erlebt. Ich hatte noch nie eine Beziehung gehabt, die länger als ein dreiviertel Jahr hielt.

*

Pierre: Das Erstaunliche bei uns ist, dass es in Bezug auf alle Basics des Lebens von Anfang an nur Spurenelemente von Diskrepanzen gab. Wir haben immer die gleiche Vorstellung gehabt, was ein gutes Leben ist. Wir mögen die gleiche Musik, die gleichen Filme, wir lesen die gleichen Bücher.

Julia: Bei der Musik bin ich mir da nicht so sicher.

Pierre: Ja, jeder hat da so seine Vorlieben. Aber die Schnittmenge ist sehr groß. Ich hatte natürlich viel mehr Erfahrungen, ein größeres Repertoire. Da habe ich Julia einiges zur Kenntnis gebracht – und umgekehrt. Auch sie hat mich mit Dingen vertraut gemacht, darunter die italienische Musik – Paolo Conte oder Alice hätte ich mir vorher nie angehört. Von beiden Seiten ist etwas dazugekommen. Andererseits: Essen zum Beispiel, der Klassiker – da haben wir total den gleichen Geschmack, oder?

Julia: Ja. Absolut.

Pierre: Hundertprozentig! Es gibt ja Paare, die stundenlang diskutieren, was sie zum Nachtessen kochen. So was gibt es bei uns nie. Wir trinken beide gern Wein, wir trinken beide Bier. Finde mal eine Frau, die Bier trinkt! Wir mögen die gleichen Arten von Lokalen, die gleichen Farben. Auch wohin wir in Urlaub fahren, müssen wir nicht lange diskutieren. Beide hassen Massentourismus, lieben Luxus, einsame Strände und anspruchsvolle Skipisten. Es gibt auch ein totales Laissez-faire in Bezug auf das Haus: Keiner regt sich darüber auf, wenn der andere mal seinen Kram liegen lässt. Wenn es einen stört, räumt man es halt weg. Für schmutzige Wäsche gibt es Wäschekörbe, also tue ich die Wäsche da hinein. Ich bin ein sehr sauberer Mensch, ein Ästhet, bevorzuge ein gesundes Maß an Ordnung. Aber ich würde niemanden damit belästigen, über so was muss man sich nicht unterhalten. Diese ganzen spießigen Nitty-Gritty-Sachen, die waren nie ein Thema, kein einziges Mal.

Julia: Wir haben eben die gleichen Prioritäten, wir beide halten uns nicht mit Kleinigkeiten auf. Dass einer eine Sache total wichtig findet und den anderen interessiert es nicht, das gibt es bei uns nicht. Das Einzige, was dich nervt: dass ich manchmal rauche.

Pierre: Ja, die Raucherei nervt mich. Aber deshalb haben wir keinen Streit. Ich versuche nur, dir klarzumachen, dass Rauchen gesundheitsschädigend ist.

*

Pierre: Was auch so klasse ist, absolut megatoll: Julia ist Fußballfan! Und Fußball ist ein ganz wichtiger Teil meines Lebens. Ich liebe diesen Sport, ich spiele Fußball seit ich laufen kann, bis heute und solange ich fit genug bin. Also, Julia hat wirklich substanzielle Ahnung von Fußball!

Julia: Na ja, Ahnung ...

Pierre: Nun stell mal dein Licht nicht unter den Scheffel, Julia! Manchmal weißt du, welcher Spieler wohin wechselt, und ich habe davon noch gar nichts gehört. Wir gehen auch regelmäßig zusammen zu Fußballspielen.

Julia: Ja, ich bin auch schon zu Spielen gegangen, bevor ich Pierre kannte.

Pierre: Und wir sind beide fanatische Skiläufer. Es ist einfach wundervoll, eine Frau zu haben, die genauso wie man selbst im Renntempo die Berge runterfräsen kann. Julia fährt glänzend. Ich fahre auch sehr gut, wirklich, sehr schnell und sicher. Aber Julia, die hat einen Stil! Da kannst du nur sagen: »Wow!« Und es macht so viel Spaß, solche Interessen teilen zu können und sogar die Kinder mit einzubeziehen.

Julia: Ja, unsere Freizeitinteressen sind ganz ähnlich. Das Einzige, was gar nicht zusammen geht, ist alles, was mit Wasser zu tun hat. Pierre segelt wahnsinnig gerne, er schwimmt gern. Aber Wasser ist nicht mein Element.

Pierre: Wobei ich Julia im Monte Carlo Beach Club dazu überreden konnte, Jet-Ski zu fahren.

Julia: Oh, ja, furchtbar, Jet-Ski! Das ist so abartig! Es hat mit Wasser zu tun, und es ist ein Rennsport. Eine männliche, die Umwelt verschmutzende Angelegenheit.

Pierre: Aber nachher hat man dich nicht mehr runtergekriegt von dem Ding.

Julia: Ja, innerhalb von Sekunden war ich im Rausch.

*

Pierre: Wenn ich an die erste Zeit zurückdenke – man stelle sich das mal vor: Du bist ein erfahrener Mann, der sich auskennt und viele, viele Filme gesehen hat. Für den das Visuelle auch im Beruf ganz wichtig ist. Dann triffst du ein 21-jähriges Mädchen und kannst mit ihr über Off-Filme reden. Die hatte ja richtig Ahnung! Da gab es einen intellektuellen Austausch, es war spannend. Ich hatte immer von jemandem geträumt, mit dem ich auf Augenhöhe die Dinge diskutieren kann, die mir wichtig sind.

Julia: Das habe ich vor allem damals anders empfunden. Die Interessenlage war ganz klar gleich. Aber was ich immer gespürt habe: dass du acht Jahre Vorsprung hattest.

Pierre: Die hast du aber schnell aufgeholt!

Julia: Nein, ich habe sie bis heute nicht aufgeholt. Du hast acht Jahre lang mehr Filme gesehen, mehr Bücher gelesen. Das war immer klar. Aber dadurch habe ich nie das Gefühl gehabt, du stündest über mir. Ich fand es spannend, weil ich von deinem Vorsprung auch profitieren kann. Ich bin wissbegierig und neugierig. Und habe es immer aufgesogen, wenn du mir etwas Neues erzähltest oder zeigtest.

Pierre: Ich habe dich aber nie belehrt.

Julia: Das meine ich auch nicht.

Pierre: Wir haben spaßeshalber einmal unsere Intelligenzquotienten gemessen, und sie sind ziemlich ähnlich.

Julia: Das bezweifle ich nicht. Wir haben das gleiche Niveau. Interessen, Bildung – das alles liegt bei uns auf einer Ebene. Die acht Jahre Unterschied geben dir nun mal einen Wissensvorsprung. Das ist für mich aber einfach nur positiv. Dafür hast du Defizite. Zum Beispiel bist du ungeduldig. Ich bin viel geduldiger. Ich kann Dinge und Situationen wachsen lassen. In mancherlei Hinsicht bin ich reifer als du.

Pierre: Ja, wir ergänzen uns in gewissen Situationen. Viele Bekannte von uns sagen, dass wir ein perfektes Paar sind, wie gemalt. Sie sagen: »So stelle ich mir die ideale Beziehung vor.« Und sowieso sind alle Leute, die Julia kennen lernen, von ihr fasziniert.

Julia: Das stimmt doch gar nicht!

Pierre: Sei nicht so bescheiden! Du weißt doch genau, dass es so ist! Ich kann ja sagen: »Sie sind von Julia eingenommen.« Bist du damit einverstanden?

Julia: Okay.

Pierre: Alle sagen: »So eine fantastische, faszinierende Frau!« Julia ist extrem beliebt. Und das ist ein ganz tolles, schönes Gefühl für mich.

Julia: Ja, das ist sicher eine Bestätigung für dich. Ich hatte es schwieriger: Früher haben alle gesagt, Pierre sei eingebildet und unnahbar. Und noch heute muss ich oft gegen Vorurteile ankämpfen, die Leute gegenüber Pierre hegen.

*

Pierre: Man muss dazu wissen: Julia hat mir damals in gewissem Sinne das Leben gerettet. Nicht, dass ich lebensmüde gewesen wäre. Aber Julia hat aus mir im Grunde genommen einen Menschen gemacht. Ich war vorher ein wildes, unbändiges Tier, völlig durchgeknallt. In jeder Beziehung.

Julia: Als wir uns kennen lernten, habe ich gemerkt, dass du eine dicke Schale hattest mit einem ganz, ganz weichen Kern. Du hast viele Dinge von dir gewiesen, mit denen du dich eigentlich hättest auseinander setzen müssen. Aber wenn es ans Eingemachte ging, hast du dich nicht herangetraut. Ich empfand dich auch als intolerant anderen Menschen gegenüber, was sicherlich aus einer Schutzfunktion heraus passierte.

Pierre: Ich hatte ein extrem wildes Leben geführt. Ganz besonders in der Phase, bevor ich Julia kennen lernte. Ich stand damals am Scheideweg: entweder völlig verrückt zu werden, erfolgreich zwar, jedoch menschlich ein degeneriertes Wrack. Ich musste mein Leben dringend in Bahnen lenken, die meinen Wahn einigermaßen erträglich machten. Julia hat mich gegroundet, sie hat mir Bodenhaftung gegeben. Es hat dann allerdings sicher noch zehn Jahre gedauert, bis ich da angekommen bin, wo ich mich heute als Mensch sehe, wo ich meine Möglichkeiten wirklich ausschöpfen kann.

Julia: Wo du dich auch wohl fühlst in deiner Haut.

Pierre: Das ging aber nur, weil Julia mich von vornherein 100-prozentig akzeptiert hat. Sie war das Missing Piece in meinem Leben. Das hätte ich damals gar nicht so sagen können, ich habe es nur intuitiv gespürt: »Die Frau rettet dich, sie kann dich auf den Boden bringen.« Wobei ich bis heute – mittlerweile zwar mit einer gewissen Altersmilde versehen – immer noch sehr menschenscheu und arrogant bin. Ich ertrage andere Menschen in meiner Umgebung nur in homöpathischen Dosen. Julia hingegen ist eine sehr offene, sehr freundliche Person. Dass ich jemanden an mich heranlasse, passiert äußerst selten, und es dauert ewig. Am Anfang konnte Julia nur schwer verstehen, warum ich mich so verhielt.

Julia: Ja, Pierre, du warst intolerant anderen Menschen und anderen Lebensplänen gegenüber. Du konntest niemanden akzeptieren, der nicht so dachte und so lebte wie du. Es dauerte sehr lange, bis ich dich da hatte, dass du sagen konntest:

»Diese Lebenseinstellung, die ich da gerade erfahre, entspricht mir zwar überhaupt nicht, aber ich kann sie stehen lassen. Da geht jemand seinen Weg, das ist okay.«

Pierre: Deshalb meine ich ja: Du hast meine Menschwerdung unterstützt. Du hast die Intoleranz auf ein menschliches Maß zurechtgestutzt. Und zwar auf eine sehr feinfühlige Art. Nichtsdestoweniger: Ich bin noch immer zurückhaltend. Bei mir haben die Leute von Anfang an das Gefühl: Dem sollte man nicht zu nahe treten.

Julia: Die Reaktionen, die man erhält, sind immer das Spiegelbild von einem selbst.

Pierre: Ich weiß, ich strahle Distanziertheit aus.

Julia: Insofern bin ich nach wie vor die Außenministerin und würde es auch nicht anders haben wollen. Ich bin eben eher extrovertiert, ich bin froh, wenn man mir nicht die Show stiehlt. Das Problem ist ein bisschen, dass Pierre so extrem auf mich bezogen ist. Früher war es noch viel stärker als heute. Dadurch, dass er kaum Freunde hatte, konnte er sich mit niemandem austauschen als mit mir. Es hat mich manchmal überfordert: mich tagtäglich mit diesem kompletten Menschen auseinander setzen zu müssen. Am meisten, als die Kinder noch klein waren, hätte ich mir gewünscht, dass Pierre mal abends loszieht und sich mit Freunden unterhält. Damit nicht immer alles nur an mir hängen bleibt. Mittlerweile spürt er, wo bei mir die Grenzen sind, wann er mich in Ruhe lassen muss. Aber noch immer hat er manchmal Mühe, sich anderen Leuten gegenüber zu öffnen. Ich kann Problemchen mit diversen Leute diskutieren, so dass sie gar nicht erst zu richtigen Problemen werden. Pierre frisst gewisse Dinge eher in sich rein, bis sie zum richtigen Problem werden – und dann lädt er sie bei mir ab.

Pierre: Ich fresse nichts in mich hinein, sondern versuche, Probleme selbst zu lösen.

Julia: Ja, das stimmt, das ist andererseits auch eine große Stärke von dir.

Pierre: Ich versuche, Situationen selbst zu entschärfen. Ich habe viele Enttäuschungen erlebt, dadurch bin ich eher misstrauisch, und eigentlich fahre ich damit sehr gut.

Julia: Ich glaube nicht, dass du damit immer gut gefahren bist. Hättest du gewissen Menschen mehr Vertrauen entgegengebracht, hättest du mehr gewonnen. Das ist meine Überzeugung. So gehe ich durchs Leben.

Pierre: Du glaubst immer an das Gute in den Menschen.

Julia: Ich vertraue Menschen und ziehe daraus viel Positives. Und du verzichtest lieber auf die positiven Aspekte, um nicht verletzt zu werden. Ich weiß nicht, womit man besser fährt.

*

Julia: Es hat mich aber immer fasziniert, dass Pierre so ein ungewöhnlicher Mensch ist, ein Individualist. Früher habe ich Tagebuch geführt. Und ungefähr ein halbes Jahr, bevor wir uns kennen lernten, schrieb ich ins Tagebuch, dass ich einen Verrückten suchte – jemanden, der wild ist. Es war mir alles zu langweilig, zu bürgerlich. Ich habe sicher nie ein ödes Dasein gefristet. Aber ich bin ein ausgeglichener Mensch, und ich brauchte jemanden, der mich mal rauslockt aus dem Alltag. Dies alles hatte ich im Tagebuch formuliert. Als ich dann Pierre kennen gelernt hatte, schrieb ich ins Tagebuch: »Ich habe ihn gefunden.« Danach habe ich nie wieder Tagebuch geschrieben. Hinzu kam noch, dass ich früher eine Hautkrankheit hatte, Neurodermitis, und zwar ganz schlimm. Dadurch hatte ich gelernt, welche Menschen mir gut tun und welche nicht. Innerhalb von Sekunden fing es an zu jucken, wenn ich mit jemandem zusammen war, der mir nicht gut tat. Ich hatte gelernt, auf mein Hautgefühl zu vertrauen. Bei anderen ist es der Bauch, bei mir ist es die Haut. Von dem Tag an, als ich Pierre kennen lernte, habe ich nie wieder Neurodermitis gehabt. Durch Pierre habe ich ein neues Wohlsein erlebt.

Pierre: Sie war von einem Tag auf den anderen komplett von der Neurodermitis geheilt!

*

Pierre: Eine der zentralen Komponenten bei uns ist, dass wir eine äußerst erotische Beziehung haben. Die darin besteht, dass wir extrem gern zusammen sind und uns gegenseitig sehr stark anziehen, auf eine völlig natürliche Art, völlig unverkrampft. Die Anziehungskraft war von Anfang an vorhanden und ist bis heute ungebrochen. Sexuell kennen wir keine Grenzen. Erst da, wo es um physische Verletzungen geht, interessiert es uns nicht mehr. Wir machen schon auch mal extreme Sachen. Aber nur, was schön, was ästhetisch ist – und da gibt es ganz viel Spielraum. Es ist ein ständiges Experimentierfeld. Wir sind total neugierig, jede Faser des anderen Körpers zu erforschen. Wir lassen uns fallen, wir tauchen ineinander ein, wir tauchen gemeinsam in etwas ein. Ach, es ist so schwierig zu beschreiben! Auf jeden Fall meine ich etwas komplett anderes als diesen ganzen Pornokram, diese Mechanik. Unsere Ehe ist sicherlich auch auf dem Sexuellen aufgebaut, aber nicht zentral. Wer feststellt: »Es läuft bei uns super im Bett, also lass uns heiraten!« – wenn da nicht mehr ist, wird dieses Paar irgendwann unglücklich sein.

Julia: Ich habe eigentlich nie jene Art von Verliebtheit empfunden, von der man immer hört. Es war gleich sehr geerdet, sehr ernsthaft. Natürlich waren wir sehr verliebt. Aber ich hatte keine Schmetterlinge im Bauch, die einem ja auch Angst machen können. Es war von Anfang an Liebe, von Anfang an ganzheitlich. Auch in sexueller Hinsicht.

Pierre: Ja, es war sexuell immer ganz einfach, ganz leicht, ganz harmonisch und schön. Ich habe diese Frau Tausende Male in meinem Leben gesehen – und ich finde sie ungewöhnlich schön, extrem feminin, bin jeden Tag aufs Neue von ihr fasziniert. Sie ist eine der erotischsten Frauen, die ich je gesehen habe. Ich habe Tausende Male mit ihr geschlafen – es ist immer wunderschön. Ich wette hundert zu eins, ich wette Eckhäuser darauf: Es gibt kein anderes Paar, dass nach so langer Zeit so tollen und so viel Sex hat wie wir.

Julia: Pierre behauptet immer, andere Paare hätten nach einer gewissen Anfangseuphorie nur noch selten Sex oder gar keinen Sex mehr.

Pierre: Seit Jahren diskutieren wir dieses Thema immer wieder. Und ich kann Julia nicht überzeugen. Meine These ist: ...

Julia: Du konntest diese These noch nie stichhaltig untermauern.

Pierre: Ich bin doch gerade dabei! Also: 80 Prozent aller Ehen funktionieren sexuell nicht oder nicht mehr. Da passiert nichts, tote Hose, Feierabend. Und das betrifft nicht nur Ehen, die so lange halten wie unsere, sondern auch dreijährige Ehen. Was meiner Meinung nach daran liegt, dass die sexuelle Vorstellungswelt der Leute eine Messlatte hat, die weit über dem Weltrekord hängt. Wenn sie sich kennen lernen, ist erst mal Leistungssport angesagt. Sie gucken sich das aus Pornofilmen ab. Für Sinnlichkeit hat Otto Normalverbraucher meist nicht genügend Fantasie.

Julia: Damit sprichst du den Menschen die Sensibilität ab.

Pierre: Ich rede von blödsinnigem Bodenturnen! Auf der Ebene kann man keine Beziehung aufbauen. Die Fallhöhe ist einfach zu groß. Wenn man aber ganz entspannt, spaßig und fantasievoll da rangeht, kriegt man dieses Problem nicht.

Julia: Auch bei uns gab es Phasen, wo es mit dem Sex nicht ganz so perfekt lief.

Pierre: Aber wir haben unsere Sexualität gepflegt, sind immer sensibel miteinander umgegangen und aufeinander eingegangen. Wir haben auch oft über unsere sexuellen Obsessionen gesprochen, uns gegenseitig unsere Träume und Wünsche erzählt. Unter anderem die Träume, in denen der Partner nicht vorkommt. Wir sind beide sehr neugierig, und es hat immer viel Spaß gemacht, die Möglichkeiten auszuforschen. Damit sind wir noch lange nicht am Ende.

Julia: Eine Phase, in der es nicht ganz perfekt lief, war nach der Geburt unseres ersten Kindes. Physisch hat man ja während der Stillzeit nicht viel Lust auf Sex. Das ist ganz natürlich, denn wenn eine Frau während der Stillzeit schwanger wird, bleibt die Milch aus. Also hat es die Natur so eingerichtet: Damit das Baby nicht verhungert, bekommen Frauen, die stillen, wenig Lust auf Sex. Kurz nachdem ich abgestillt hatte, ergab es sich, dass wir zu dritt Sex hatten, mit einer weiteren Frau. Ich hatte so etwas vorher noch nie gemacht und fand es spannend. Es hat mir einen Kick gegeben: Mein Sexleben ist dadurch wieder erwacht.

Pierre: Das war fast wie vom Arzt verordnet. Es passte absolut in die Situation, es war eine Art Therapie für uns. Im Laufe der Jahre haben wir dann noch einige Male eine zweite Frau dabeigehabt.

Julia: Wir hatten aber nie Dreierbeziehungen. Es war jeweils nur für ein paar Nächte.

*

Julia: Nicht nur in sexueller Hinsicht haben wir immer darauf geachtet, dass etwas Neues passiert, sondern auch in vielen anderen Bereichen. Früher, als ich kurze Beziehungen mit anderen Männern hatte, wurde es mir oft langweilig. Da war ich immer das Zugpferd, musste alles anschieben. Mit Pierre war das nie so. Wir stacheln uns oft gegenseitig an: Wenn sich der eine mal ein bisschen gehen lässt, gibt ihm der andere einen Tritt in den Hintern. Oder er sagt: »Komm, ich ziehe dich ein Stück, dann läuft es auch wieder.« Knapp eineinhalb Jahre, nachdem wir geheiratet hatten, kam unser erstes Kind auf die Welt. Das war natürlich schon mal eine enorme, spannende und zauberhafte Veränderung in unserem Leben. Ein Jahr später sind wir von Zürich nach Düsseldorf gezogen.

Pierre: Und drei Jahre darauf sind wir mit den Kindern nach Hamburg gezogen. So gab es immer frischen Wind: Man musste sich neu einrichten, tausend Sachen organisieren, neue Leute kennen lernen. Wir sind auch innerhalb der Städte ständig umgezogen, es waren bestimmt fünf Umzüge in fünf Jahren.

Julia: Zehn in zehn Jahren!

Pierre: Wir haben immer wieder verstanden, unserem Leben einen Kick zu geben. Auch beruflich gab es Veränderungen. Und wir haben nie den Fehler gemacht, wegen der Kinder unsere Partnerschaft zu vernachlässigen. Als zum Beispiel unser erstes Kind sechs Wochen alt war, sind wir mit ihm zusammen nach New York gereist. In dem Sinne haben wir alles mitgenommen, was mitzunehmen war: Wir haben extrem gelebt, exzessive Partys gefeiert, das Leben ausgekostet.

Julia: Unser Leben entspricht unseren Persönlichkeiten. Schon als die Kinder noch sehr klein waren, hatten wir genug Geld, um uns jederzeit Putzfrau und Babysitter leisten zu können. Tagsüber war ich zu Hause, konnte mich vor allem um die Kinder kümmern. Abends sind wir dann ausgegangen. Manchmal hatte Pierre vielleicht ein bisschen Angst, dass ich eine dieser typischen Klischee-Hausfrauen werde – und ihm als attraktive Partnerin, als Partygirl verloren gehe. Also haben wir immer sehr darauf geachtet, uns individualistisch auszuleben – natürlich ohne dass die Kinder zu Schaden kommen.

Pierre: Die Kinder haben niemals darunter gelitten. Wir verbringen sehr viel Zeit mit den Kindern. Wobei ich immer schon viel konsequenter und radikaler unterwegs war als Julia. Sie ist zum einen nicht der Typ, der bis an die Kante geht. Sie ist nicht so vergnügungssüchtig, so verrückt wie ich. Zum anderen hatte ich auch mehr Gelegenheiten durch meinen Beruf. Anfang der 90er Jahre habe ich mit Kollegen die wildesten Partys gefeiert in Ost-Berliner Kaschemmen und Bordellen. Wein, Weib und Gesang! Julia hat mich animiert, das zu machen. Sie weiß, dass ich so was brauche. Ich musste nie Rechenschaft ablegen – was zur Konsequenz hatte, dass ich ihr freiwillig alles berichtet habe. Alles, auch wenn ich es noch so bunt getrieben hatte.

Julia: Ich hatte das kleine Kind und war froh, genug Schlaf zu bekommen. Das Gefühl, etwas zu verpassen, hatte ich nicht. Ich war auch nie eifersüchtig, sondern beanspruche nur die volle Aufmerksamkeit, wenn ich dabei bin. Pierre hat mir jederzeit, die ganzen Jahre über zu verstehen gegeben, dass er am allerliebsten mit mir zusammen ist, mit mir ausgeht. Wenn er nun beruflich in einer anderen Stadt ist, darf er sich natürlich trotzdem amüsieren. Er gibt mir ja immer das Gefühl, dass ich die absolute Nummer Eins bin. Dass er mich über alles liebt.

Pierre: Solange ich denken kann, bin ich von schönen Frauen umgeben. Ich kenne das nicht anders, und Julia kennt mich nicht anders. Ich habe auch immer Geschäfte betrieben, die spaßrelevant waren. Beispielsweise kannte ich meine langjährige Assistentin schon aus Jugendzeiten. Wir haben uns dann auch nach dem Geschäft ständig zusammen die Nächte um die Ohren geschlagen.

Julia: Ihr seid sogar zusammen nach Australien gereist. Ich konnte nicht, also seid ihr beiden gefahren.

Pierre: Im Camper-Van durch Australien. Es war eine spontane Idee: Damals hatte ich geschäftlich mit den Toten Hosen zu tun, und sie gingen auf Tour durch Australien. Nachdem wir eine Diskussion zu Hause nicht beenden konnten, hatte ich mit dem Manager abgemacht: »Treffen wir uns doch in Sydney und reden da weiter!« Also bin ich mit meiner Assistentin durch Australien gereist , um die Tournee zu begleiten. Wenn ich zehn Tage mit einer Frau im Camper durch Australien fahre, erübrigt sich die Frage nach Eifersucht.

Julia: Ich glaube, die meisten Leute werden eifersüchtig, weil sie wenig Selbstwertgefühl haben. Aber ich bin mit einer ganzen Portion davon ausgestattet. Ich weiß zum Beispiel: Am liebsten möchte ich mit Pierre zusammen sein, ich liebe diesen Mann, es gibt keinen Grund, sich zu trennen. Andererseits bin ich mir sicher: Wenn es nicht mehr ginge mit Pierre, würde ich weiterleben. Ich könnte allein leben, ich könnte mit einem anderen Mann oder mit einer Frau zusammenleben. Verlustängste habe ich nicht. Ich denke, dass keine andere Frau Pierre das bieten kann, was ich ihm biete. Und trotzdem ist es okay, wenn er mal was mit anderen Frauen hat.

Pierre: Was ja nicht zwangsläufig sein sollte oder sein muss.

Julia: Ich habe überhaupt kein Problem mit einem Seitensprung. Das ist völlig okay.

Pierre: Ganz klar, dass ich mal mit anderen Frauen etwas hatte, du ja auch mit anderen Männern. Aber eigentlich finde ich es nicht nötig, fremdzugehen. Ich mag zwar gern Flirten, ich liebe charmante Situationen. Aber es muss nicht gleich Sex sein. Und die Vorstellung, neben einer anderen Frau aufzuwachen, ist für mich unerträglich.

Julia: Für mich macht es keinen Unterschied, ob du mit einer Frau rumknutschst oder ob du auch mit ihr ins Bett gehst.

Pierre: Doch, ich finde, da gibt es schon Unterschiede.

Julia: Rumknutschen kann noch viel gefährlicher sein als Sex.

Pierre: Du hast immer alle meine Bedürfnisse mehr als gestillt. Da macht es keinen Sinn, etwas mit anderen Frauen anzufangen. Allerdings waren wir ja auch mal eine Zeit lang getrennt. Und das hatte ich – nicht ursächlich, aber in gewissem Maße auch – mit einer außerehelichen Beziehung provoziert.

*

Julia: Die Probleme fingen 1998 an, nachdem ich mit dem Studium begonnen hatte. Unser zweites Kind ist in den Kindergarten gekommen, und ich wollte wieder etwas für mich tun. Ich habe überlegt zu arbeiten, aber es gibt in Deutschland für qualifizierte Frauen zu wenige Jobs, die man in Teilzeit machen kann. Deshalb hatte ich mich entschieden zu studieren. Es gibt ja dieses Wort »Lebensabschnittspartner«. Eigentlich ist es negativ besetzt, aber ich finde das Wort genial, denn ich bin der Meinung, dass das Leben in Abschnitten verläuft. Gerade wenn man Kinder bekommt, gibt es Zyklen – man ist erst sehr gebunden, dann hat man wieder mehr Freiheit. Auch sonst passiert vieles in Zyklen, in Lebensabschnitten. Wenn man Glück hat, passt man mit dem Partner über ganz viele Lebensabschnitte hinweg zusammen. Wenn man Pech hast, entwickelt man sich in eine Richtung, wo der Lebensabschnittspartner von vorher nicht mehr dazu passt. Und genau das ist uns passiert: Pierre hat 150 Prozent gearbeitet, ich wollte studieren.

Pierre: Ich habe deine Entscheidung zu studieren vorbehaltlos unterstützt. Die Konsequenz war, dass du dir an der Uni einen neuen Lebenskreis aufbautest. Du bist auch plötzlich mit linken politischen Ideen angekommen.

Julia: Ach, diese Ideen hatte ich schon immer. Aber ich hatte meine Aufgaben neu gesehen, wir hatten uns massiv auseinander gelebt. Im März 1999 hatten wir eine ganz schwierige Zeit, haben uns nur noch gestritten. Jeder hat im anderen den Feind gesehen. Ich muss dazu auch sagen, dass ich das Veranstaltungsbusiness, in dem Pierre damals arbeitete, nicht besonders attraktiv fand. Ich wollte damit nicht viel zu tun haben. So fängt es ja schon an: Wenn du neun, zehn Stunden am Tag einen Betrieb leitest, Unternehmer bist, und dann kommst du nach Hause ...

Pierre: ... und deine Frau denkt, du hast den ganzen Tag nur Scheiß gemacht ...

Julia: Nein, aber Pierre selbst hat nichts von der Arbeit erzählt. Wenn ich etwas fragte, hat er zwar geantwortet, aber ich hatte keine Ahnung, wovon er spricht. Ich habe die Zusammenhänge nicht verstanden und hatte auch relativ wenig Interesse, mich damit auseinander zu setzen.

Pierre: Ich fand es zunächst ganz großartig, Stars auf die Bühne zu bringen, Partys zu feiern und die Schwarte krachen zu lassen.

Julia: Ich wollte studieren und ansonsten ein schönes Familienleben führen.

Pierre: Diametral entgegengesetzt war das. Zu der Zeit habe ich nicht nur Entertainment gemacht, sondern auch Unternehmensberatung im Mode-Business.

Julia: Und mit der Modewelt konnte ich noch weniger anfangen als mit dem Entertainment. Mich schön zu kleiden, finde ich wunderbar. Aber ich bin niemand, der Modeheftchen anschaut oder sich sonstwie mit Mode beschäftigt.

Pierre: Für mich war es weit mehr als ein Job, mit dem man gutes Geld verdient. Ich liebte diese Arbeit, die Verrückten, die man in dieser Welt trifft. Ich hatte zu der Zeit eine Büroleiterin, eine sehr attraktive junge Dame ...

Julia: ... in Gucci gekleidet!

Pierre: Ja, eben. Prada und Gucci.

Julia: Sie passte genau in Pierres Welt zu jenem Zeitpunkt. Auch sie hatte private Probleme, wollte sich von ihrem Freund trennen. Und im Geschäft lief alles granatenmäßig. Da hatten die beiden natürlich ihre gemeinsamen Themen gefunden.

Pierre: Wir waren ständig zusammen unterwegs, hatten viel in München zu tun, haben immer im Vierjahreszeiten residiert, abends dann ins Schumann's. Wir waren ständig mit den Modeleuten unterwegs, auch in Berlin: Paris Bar, Borchardt, das ganze Programm. Man stelle sich vor: Du hast Dauerparty, eine sehr attraktive Frau an deiner Seite, Fotomodelltyp, ein Superkumpel zudem. Dann kommst du heim und musst dich mit dem häuslichen Kleinkram rumschlagen. Die Schere klaffte meilenweit auseinander. Irgendwann war ich dann wieder mit ihr geschäftlich unterwegs, und wir sind eines Nachts regelrecht übereinander hergefallen. Sehr unmittelbar danach habe ich Julia gesagt, dass etwas passiert war. Was sie natürlich nicht besonders gut fand. Sie war sehr enttäuscht, weil es mehr war als ein One-Night-Stand. Es war wirklich ernsthaft.

Julia: Für mich war es so, dass ich die böse Alte zu Hause war. Ich hatte diese Rolle, die mich kränkte und die für mich zunehmend unerträglich wurde.

Pierre: Du warst ziemlich unausstehlich zu der Zeit.

Julia: Ja, schon möglich. Und du hast etwas von einer Seelenverwandschaft erzählt zwischen euch. Im Prinzip konnte ich damit leben, dass ich den ganzen Tag über meine Sachen machte und wir uns abends zwei Stunden stritten. Es war unangenehm, aber deshalb hätte ich mich nicht getrennt. Aber als du meintest, du würdest die andere Frau genauso lieben wie mich: Das tat weh. Ich konnte das nicht mitmachen, also musstest du ausziehen.

Pierre: Julia hat dann weiterhin mit den Kindern in der großen Wohnung gelebt. Ich habe mir ein großzügiges Loft gemietet, so ein typisches Junggesellenloft, auch erstklassig. Selbstverständlich habe ich finanziell dafür gesorgt, dass Julia und die Kinder sich nicht einschränken mussten. Und ich habe die Kinder viel besucht. Unmittelbar nachdem ich ausgezogen war, merkte ich aber, dass ich einen Riesenfehler gemacht hatte. Ich hatte es einfach nicht geschafft, so für Julia und für die Kinder da zu sein, wie Julia es erwartete und wie ich es im Grunde genommen ja auch selbst wollte. Und das war letztlich die tiefere Ursache für Julias innere Emigration zu dieser Zeit.

Julia: Ich empfand mich die erste Zeit, ungefähr sechs Jahre lang, als allein erziehende Mutter, weil ich den familiären und den häuslichen Bereich im Alleingang organisieren musste. Als wir uns dann getrennt hatten, merkte ich: Diesen Part will ich nie wieder alleine übernehmen. Durch die Trennung konnten wir uns in unserer Ehe neu einrichten und damit auch unsere Rollen neu definieren.

Pierre: Ich habe es immer sehr genossen, eine Familie zu haben. Aber ich bin dem allen nicht gerecht geworden und konnte es auch nicht. Meine umfangreichen geschäftlichen Verpflichtungen, verbunden mit den Ansprüchen an den perfekten Familienvater – das war zu viel. Eins war mir bewusst geworden: Ich liebte Julia über alles und wollte nichts anderes, als sie wieder zurückzugewinnen. Dafür musste ich kämpfen wie ein Löwe. Julia erwartete nicht nur, dass ich mich mehr um die Familie und die Kinder kümmere. Sondern auch, dass ich geduldiger und aufmerksamer werde, mehr zuhöre. Und sie hatte Recht: Ich lebte falsch, ich dachte falsch über viele Dinge, vieles in mir war dringend reparaturbedürftig. Ich erkannte: Ich musste nicht nur äußerlich mein Leben ändern, sondern ich musste vor allem mich ändern und eine neue Einstellung zu meinem Leben finden. Ohne Julia zu leben war für mich undenkbar. Also habe ich mich daran gemacht, Julias Bedingungen zu erfüllen. Die erste, ganz praktische Bedingung war, dass ich die andere Frau nicht mehr wiedersehe.

Julia: Ja, die musstest du entlassen aus dem Geschäft.

Pierre: Das habe ich getan, mit Tränen in den Augen – in erster Linie war sie ja nicht meine Geliebte, sondern eine Freundin und eine hervorragende Mitarbeiterin. Dieses Kapitel habe ich also abgeschlossen, und zwar im November, an meinem vierzigsten Geburtstag. Aber Julia ließ mich weiterhin vor der Tür stehen.

Julia: Ich habe Pierre immer geliebt, und ich wollte wieder mit ihm leben. Ich wollte aber nicht den Pierre zurückhaben, von dem ich mich getrennt hatte. Ich wollte den Pierre, den ich von früher kannte. Von dem ich wusste, welches Potential in ihm steckt. Vordergründige Erklärungen – »Ich hab mich geändert!« – hatten wenig Wert für mich.

Pierre: Julia ist Weihnachten nach Zürich gereist, hat Heiligabend und den ersten Weihnachtstag mit unseren Kindern und mit ihren Eltern verbracht. Sie wollte noch mal in Ruhe nachdenken. Ich bin am zweiten Weihnachtstag dazugekommen. Zwischen Weihnachten und Neujahr sind wir ganz viel in den Bergen spazieren gegangen und haben geredet, geredet, geredet. Aufgrund dieser Gespräche fanden wir: »Wir sollten dem Ganzen noch eine Chance geben.« Und dann – mit Speck fängt man ja bekanntlich Mäuse – habe ich gesagt: »Weißt du was? Jetzt kaufen wir Weihnachtsgeschenke!« Wir sind nach Zürich zu Grieder, das ist ein Luxuskaufhaus, wo man die ganzen Designersachen bekommt, Kenzo, Thierry Mugler und so. Julia hat sich Klamotten ausgesucht, und ich merkte richtig, wie ihre Augen immer strahlender wurden.

Julia: Du hast mich zurückgekauft!

Pierre: Nein, es war doch so schön! Weißt du noch, an der Kasse war eine Gucci-Brille ...

Julia: Ja! Wir haben gesagt: »Ach, die nehmen wir auch noch mit!«

Pierre: Abends sind wir in die Kronenhalle essen gegangen. Bei alledem war nicht der materialistische Aspekt entscheidend. Sondern einfach: Der Spaß ist wieder da! Und zu wissen: Dieses Leben, das wir immer gelebt haben, war ja doch nicht so schlecht! Dann kam das Jahrtausend-Silvester, und an dem Abend haben wir den Kindern und allen offiziell gesagt: »Jetzt sind wir wieder zusammen.«

Julia: Da konnten wir wirklich einen Neuanfang ...

Pierre: ... einen kompletten Neuanfang ...

Julia: ... starten. Und haben auch beschlossen: Wir geben beide Wohnungen auf und kaufen uns ein Haus.

Pierre: Wir haben uns ein Mega-Super-Luxushaus in Hamburg gekauft. Was ein bisschen übertrieben war.

Julia: Leicht dekadent.

Pierre: Ich habe weiterhin sehr viel gearbeitet, aber ich habe mein Leben anders organisiert.

Julia: Die Arbeit zu reduzieren war auch nie der Punkt.

Pierre: Es ging darum, die Zeit, in der ich zu Hause bin, konzentrierter und dezidierter der Familie zu widmen.

Julia: Genau! Für mich hattest du vorher die Schwerpunkte falsch gesetzt. Es gab nur das Geschäft, dann eine ganze Zeit lang gar nichts, dann kam ich, dann wieder lange nichts, und dann kam die Familie. Damit sage ich nicht, dass du die Kinder nicht liebtest, du hast sie immer sehr geliebt! Aber ich wollte, dass du die Werte anders verteilst. Es hatte nichts mit Zeitaufwendung zu tun.

Pierre: Später war es dennoch einer der Gründe, warum ich aus meiner ganzen Karriere ausgestiegen bin: dass ich mich Julia und den Kindern nicht entfremden wollte. Das Trennungsjahr war das beste, was uns je passieren konnte. Es war ein Akt der Befreiung. Seitdem weiß ich mehr denn je: Ich kann ohne Julia nicht leben. Ich kann nicht mal atmen ohne Julia! Wenn Julia zwei Tage nicht um mich herum ist, geht es mir mies. Ich bin noch immer ein Nomade und viel unterwegs, das wird auch so bleiben. Meine ganze Wildheit, meine Abenteuer, meine extremen Haltungen: Das gleicht sie alles wieder aus mit ihrer Ruhe, ihrer Liebe, ihrer Bodenständigkeit. Nur wenn Julia bei mir ist, fühle ich mich komplett.

Julia: Ja, das, was wir heute miteinander haben, ist wirklich perfekt. Pierre ist zwar stärker von mir abhängig als ich von ihm, er ist sehr fixiert auf mich. Aber inzwischen habe ich gelernt, mit diesem Aspekt zu leben.

Pierre: Mir geht es heute besser als je zuvor in meinem Leben. Ich habe mich aus dem Geschäft zurückgezogen, habe losgelassen, kann meinen seit Jahren, ja fast Jahrzehnten verschütteten Interessen nachgehen.

Julia: Wir haben das Haus in Hamburg verkauft und ein neues, wundervolles Zuhause gefunden.

Pierre: Ich bin manchmal Hausmann, dann reise ich wieder, schreibe, fotografiere, mache meine Kunst – während Julia eine tolle Karriere hinlegt. Sie ist ein Glückskind. Ihr fällt alles zu, wofür ich hart arbeiten musste.

Julia: Es gibt, glaube ich, keinen Mann, der so viele Komplimente macht. Er macht mir extrem viele Komplimente, mindestens drei am Tag. Er sagt, dass ich gut aussehe, dass ich strahle ...

Pierre: ... dass du erotisch bist ... Du sagst mir aber auch, dass ich großartig aussehe: wenn ich beim Frisör war, neue Kleider gekauft habe oder am Pool den Adonis gebe.

Julia: Ja, sehr gerne weil du wirklich fantastisch aussiehst ...

Pierre: »... für dein Alter«, wolltest du sagen.

Julia: Na komm, du sahst immer schon toll aus und wirst immer ein schöner Mann sein.

Pierre: Danke für die Blumen.

Julia: Nicht zuletzt mache ich dir auch sehr gern Komplimente zu deinen künstlerischen Arbeiten. Aber früher lag es mir nicht, dieses Komplimente-Machen. Es ist in der Schweiz nicht so üblich. Ich habe es erst von dir gelernt, und mittlerweile mache ich es sehr, sehr gern.

Pierre: Natürlich sagen wir einander oft, dass wir uns lieben. Wir schicken uns auch Liebeserklärungen per SMS. Auch mache ich Julia wahnsinnig gern Geschenke. Wenn ich in der Stadt zu tun habe und anschließend bleibt mir noch ein bisschen Zeit, dann denke ich immer an Julia und bringe ihr etwas mit. Ich überlege mir: Was mag sie? Worin sieht sie besonders gut aus, was macht sie noch erotischer? Also kaufe ich ihr schicke neue Kleider – oder auch ein Buch, eine CD oder Blumen. Es macht mir halt viel mehr Freude, etwas für Julia zu kaufen als für mich.

Julia: Die Kleidung sucht sowieso Pierre für mich aus. Es kann vorkommen, dass er mir eine Hose mitbringt, und ich denke: Da passe ich nicht rein! Die steht mir doch überhaupt nicht! Aber ich ziehe sie an, sie passt und sieht klasse aus.

Pierre: Ich verstehe nun mal viel von Mode. Julia sagt mir auch: »Kannst du mir das und das mitbringen?« Oder wir gehen gemeinsam Kleidung für sie kaufen.

Julia: Ich stehe in der Umkleidekabine, er sucht Sachen für mich aus und bringt sie mir. Wenn Pierre sich etwas anzuziehen kauft, komme ich nie mit. Das käme mir überhaupt nicht in den Sinn.

*

Pierre: Julia ist ein Wunder. Sie hat mehr menschliche Größe als ich, sie hat ein größeres emotionales Volumen. Ich bewundere sie für ihre Toleranz, ihre Sensibilität. Sie ist ein sehr wahrhaftiger Mensch.

Julia: Das mag ja sein, aber ich bilde mir darauf nichts ein. Jedenfalls empfinde ich uns als gleichwertig. In unserer Beziehung habe ich nie das Gefühl gehabt, dass ich besser sei als du oder über dir stünde. Du hast andere Qualitäten und Charaktereigenschaften, die ich bewundere und toll finde. Es ist eine Ergänzung.

Pierre: Also gut: Unsere Ehe ist ein Wunder. Wir wissen jeden Moment, wie der andere empfindet. Jeder spürt intuitiv, wie es dem anderen geht. Wir haben keinerlei Geheimnisse voreinander.

Julia: Wir vertrauen einander zutiefst, und ich kann mich an keinen Moment erinnern, wo ich mich nicht auf dich verlassen konnte. Keiner von uns beiden hat sich je aufgegeben für den anderen. Jeder von uns kann in dieser Beziehung seine Persönlichkeit ausleben – was für mich die wesentliche Voraussetzung für eine glückliche, langjährige Beziehung ist, jedoch auch die schwierigste, weil es hierzu Selbstreflexion und großes Verständnis für den anderen braucht.

Pierre: Wir haben einerseits einen sehr lebendigen tagtäglichen Austausch von Gedanken und Meinungen, andererseits einen ausgesprochen zärtlichen Umgang miteinander. Man sieht ja immer in Filmen: Einer liest ein Buch im Bett, der andere dreht sich weg. Das gibt es bei uns überhaupt nicht. Wir gehen immer zusammen ins Bett ...

Julia: ... dann reden wir, kuscheln, knutschen rum, haben Sex ...

Pierre: Im Sommer sitzen wir abends lange auf der Dachterasse mit einer Flasche Wein. Wir sehen uns den Sonnenuntergang an und reden stundenlang. Wir haben wirklich so viel Glück miteinander und mit unserem Leben!

»Eine Menge Glück ist mit im Spiel«

Uschi (61) und Claus (66) sind seit 43 Jahren zusammen, sie heirateten 1962. Das Paar lebt in Hamburg, es hat zwei Töchter.

Beide stammen aus Gastronomen-Familien, nach ihrer Verlobung arbeiteten sie zusammen im Unternehmen von Claus' Eltern – einem der renommiertesten hanseatischen Traditionslokale. Später übernahmen sie den Betrieb, bis vor zehn Jahren führten Uschi und Claus das Restaurant gemeinsam mit zwei Verwandten.

Schon bei unserem ersten Telefonat geben Uschi und Claus mir das Gefühl, herzlich willkommen zu sein – als sei es alltäglich, dass jemand anruft und um ein Gespräch über Langzeitbeziehungen bittet. Wenige Tage später besuche ich die beiden in ihrer kleinen Wohnung, die so heimelig ist, dass man die breite, laute Straße draußen vor der Tür schnell vergisst. Wir trinken Tee und unterhalten uns von Anfang an ganz entspannt, natürlich, fröhlich. Uschis und Claus' Umgang miteinander erlebe ich als äußerst ehrlich und direkt; zudem schwingt in vielen Phasen dieses Gespräches liebevoller Humor mit.

Claus: Eines möchte ich gern vorwegnehmen: Ich kann mir überhaupt nicht vorstellen, mit einer anderen Frau zusammenzuleben. Zum einen – das ist ganz klar das Allerwichtigste –, weil ich meine Frau so gern mag und mit ihr glücklich bin. Zum anderen weiß ich: Gegenüber keinem anderen Menschen könnte ich mich so ungezwungen verhalten. Ich müsste versuchen, mir meine ganzen Macken abzugewöhnen, was mir sehr wahrscheinlich nicht gelingen würde. Und das denke ich nicht erst heute, wo wir über 40 Jahre verheiratet sind. Auch schon vor 20 Jahren wäre es für mich unvorstellbar gewesen, mich an eine andere Frau zu gewöhnen – und von einer Frau wäre es zu viel verlangt gewesen, sich an mich zu gewöhnen. Bei jungen Leuten ist es noch anders: Wenn man so jung heiratet wie wir, entwickelt man sich gemeinsam, man passt sich gemeinsam den Gegebenheiten an, formt sich miteinander aus. Als wir uns kennen lernten, habe ich allerdings erst mal ein bisschen das Kommando übernommen. Ich bin ja fünf Jahre älter als meine Frau, das ist bei jungen Menschen eine ganze Menge.

Uschi: Meiner Meinung nach ist ein kleiner Altersunterschied vorteilhaft, besonders wenn man in relativ jungen Jahren heiratet. Wir kennen einige Ehen, die in die Brüche gegangen sind – oft waren das Gleichaltrige.

Claus: Sie kannten sich zum Teil aus frühen Jugendtagen, manche hatten schon als Kinder zusammen gespielt.

Uschi: Wenn einer von beiden ein paar Jahre älter und dadurch ein bisschen lebenserfahrener ist, lassen sich Fehler leichter vermeiden und Probleme leichter lösen, als wenn beide noch blutjung sind.

Claus: Zuerst gab ich ein bisschen für uns beide die Richtung vor. Und nach einiger Zeit hatte der Altersunterschied keine Bedeutung mehr, wir sind schon lange völlig gleichberechtigt und treffen alle Entscheidungen gemeinsam.

Uschi: Ja, das ist wahr. Aber als wir uns kennen lernten, war ich erst 18 Jahre alt und froh, dass Claus sich ein bisschen besser im Leben auskannte als ich. Es störte mich auch nicht weiter, dass er vor mir schon andere Frauen näher kennen gelernt hatte.

Claus: Stimmt. Ich hatte schon eine vor dir.

Uschi: Eine? Ach, mein Herzchen! Du bist fünf Jahre zur See gefahren!

Claus: Falsch! Vier Jahre! Ich war als Steward auf verschiedenen Schiffen – Karibik, Mittelamerika, Südamerika. Und, nun ja, als junger Mann traf ich auch die eine oder andere junge Dame. Vielleicht war das ganz gut, wer weiß? In einer Operette heißt es ja: »In der Ehe, aus der Nähe, da merkt man, dass die anderen Weiber schöner sind.« Oder: »Das ist die Liebe, die dumme Liebe, die macht das Männchen wie den Auerhahn so blind. Erst in der Ehe, so aus der Nähe ...« Aber im Ernst: Bei anderen Männern habe ich es mehrfach beobachtet, dass sie nach vielen Ehejahren meinten, etwas verpasst zu haben. Das konnte mir nicht passieren: Ich hatte schon ein paar Erfahrungen gesammelt und wusste deshalb sehr schnell, dass Uschi für mich die Allerbeste ist.

*

Uschi: Als wir uns kennen lernten, machte ich eine Lehre in einem Hotel am Tegernsee. Es war ein teures, luxuriöses Haus, in dem überwiegend ältere, wohlhabende Leute zu Gast waren. Claus brachte seine Eltern aus Hamburg in das Hotel, eigentlich wollte er nur übers Wochenende bleiben. Dann brach sein Vater sich eine Rippe, so blieb Claus noch etwas länger.

Claus: Ich muss gestehen: Damals hatte ich in Hamburg eine Freundin. Aber nach zwei Tagen traf ich Uschi in dem Hotel. An unserem ersten gemeinsamen Abend – wir waren noch per Sie – sagte ich zu ihr: »Ich werde Sie heiraten!«

Uschi: Ich habe erst mal laut gelacht!

Claus: Sie erklärte mich für verrückt, und ich: »Ich heirate Sie, das ist kein Scherz, Sie können sich darauf verlassen!«

Uschi: Die Situation war folgende: Unter allen Gästen des Hotels war Claus der einzige junge, und wir – die Belegschaft – luden ihn ein, mit uns rodeln zu gehen. Wir waren eine ganze Gruppe junger Leute und kletterten zusammen auf den Berg. Oben angekommen, dachte ich mir: »Eigentlich gefällt er mir ja ganz gut, dieser Claus ...« Also sagte ich zu ihm: »Wissen Sie, ich habe solche Angst, alleine zu rodeln – würden Sie mich bitte mitnehmen?« Er nahm mich mit, und kurz darauf: »Ich heirate Sie!« ...

Claus: Es war wirklich kein Scherz, sondern es war meine feste Überzeugung. Hätte mir jemand einen Monat vorher gesagt, dass ich bald Heiratspläne schmieden würde, dann hätte ich ihn ausgelacht. Ich war ja erst 24 Jahre alt und hatte nie vorgehabt, unter 30 zu heiraten.

*

Uschi: Einige Tage später musste Claus abreisen. Danach konnten wir uns nicht oft sehen – die Entfernung zwischen Hamburg und dem Tegernsee ist ja sehr groß. Als wir uns ein halbes Jahr kannten und ich meine Ausbildung abgeschlossen hatte, bekam ich die Möglichkeit, weiterhin in dem schönen Hotel zu arbeiten. Aber ich wollte Claus öfter sehen, also zog ich zurück nach Krefeld zu meiner Familie, da wurde es schon etwas einfacher mit den Besuchen. Wir hatten ja auch das große Glück, dass wir beide aus Gastronomen-Familien stammen: Meine Eltern hatten ein Restaurant, seine Eltern hatten ein Restaurant, keiner legte uns Steine in den Weg. Im Gegenteil, sie fanden: »Es passt doch alles wunderbar!« Manchmal fuhr ich zu Claus nach Hamburg, aber meistens besuchte er mich. Wenn wir wussten, Claus würde am Freitag gegen 17 Uhr in Krefeld ankommen, fuhr mein Vater mich schon eine Stunde vorher zur Autobahnabfahrt. Dort warteten wir gemeinsam, bis Claus angebraust kam. Insgesamt blieb ich noch ein Jahr in Krefeld.

Claus: Das war die Zeit der hohen Telefonkosten, damals waren Ferngespräche ja noch viel teurer als heute.

Uschi: Das kann man wohl sagen! Aber schließlich verlobten wir uns, und ich zog nach Hamburg in ein möbliertes Zimmer – wo ich mich jedoch gar nicht wohl fühlte, meine Zimmerwirtin hat mich kaum gesehen.

Claus: Bei meiner Familie auf dem Grundstück gab es ein Holzhäuschen, wir nannten es »Villa Hammerschmidt«. Es hatte ein 14-Quadratmeter-Wohnzimmer, ein kleines Bad – darin haben wir dann schon praktisch zusammengelebt.

Uschi: Unsere Heirat kam schneller, als wir gedacht hätten: Wir hatten uns am 1. Mai verlobt, am 14. Dezember war Hochzeit.

Claus: Heute ist es mir ein Rätsel, wie wir das hinbekommen haben. Denn im Dezember war immer so viel zu tun im Restaurant, dass für private Dinge eigentlich keine Zeit blieb.

Uschi: Es geschah alles sehr plötzlich. Wir machten im Herbst Urlaub auf Ibiza, da schickten uns Claus' Bruder und seine Frau einen Brief: Sie erwarteten ein Kind, sie wollten umziehen – ob wir wohl ihre Wohnung übernehmen wollten? Das war eine sehr süße kleine Wohnung, natürlich wollten wir die haben! Also musste schnell geheiratet werden, Unverheiratete bekamen keine Wohnung. Wir sind ja in den prüden fünfziger Jahren aufgewachsen, auch Anfang der sechziger Jahre waren die Moralvorstellungen noch ganz andere als heute. Trotzdem war es für mich eine wunderschöne Zeit.

Claus: Heute kann man es sich überhaupt nicht mehr vorstellen: Wir hatten standesamtlich in Hamburg geheiratet, drei Tage später war die kirchliche Trauung in Krefeld. Dass wir vor der kirchlichen Hochzeit eine Nacht in einem Doppelzimmer verbrachten, löste bei den alten Tanten meiner Frau heftigste Proteste aus!

*

Uschi: In der ersten Zeit war es nicht immer ganz einfach mit uns beiden. Erinnerst du dich noch?

Claus: Ich glaube, die meisten Probleme hatten wir vor unserer Hochzeit.

Uschi: Ja, in der Verlobungszeit.

Claus: Da krachte es des Öfteren.

Uschi: Du warst in deiner gewohnten Umgebung geblieben, ich war neu in Hamburg und meinte: »Ich bin seine Verlobte, jetzt müsste er doch immer für mich da sein!« Eigentlich war das ein dummer Gedanke, aber ich war ja noch so jung – 19 Jahre erst. Ziemlich bald legten sich diese Komplikationen. Unter anderem auch dadurch, dass wir im selben Geschäft arbeiteten. Man hatte immer Gesprächsstoff, man teilte Freude und Ärger.

Claus: Von dem Moment an, als Uschi nach Hamburg zog, waren wir praktisch von morgens bis nachts zusammen im Geschäft – außer sonntags, da hatten wir geschlossen. Zuerst führten noch meine Eltern das Restaurant, dann übernahmen wir es gemeinsam mit meinem Bruder und meiner Schwägerin. Das waren Zeiten! Es war Platz für 110 Gäste, wir hatten 50

Mitarbeiter. Trotzdem war es eine Menge Arbeit für uns alle, aber es machte Spaß, es kamen ständig interessante Gäste: Sophia Loren, Barbra Streisand, Kirk Douglas, Jack Nicholson, Roman Polanski ...

Uschi: Rudolph Augstein ...

Claus: Ja, Augstein kam jeden Mittag und saß direkt vorm Tresen. Er brachte die ganzen Politiker mit: Kissinger, Falin, Genscher, Blüm ...

Uschi: Von unseren Gästen könnten wir stundenlang erzählen. Aber die Hauptsache ist ja: Wir haben die Zeit genossen. 35 Jahre lang war ich mit in dem Restaurant, und gleich nebenan wohnten wir, auf demselben Grundstück.

Claus: Nachdem unsere zweite Tochter geboren war, haben wir auf dem Parkplatz vor dem Geschäft ein Dreifamilienhaus gebaut. Es gab je eine Wohnung für meine Eltern, meinen Bruder mit seiner Familie und für uns.

Uschi: Unten im Haus waren Lager und die Umkleideräume für das Restaurant-Personal.

Claus: Wir lebten ein ziemlich verrücktes Gastronomen-Leben und hatten ganz wenig Freizeit. Zum Glück führten wir das Geschäft ja zu viert, sonst hätten Uschi und ich nie gemeinsam Urlaub machen können. Aber auch so war es schwierig, sich überhaupt einmal einen Abend freizunehmen. Schon gar nicht am Freitag oder Samstag, da kamen immer große Gesellschaften.

Uschi: Unser Leben war überwiegend durch die Arbeit bestimmt. Und obwohl ich diese Arbeit sehr gerne mochte, denke ich heute: Wenn ich noch einmal jung wäre, würde ich versuchen, mehr Zeit mit den Kindern zu verbringen.

Claus: Das Geschäft war auf uns zugeschnitten, es war alles sehr persönlich, wir pflegten den Kontakt zu unseren Gästen. Auch als die Kinder klein waren, arbeitete meine Frau immer hundert Prozent mit im Restaurant.

Uschi: Ohne Anna hätten wir das niemals so gut hinbekommen! Sie war schon mein Kindermädchen gewesen, sie hatte mich und meinen Bruder während unserer Kindheit in Krefeld betreut. Anna war allein stehend, und als ich zum ersten Mal Mutter wurde, fragte ich sie, ob sie zu uns kommen und mir mit dem Kind helfen wolle. Sie sagte: »Wenn du mich in Hamburg brauchen kannst, komme ich!« Und sie kam tatsächlich her.

Claus: Sie blieb ungefähr 20 Jahre in Hamburg, nicht?

Uschi: Ja, sie war lange hier. Unsere älteste Tochter liebte diese Frau, und wie! Jetzt ist Anna schon lange tot, aber für unsere Töchter ist es noch immer sehr, sehr wichtig, dass sie Anna hatten. Für uns alle war Anna ein Riesengeschenk, sie war eine unglaublich treue Seele.

*

Uschi: Man muss vielleicht dazu noch erklären: Unsere älteste Tochter hat eine Behinderung. Das ist natürlich etwas, was meinen Mann und mich gemeinsam sehr beschäftigt hat. Als sie geboren wurde, sagte der Arzt zu uns: »Es lässt sich nicht ändern, Sie müssen sich damit abfinden, dass dieses Kind niemals sitzen, geschweige denn laufen lernt.«

Claus: Aber es kam anders.

Uschi: Heute ist sie eine selbstbewusste, hübsche junge Frau. Sie hat geheiratet, sie ist berufstätig, sie macht ihren Haushalt.

Claus: Sie führt ein normales Leben, es geht ihr gut.

Uschi: Trotz ihres Handicaps – sie hat einen Gehfehler und kann eine Hand nicht richtig bewegen. Aber das ist ja nichts im Vergleich zu dem, was der Arzt damals prophezeite! Ich denke, es war auch für uns als Paar eine ganz besondere Situation, eine besondere Aufgabe, dieses Kind dahin zu bringen, wo es heute ist.

Claus: Wir hatten wohl auch eine Menge Glück.

Uschi: Ja, dass wir das alles geschafft haben!

*

Claus: Mittlerweile ist es schon zehn Jahre her, dass wir das Geschäft aufgegeben haben.

Uschi: Ich war erst mal sehr froh, dass endlich ein bisschen Ruhe einkehrte in unser Leben. Ich genoss es, Zeit für mich zu haben, ich stürzte mich auch sehr auf den Haushalt. Also, ich kann wirklich ganz ernsthaft sagen: Seitdem wir aus dem Geschäft sind, habe ich mich noch nicht einmal gelangweilt. Wenn mich ein Außenstehender beobachten würde, könnte er sehen, dass ich manchmal still dasitze und nichts tue. Aber ich fühle mich wohl in solchen stillen Momenten, mir ist nie langweilig.

Claus: Auch ich habe nie Langeweile gehabt.

Uschi: Vor drei Jahren habe ich mir wieder einen Job gesucht – gelegentlich arbeite ich stundenweise in einem ganz entzückenden kleinen Geschäft. Das bringt mir sehr viel Spaß.

Claus: Ich vertrete hin und wieder einen Freund in seinem Hotel. Manchmal ein paar Wochen lang, dann wieder eine ganze Weile gar nicht. Vor kurzem habe ich auch eine ehrenamtliche Tätigkeit aufgenommen.

Uschi: Mein Mann hilft jetzt bei der Hamburger Tafel – das ist eine Institution, die überschüssige Lebensmittel aus Großküchen und Supermärkten abholt, um sie dann an Bedürftige zu verteilen. Die suchen händeringend Leute, und ich finde es ganz, ganz toll, dass Claus da mitmacht. Es ist eine gute Möglichkeit zu helfen, es tut ihm gut – es macht uns beide richtig glücklich.

Claus: Da herrscht eine sehr lockere Atmosphäre, alle duzen sich, man trifft viele nette Leute – die gemeinsam etwas bewegen. Ich fühle mich wohl unter diesen Leuten und bin ganz froh, dass es ein bisschen sinnvoll ist. Man könnte ja auch tausend andere Sachen machen, bei denen ich mir da nicht so ganz sicher bin.

Uschi: Viele Freunde von uns gehen jetzt golfen.

Claus: Das liegt mir nun gar nicht.

Uschi: Solange es ihnen Spaß bringt, ist es vernünftig und auch sinnvoll – zwar nur für sie selbst, aber immerhin.

Claus: Stimmt, so gesehen hast du Recht. Und – bei dieser Gelegenheit sieht man wieder: Wir tauschen uns ganz viel aus, regen uns gegenseitig zum Nachdenken an, haben immer etwas zu besprechen.

Uschi: Was man denkt, was man tut: Alles wird bei uns besprochen. Und ich finde: Nur so kann es gehen, so muss es sein.

*

Claus: Wenn man jung ist und sich noch nicht so lange kennt, versucht natürlich jeder, erst mal seinen Kopf durchzusetzen. Bis man sieht: »So wird das nichts!« Dann muss man sich umstellen, sich auf den Partner einstellen. Wer in dem Moment merkt: Mit dem Aufeinander-Eingehen, dem Besprechen, dem Diskutieren funktioniert es nicht – der hat schlechte Karten. Neulich im Fernsehen diskutierten Jugendliche mit einem Geistlichen. Eine Frage war: »Was ist das Wichtigste, wenn man heiratet?« Und einer der Jugendlichen meinte: »Das Wichtigste ist für mich der Sex, alles andere ist Nebensache.« Da hat ihm der Geistliche ganz schön den Kopf gewaschen. Er sagte: »Auch bei größerer Kondition verbringt man vielleicht eine Stunde am Tag mit Sex. Dann bleiben immer noch dreiundzwanzig Stunden, die auszufüllen sind. Und wenn man in dieser Zeit nichts miteinander anfangen kann, dann hat man ein Problem.« Ich finde, das bringt es ziemlich genau auf den Punkt.

Uschi: Wobei Zärtlichkeit und Sexualität natürlich auch nicht unwichtig sind.

Claus: Nein, da hast du Recht, das spielt schon eine große Rolle. Aber es darf nicht das Einzige sein.

Uschi: Dass wir noch heute zärtlich miteinander umgehen, ist mir ganz wichtig. Oft legst du beim Spazierengehen deinen Arm um mich, und ich finde das wunderschön.

Claus: Auch ich mag das sehr gern, ich fände es traurig ohne Zärtlichkeit. Aber es ist auch unheimlich wichtig, dass einem der Gesprächsstoff nicht ausgeht.

*

Uschi: Manche Paare können noch so viel diskutieren, noch so viel an sich arbeiten, und trotzdem will es nicht passen – das ist einfach Pech. Ich bin felsenfest davon überzeugt: Wenn zwei Menschen sich so lange dermaßen gern haben wie wir, dann ist auch eine Menge Glück mit im Spiel.

Claus: Es gibt sicherlich keine Patentrezepte für eine gute Ehe – ich könnte nicht zu meiner Tochter sagen: »Mach es soundso, bedenke dies und jenes, dann wirst du glücklich mit deinem Mann.« Aber für mich persönlich ist es das Wichtigste, dass man sich immer etwas zu erzählen hat. Kürzlich sah ich Walter Giller – der übrigens auch oft zu uns ins Restaurant kam – im Fernsehen, und er sagte: »Ich kann mit meiner Frau noch immer ganz viel lachen.« Da meinte ich zu Uschi: »Sieh mal an, das geht uns genauso.« Wir lachen sehr viel zusammen, wir haben den gleichen Humor.

Uschi: Über uns selbst können wir auch ganz gut lachen. Hin und wieder muss ich wirklich laut losprusten, wenn wir am Frühstückstisch sitzen und uns über den vergangenen Abend unterhalten. Einer erzählt, was es im Fernsehen gab, der andere, was er in der Zeitung gelesen hat, und dann reden wir auch noch schön aneinander vorbei ... In solchen Situationen könnte man uns filmen, und es wäre fast so lustig wie ein Sketch von Loriot.

Claus: Ja, genau, manchmal würden wir wirklich als Loriot-Figuren durchgehen. Aber das stört mich überhaupt nicht, im Gegenteil: Ich kann ja selbst herzlich darüber lachen! Es gibt so viele Ehepaare, die sich nichts mehr zu sagen haben, die sich stundenlang anschweigen. Das konnten wir auch in unserem Geschäft beobachten. Und wenn ich so etwas sehe, dann denke ich: »Bei den beiden ist wohl der Ofen aus.«

*

Uschi: Aber es ist nicht so, dass wir ständig zusammenhängen. Mein Mann geht zum Beispiel oft alleine einkaufen.

Claus: Ich mag gerne einkaufen gehen.

Uschi: Und ich sehr ungern. Also: Da ergänzen wir uns. Morgens überlegen wir uns immer gemeinsam, was wir zu Mittag essen wollen, und dann macht mein Mann die nötigen Besorgungen. Praktischerweise hat er so auch die Ausgaben unter Kontrolle, er ist bei uns beiden ein bisschen der Finanzminister.

Claus: Größere Anschaffungen beschließen wir natürlich gemeinsam.

Uschi: Ja, klar. Wegen Geld gibt es bei uns überhaupt keine Konflikte. Jeder hat sein eigenes Geld, das er selbst verwaltet. Dadurch, dass ich im Restaurant bei meinem Mann angestellt war, brauchte ich ein eigenes Konto, und dabei blieb es bis heute: Jeder hat ein Konto, jeder hat natürlich auch eine Vollmacht für das Konto des anderen. Außerdem gibt es eine gemeinsame Kasse. Das alles hat sich über die vielen, vielen Jahre eingespielt, es funktioniert reibungslos.

*

Uschi: Wenn wir beide abends zu Hause sind, essen wir zusammen Abendbrot, und danach verzieht sich jeder in seine Ecke, einer sitzt im Wohnzimmer, der andere im Esszimmer. Jeder macht, was er will: fernsehen, Kreuzworträtsel lösen oder auf dem Computer Bridge spielen. Ich denke immer, wenn hier jemand abends reinkäme und uns sähe, könnte er daraus schließen, dass wir uns nicht mögen. Aber ich finde: Wir sind den ganzen Tag zusammen – da ist es auch ganz schön, abends mal für sich zu sein.

Claus: Auf besondere Einladung kommt Uschi auch zu mir rüber.

Uschi: Mein Mann sagt manchmal: »Im Fernsehen läuft gerade das und das, möchtest du es mit mir sehen?« Dann besuche ich ihn.

Claus: Normalerweise klappt es nicht so gut mit dem gemeinsamen Fernsehen, weil ich ein Zapper bin. Ich kann mir problemlos drei Sendungen gleichzeitig ansehen. Das nervt Uschi.

Uschi: Ja, aber es ist kein Problem. Ich mache eben gern Kreuzworträtsel, dabei muss mein Mann nicht neben mir sitzen. Er hat allerding noch eine Unart: Er geht sehr spät zu Bett. Ich finde es schade, wenn man erst um elf Uhr frühstückt, besonders im Sommer. Bis man dann alles fertig hat, ist der halbe Tag vorbei. Gerade der Morgen ist doch so eine schöne Tageszeit!

Claus: Abends ist es auch schön. Die Nachtigallen singen ...

Uschi: Nun gut, in diesem Punkt werden wir uns nach über vierzig Jahren Ehe wohl nicht mehr einigen.

Claus: Ich lebe zeitversetzt, ich gehe um eins, halb zwei schlafen.

Uschi: Manchmal höre ich dich um drei Uhr ins Bett kommen. Wenn es allein nach mir ginge, würde ich früher einschlafen und früher aufstehen, als ich es heute tue. Aber natürlich kommt man sich ein bisschen entgegen.

Claus: Es ist auch schon passiert, dass ich nachts die Wohnung umgeräumt habe.

Uschi: Stimmt! Zusammen mit meiner Mutter!

Claus: Ich hatte ein hervorragendes Verhältnis zu meiner Schwiegermutter, sie wohnte eine Zeit lang im selben Haus wie wir. Sie sagte: »Mensch, Claus, lass uns doch den Tisch und den Schrank mal woanders hinstellen ...« Da war sie sehr kreativ! So haben wir beide nachts die Möbel umgestellt, und wenn meine Frau morgens aufwachte, sah alles ganz anders aus.

Uschi: Ja, und ich muss sagen: Es hat mich nicht immer hoch erfreut – dann haben wir alles wieder zurückgeräumt.

Claus: Das Zeitversetzte ist bei mir vor allem berufsbedingt: Vor eins, halb zwei Uhr nachts war im Restaurant nie Schluss. Noch heute bin ich vor zehn Uhr morgens gar nicht richtig da. Normalerweise schalte ich um zehn das Gehirn erst ein.

Uschi: Ich habe mich zwischenzeitlich daran gewöhnt, so lange mit dem Frühstück zu warten. Alleine will ich nicht frühstücken. Das gemeinsame Essen und die Gespräche am Tisch finde ich ganz wichtig für eine Familie, für mich ist das der Inbegriff der Gemütlichkeit. Im Restaurant haben wir es meist nicht hinbekommen, da hat jeder auf die Schnelle etwas allein gegessen, wenn es gerade passte.

*

Uschi: Trotz allem hatten wir aber immer gemeinsame Freizeitaktivitäten. Früher stand natürlich das Berufliche an erster Stelle, es war unser großes gemeinsames Interesse. Daneben blieb nicht viel Zeit übrig, aber wir haben eine Weile zusammen Tennis gespielt, und wir hatten ein Pferd. Mein Mann war der bessere Reiter, ich war eher ein bisschen ängstlich. Trotzdem bin ich immer fröhlich mitgegangen zum Reithof, auch weil die Abende mit den anderen Pferdefreunden so nett waren.

Claus: Wir hatten auch 25 Jahre lang ein Sonntags-Abonnement im Thalia Theater. Noch heute gehen wir regelmäßig ins Theater.

Uschi: Und schon 1969 haben wir gemeinsam mit Freunden einen Resthof bei Lüchow gekauft. So konnten unsere Kinder in den Ferien in freier Natur spielen, und wir beide genießen es bis heute, im Wendland zu sein.

Claus: Ja, wir fahren noch immer gern dorthin.

Uschi: Im Sommer haben wir dort kleine Gäste: Vor drei Jahren haben wir eine Patenschaft für zwei Kinder aus Weißrussland übernommen. Wir schicken ihnen Briefe und Pakete, wir telefonieren viel mit ihnen. Und jeden Sommer besuchen sie uns für vier Wochen auf unserem Ferienhof. In einem halben Jahr sind sie zum dritten Mal bei uns, und wir freuen uns jetzt schon darauf.

Claus: Ein Verein holt jedes Jahr in den Sommerferien 70 Kinder nach Deutschland. Die Kinder kommen aus armen Familien, und alle sind strahlungsgeschädigt, sie sind Tschernobyl-Opfer. Es ist unglaublich traurig, zu sehen und zu wissen, was für schlimme Krankheiten sie haben. Es gab schon mehrere Fälle, wo Kinder die Zeit zwischen zwei Sommerferien nicht überlebt haben.

Uschi: Die Jüngere von unseren beiden Pflegekindern hat einen Nierenschaden und soll operiert werden. Also haben wir Geld gesammelt bei unseren Freunden, wir haben Bettelbriefe geschrieben. Tatsächlich ging allerhand ein. Es ist eine große Freude für uns, diese Mädchen bei uns zu haben und ihnen auch ein klein bisschen helfen zu können.

Claus: Wir hatten auch Glück: Es sind sehr, sehr nette Mädchen.

Uschi: Sie haben unsere Herzen im Sturm erobert. Und wie sie meinen Mann lieben! Sie sind ganz vernarrt in ihn und tanzen den ganzen Tag um ihn herum.

Claus: Ja, es macht wirklich Spaß mit ihnen. In gewisser Weise sind sie für uns ein Enkelkinderersatz.

Uschi: Genau. Wir haben ja keine eigenen Enkelkinder. Die beiden Mädchen haben uns sogar schon Bilder geschickt und dazu geschrieben: »von Belarussisch Enkelinnen«. Auch ihre Mutter war einmal bei uns – es sind alles außerordentlich liebe Menschen. Das Ganze beschäftigt uns sehr – es ist für jeden von uns und für uns als Paar von großer Bedeutung.

*

Claus: Auch sonst sind wir im Alltag nicht immer nur zu zweit. Wir haben einen großen Bekanntenkreis. Zum 60. Geburtstag meiner Frau kamen ungefähr 50 Leute.

Uschi: Ja, und viele kennen wir schon ewig, sie sind so lange verheiratet wie wir. Richtig enge Freunde hat man natürlich weniger – bei uns sind es ungefähr drei Paare.

Claus: Wir sind beide gesellige Menschen. In unserem Haus auf dem Lande kann es passieren, dass wir zum Frühstück zwanzig Leute sind und abends immer noch alle am Tisch sitzen. Es wird erzählt, es wird gelacht – das habe ich richtig gern!

Uschi: In letzter Zeit hat sich unser Bekanntenkreis noch einmal vergrößert, durch unsere Bridgegruppe. Vor fünf Jahren haben wir beide das Abenteuer Bridge angefangen.

Claus: Ich finde es wichtig, solche Sachen gemeinsam zu machen. Wenn einer ein zeitaufwändiges Hobby hat, und dem anderen fehlt das Verständnis dafür, dann kann das zum Reibungspunkt werden, es kann Streit geben. Wir haben uns stets abgestimmt: Früher haben wir zusammen Tennis gespielt, wir haben gemeinsam das Reiten angefangen, heute spielen wir zusammen Bridge. Das einzige Hobby, das ich alleine habe, ist Jagen.

Uschi: Damit habe ich überhaupt nichts am Hut.

Claus: Deshalb war es mir immer wichtig, dass ich nach dem Jagen innerhalb von zwanzig Minuten wieder zu Hause bin. Manche Jagdfreunde von mir sind jeden Freitag zur Jagd gefahren, kamen montags früh zurück, lieferten die schmutzige Kleidung bei ihren Frauen ab und gingen zur Arbeit. Mittlerweile sind sie geschieden. Uschi und ich haben die einfache Lösung gefunden: Meine Jagd ist bei unserem Ferienhaus. So haben wir keine Probleme wegen dieses Hobbys.

Uschi: Richtig, ich kann damit sehr gut leben.

*

Claus: In Urlaub fahren wir meistens zusammen, wir machen zum Beispiel Radtouren mit Freunden – von Passau nach Wien sind wir schon geradelt und durch Mecklenburg-Vorpommern.

Uschi: Beim letzten Mal sind wir rund um den Bodensee gefahren, das war wunderschön!

Claus: Es macht immer ganz viel Spaß!

Uschi: Aber manchmal verreise ich auch allein mit drei Freundinnen. Wir Frauen haben eine Canastagruppe, seit zig Jahren spielen wir einmal im Monat. Und wenn die Spielkasse so voll ist, dass wir nicht mehr allzu viel zuzahlen müssen, machen wir zu viert eine schöne Reise – vier Tage, drei Nächte. Wir waren schon in Florenz, Brüssel, Budapest und auf Sylt, dieses Jahr wollen wir nach Graz. Ich käme nie auf die Idee, dass mein Mann etwas dagegen haben könnte.

Claus: Nein, das ist völlig in Ordnung. Ich will gar nicht dabei sein – mit vier Frauen, das wäre mir zu anstrengend.

Uschi: Ich glaube sogar, Claus ist ganz gerne mal allein zu Hause. Er kommt auch ohne mich zurecht.

Claus: Ich bin gerade Hausfrau des Jahres geworden! Nein, im Ernst: Es ist doch wichtig, dass so was funktioniert, dass man auch mal ein paar Tage ohne den anderen auskommt. Früher bin auch ich öfters mit vier Freunden verreist. Wir sind zum Beispiel eine Woche in Kanada durch die Wildnis gewandert, das war nichts für Frauen.

Uschi: Ich denke, jeder braucht seine eigenen Freunde, seine eigenen Erlebnisse. Wäre ja schlimm, wenn man da gleich eifersüchtig werden würde! Als ich noch jung war, bin ich schon mit einer Freundin zur Kur gefahren.

Claus: Und dann auch noch nach Oberstaufen! Große Gefahr!

Uschi: Oberstaufen hat ja den Ruf, ganz wild zu sein. Aber erstens stimmt das nicht, und zweitens käme ohnehin keiner von uns auf die Idee, dem anderen einen Detektiv hinterherzuschicken. Sicherlich hat Claus Recht, wenn er sagt, »es gibt kein Patentrezept«. Es wäre auch vermessen, so ein Rezept zu formulieren. Aber ich nehme an, dass es den allermeisten Menschen gut tut, wenn man ihnen ein bisschen persönliche Freiheit lässt. Das zeigt ja auch, dass man einander vertraut.

Claus: Vertrauen ist fundamental, und wir wissen beide ganz genau, dass der andere nicht fremdgeht. So eine kleine Liebschaft nebenbei – das würde keiner von uns mitmachen.

Uschi: Ich sehe es im Bekanntenkreis, dass manche Frauen sofort Kopfweh bekommen, wenn ihr Mann mal allein weggehen möchte. Diese Art von Kopfweh kennen wir beide nicht.

Claus: Es ist einfach so: Keiner gehört dem anderen, sondern jeder ist ein eigenständiger Mensch und ein Partner. Und wenn man dem anderen jetzt Vorschriften machen wollte – »Du darfst das nicht machen, ich will es so ...« –, dann könnte es ganz schnell Schwierigkeiten geben. Meine Frau würde es sich nicht gefallen lassen und ich mir auch nicht.

*

Uschi: Trotz allem können wir auch schön miteinander streiten. Heute nicht mehr so sehr wie früher, aber es gibt noch Meinungsverschiedenheiten.

Claus: Ja, logisch, das bleibt nicht aus. Wir haben das allerdings nie über einen Tag rausgeschleppt.

Uschi: Bei unserer Hochzeitsfeier hatten wir einen älteren Herren zu Gast, einen Freund meines Vaters. Er sagte, man solle nie abends einschlafen, ohne sich wieder versöhnt zu haben. Das war ein sehr weiser Ratschlag, und wir haben uns daran gehalten. Überhaupt denke ich, man sollte so leben, dass man immer sagen kann: »Es herrscht Frieden.« Natürlich erinnert man sich im Nachhinein sowieso eher an die guten als an die weniger schönen Zeiten. Aber ich glaube auch, dass die Erinnerungen besonders positiv sein werden, wenn am Ende jedes Tages Frieden herrschte.

Claus: Ja, natürlich. Von meinem Naturell her bin ich der Aufbrausendere – heute sehe ich alles gelassener, aber früher war ich ziemlich impulsiv. Nach zehn Minuten war es meist vorbei, und dann tat es mir schon wieder Leid. Auch im Geschäft, wenn ich neues Personal eingestellt habe, sagte ich zu jedem: »Ich kann mal loswüten, aber ich bin nicht nachtragend, und ich erwarte genauso von Ihnen, dass Sie die Sache nicht in den nächsten Tag hineinschleppen.« Wenn es Probleme gibt, kann man darüber sprechen und danach den Streit vergessen.

Uschi: Zum Glück hattest du ja auch mich als Ausgleich, oft sind sie zu mir gekommen, wenn es mit dir mal nicht so einfach war.

*

Uschi: Andererseits ist das eine der Sachen, die ich am meisten an meinem Mann schätze: dass er immer ehrlich und geradeaus ist. Das finde ich unheimlich wichtig. Er würde mich nie anschwindeln, mich nie hintergehen. Auch anderen Menschen gegenüber taktiert er nicht. Bei Claus weiß man immer, woran man ist.

Claus: An Uschi bewundere ich zum Beispiel, dass sie alles so gut organisiert, unser Familienleben funktionierte schon immer ganz toll dank dieser Begabung meiner Frau. Außerdem ist es ganz einfach so: Ich liebe diese Frau.

Uschi: Ja, auch für mich ist es natürlich das Wichtigste, dass ich dich liebe.

Claus: Ich glaube, ich liebe dich heute sogar noch mehr als am Anfang. Oder anders als früher. Es ist so eine innige Vertrautheit, so ein wunderschönes Gefühl der Zusammengehörigkeit. Wenn ich aus dem Fenster schaue und sehe, dass du nach Hause kommst, durchströmt mich ein warmes Gefühl.

Uschi: An erster Stelle steht das Gefühl, dass man sich von Herzen liebt. Und zusätzlich ist da noch dieses freundschaftliche Gefühl, diese Partnerschaft – das alles wird mit der Zeit immer mehr, es wächst. Insofern ist es für mich klar: Ich möchte niemals ohne Claus sein, er gehört zu meinem Leben. Ganz oft habe ich ihm schon gesagt: »Es gibt keinen Menschen, mit dem ich lieber zusammen bin als mit dir.« Das schließt natürlich nicht aus, dass ich auch wahnsinnig gern mit meinen Kindern zusammen bin oder mich gern mit Freundinnen unterhalte. Aber mit Claus ist es etwas anderes. Ich fühle mich einfach wohl, wenn er in meiner Nähe ist – auch, wenn abends jeder von uns in einem anderen Zimmer sitzt. Mir ist es wichtig zu wissen: Er ist da. Bei uns war es ja nie so, dass wir dachten: Nun sind wir verheiratet und müssen zusehen, wie wir miteinander klarkommen. Wir mussten gar nicht groß an unserer Ehe arbeiten, meistens funktionierte alles ganz von selbst. Deshalb sage ich ja auch: Es gehört eine Portion Glück dazu.

Claus: Wenn man heute die Jahre Revue passieren lässt und feststellt, was wir alles erlebt haben, dann kann man gar nicht glauben, wie schnell die Zeit vergangen ist. Es geht ja alles ruck, zuck vorbei.

Uschi: Wenn die Zeit schnell vergeht, ist das immer ein Zeichen dafür, dass es einem gut geht. Insofern passt alles zusammen: Wir sind lange verheiratet, wir sind glücklich miteinander, also ist die Zeit für uns schnell vergangen. Die ganze Zeit über ist es immer sehr schön gewesen. Und wenn ich die Jahre noch einmal erleben könnte, würde ich nur eine einzige Sache anders machen: Ich würde mir – wie gesagt – mehr Zeit für die Kinder nehmen.

Claus: Ja, das ist ganz klar, das ist ein wichtiger Punkt. Aber ansonsten, denke ich, gibt es absolut nichts zu bereuen. Als Fazit können wir sagen ...

Uschi: ... dass wir bis auf den einen Punkt alles wieder so machen würden ...

Claus: ... dass wir immer wieder so handeln würden, wie wir es getan haben.

»Für einen Mann würde ich heute meinen Beruf nicht aufgeben«

Christine Koschnick (77) und Hans Koschnick (75) lernten sich 1952 kennen, beide arbeiteten bei der Gewerkschaft ÖTV. Sie heirateten 1954. Als ihr Sohn geboren wurde, gab Christine ihre berufliche Tätigkeit auf. Hans Koschnick wurde 1955 Mitglied der Bremischen Bürgerschaft, ab 1963 war er Innensenator, von 1967 bis 1985 Bürgermeister und Präsident des Senats der Freien Hansestadt Bremen. Christine Koschnick unterstützte und begleitete ihren Mann bei dessen Tätigkeiten, zudem war sie in sozialen, kulturellen sowie internationalen Projekten und Organisationen tätig. Ab 1994 übernahm Hans Koschnick für 20 Monate die Leitung des von der EU geförderten Wiederaufbaus der bosnisch-herzegowinischen Stadt Mostar. Seine Frau blieb währenddessen in Bremen. Bis heute engagieren sich beide in mehreren Bereichen – Hans sehr intensiv, Christine ein bisschen weniger.

Von Hans Koschnicks Assistentin erfahre ich: »Frau Koschnick ist gern bereit zu einem Gespräch, Herr Koschnick steht dafür nicht zur Verfügung.« Als ich in Bremen am Bungalow der beiden ankomme, öffnet mir dennoch Hans Koschnick die Tür – um sich gleich wieder zu verabschieden. Er hat einen Termin in der Universität, er sagt zu seiner Frau und mir: »Na, dann redet mal schön über mich!« Christine Koschnick erlebe ich als eine sehr herzliche und selbstbewusste Dame, die mit großer Freude, mit Natürlichkeit und Humor erzählt. Nach unserem Gespräch – wir sind gerade dabei, uns zu verabschieden – kommt Hans Koschnick zurück. »Na, hat meine Frau sich ordentlich über mich beschwert?«, fragt er. »Nein«, sage ich, »sie hat nur Gutes von Ihnen erzählt«. »Dann hat sie gelogen!«, meint Hans Koschnick – und lacht gemeinsam mit seiner Frau über diesen Scherz.

Hat alles so sein sollen, wie es gekommen ist? Man weiß es nicht, man kann es nicht wissen. Trotzdem denkt man immer wieder darüber nach: Ich komme aus einem kleinen Ort im Sauerland, es hätte genauso gut passieren können, dass ich einen Mitschüler geheiratet hätte und dort geblieben wäre. Aber es hat sich anders ergeben. Als mein Mann und ich heirateten, war noch nicht abzusehen, dass er einmal Präsident des Senats werden würde. Durch seine politische Karriere wurde unser familiäres Dasein ziemlich umgekrempelt – es richtete sich vieles nach seinen Gegebenheiten. Und ich muss gestehen, manches Mal habe ich gedacht: »Ich würde so gern ein ganz normales Familienleben führen!« Dass der Mann einen geregelten Arbeitstag hat, um 17 Uhr nach Hause kommt und sich dann der Familie widmen kann – für mich war das zeitweise ein Traum. Andererseits nehme ich an: Sehr lange hätte ich so eine Ehe wohl nicht genossen, es wäre mir langweilig geworden. Ich weiß es nicht mit Sicherheit, ich konnte es ja nicht ausprobieren – vielleicht wäre es auch ganz spannend gewesen. Aber mein Gefühl sagt mir: Im Großen und Ganzen ist das Leben, das ich bis heute mit meiner Familie habe, für mich ein sehr gutes Leben.

Wahrscheinlich gibt es so viele Formen der Ehe, wie es Ehepaare gibt. Keine Ehe ist genauso wie eine andere. Die Form des Ehelebens hängt zum Teil damit zusammen, aus welchen Traditionen die Partner kommen, was für Vorstellungen und welche Möglichkeiten sie haben. Bei manchen ist das Gefühl bestimmend, bei anderen der Kopf, und es gibt Ehen, die aus reiner Berechnung geschlossen werden. Insofern lässt sich gar nicht so einfach sagen, was ein »normales Familienleben« ist. Aus meiner Sicht ist es relativ normal, wenn die Leute sich vertragen, ihr Leben gemeinsam meistern und ihre Kinder befähigen, später einmal selbst mit dem Leben fertig zu werden. Das alles trifft auf meinen Mann und mich zu, so dass wir eigentlich – auf unsere Art – auch eine »normale Familie« sind. Mit all den Schwierigkeiten, die sich ergeben, und mit all den Kompromissen, die man schließen muss – sie gehören zum Leben und auch zu jeder Ehe.

Bei uns war es eben so, dass ich einen Teil meines Lebens mehr oder weniger allein verbringen musste. Phasenweise kam mein Mann eigentlich nur nach Hause, um seine Wäsche zu holen. Dabei fühlte ich mich aber nie im Stich gelassen – seine Aufgaben erforderten nun einmal eine Menge Zeit. In einem Stadtstaat wie Bremen ist der Landeschef ja gleichzeitig der Bürgermeister. Und das bedeutet: Er muss einerseits vor Ort sein, andererseits muss er das Land auf der Bundesebene vertreten, er hat im Bundesrat zu tun und noch eine Menge mehr.

Manchmal höre ich: »Sie können so stolz sein auf Ihren Mann!« Dem kann ich nicht ganz zustimmen. Für mich ist es einfach so: Mein Mann übernahm bestimmte Aufgaben, und ich sah es als selbstverständlich an, dass er diese Aufgaben anständig erfüllte. Es waren seine Pflichten – aus der Pflichterfüllung ergibt sich nicht das Recht, Lorbeeren zu ernten. Schon gar nicht für mich als Ehefrau. Was dies alles angeht, bin ich ein bisschen preußisch, ich komme ja aus dem Westfälischen. Ich erwarte Korrektheit, ich erwarte auch Selbstüberwindung, wenn es einem mal nicht so leicht fällt, seine Pflichten zu erfüllen. Deshalb war es mir immer wichtig, meinem Mann nicht im Weg zu stehen, sondern ihn zu unterstützen. Meiner Meinung nach gilt für jede Ehe: Man muss sich gegenseitig unterstützen und seinen Partner respektieren – übrigens einschließlich aller Unvollkommenheiten, die jeder Mensch hat. Insofern denke ich: »Respekt« ist das richtige Wort, nicht »Stolz«.

Nur weil mein Mann bestimmte Aufgaben erfüllt hat, bin ich noch lange niemand Besonderes. Es ist nicht und es war nie mein Verdienst. Deshalb wäre ich auch nie auf die Idee gekommen, mir für irgendwelche alltäglichen Arbeiten zu schade zu sein. Selbstverständlich setze ich die Mülltonnen raus und hole sie wieder rein, und selbstverständlich habe ich das auch gemacht, als er Bürgermeister war. Erst neulich hat mir jemand so einen Vortrag gehalten: »Als Frau von Hans Koschnick müssen Sie doch nicht dies und jenes selbst machen! ...« Und ich erwiderte: »Wieso denn? Sie machen das doch auch alles selbst und haben dazu noch Ihren Beruf! Ich bin zufällig die Frau des ehemaligen Bürgermeisters, weiter nichts! Daraus leite ich für mich noch lange keine Privilegien ab.« Ich hoffe sehr, dass ich auch an meinem Lebensende keinen Nagel kriege, dass ich normal bleibe, dass ich nicht überheblich werde.

Es war für mich immer selbstverständlich, unseren Haushalt zu machen. Natürlich habe ich Hans' Hemden gebügelt, ich habe seine Koffer gepackt, ganz klar. Heute, im Alter, habe ich eine Haushaltshilfe, aber weiterhin koche ich jeden Tag. Nichts gegen Kochen, aber ich mache das jetzt seit 50 Jahren, da bringt es einem keinen Spaß mehr – und dann noch das ständige Einkaufen! Wenn mein Mann zum Einkaufen mitkommt, gibt es manchmal eine mittlere Katastrophe. Er nimmt Aufschnitt »hiervon ein Viertelpfund und davon ein Viertelpfund« – dabei isst er nachher nur eine Scheibe davon. Ich sage immer: »Bist du wahnsinnig? Das muss ich doch nachher alles wegwerfen!« Allmählich habe ich ihn so weit, dass er einsieht: Man muss nicht Kilos kaufen, man kann auch scheibenweise kaufen. Aber wenn er allein zum Markt geht und Obst holt, ist es oft so viel, dass ich damit ein ganzes Regiment versorgen könnte.

Was den Haushalt angeht, ist er wirklich ziemlich unpraktisch. Würde er Kaffee kochen, müsste ich hinterher gleich die Küche wischen. Das hat keinen Zweck, da koche ich den Kaffe lieber selbst. Er behauptet zwar immer: »Wenn du mal krank wirst, mache ich das alles«, aber ich glaube, nach einem Tag würde er schon fragen: »Bist du noch nicht wieder gesund?« Nun, das ist zumindest meine Vermutung – ich will nicht hoffen, dass ich jemals in diese Verlegenheit komme. Und ich finde, seine Unkenntnis kann man ihm nicht vorwerfen. Wann hätte er das alles denn lernen sollen? Er war doch immer eingespannt, immer unterwegs und hatte keine Gelegenheit, es auszuprobieren. Wer Hausarbeit sinnvoll machen will, braucht gewisse Kenntnisse und ein gewisses Training. Beides fehlt ihm. Was ich mit Links in ein paar Minuten erledige, würde bei ihm vielleicht Stunden dauern. Und dann weiß er nicht, wo was liegt. Ach, du lieber Himmel, wäre das alles kompliziert!

Auch im Garten: Ich brauche die Bewegung, also mache ich die Gartenarbeit. Zweimal im Jahr kommt ein Gärtner, den Rest erledige ich. Wenn mein Mann da mal loslegen würde – ich glaube, ich würde in den Keller fliehen, um das nicht mit ansehen zu müssen. In solchen Dingen ist er derart ungeübt! Schon, wie er die Mähmaschine anfasst! Als er es einmal gemacht hat, war gleich das Kabel durchgemäht. Wenn ich ihm hinterherlaufen muss, wenn ich das Kabel tragen muss und anschließend den Schnitt wegbringen, die Maschine wieder sauber machen muss – an das alles denkt er ja nicht: Na, da mache ich es doch bessser gleich allein.

Es gibt manches, womit man sich arrangieren muss, das gilt auch für ihn: Früher hat er nicht geraucht, dann hat er zeitweilig geraucht, dann hat er es wieder gelassen, und seit ein paar Jahren qualmt er Zigarillos. Jetzt ist er ja ab und an auch mal tagsüber zu Hause, soll er mir da alles vollqualmen? Nein, das ist hier doch keine Räucherstube! Also muss er zum Rauchen in den Garten. Da kommt er an die frische Luft, geht ein bisschen auf und ab, das tut ihm gut. Er hat keine Probleme damit. Was so was angeht, ist er vernünftig: In Mostar hatte er eine Mitarbeiterin, die ein Baby erwartetete. Da ordnete er an, dass im Büro keiner rauchen durfte. Wer rauchen wollte, musste auf den Flur, auch er selbst. Und als ich sagte: »Mir bekommt der Rauch nicht«, hat er es auch gleich eingesehen. Nur im Auto räuchert er noch, da spiele ich ihm immer Hustenanfälle vor, und er kriegt erst mal einen Schreck. Dann wird wieder einmal geschworen, dass das Auto rauchfreie Zone ist. Aber der Schwur hält nur fünf Kilometer. Solche menschlichen Schwächen muss man einkalkulieren. Ist nicht weiter schlimm.

Eigentlich ist er ein aufmerksamer und liebevoller Mensch. Er bringt mir manchmal Blumen mit, er lädt mich zum Essen ein, und wenn wir verreisen, geht er mit mir Kleidung einkaufen. Seit ungefähr 40 Jahren fahren wir einmal jährlich für drei Wochen ins Weserbergland. Dort gibt es eine kleine Boutique, in der ich auch ganz gerne einkaufe. Er begleitet mich, und dann macht es ihm solchen Spaß, dass er in Versuchung kommt, gleich den halben Laden leer zu kaufen. Ich muss ihn immer bremsen und ihm erklären: »Ich kann das gar nicht auftragen. Das ist eher wieder unmodern, bevor ich es alles überhaupt einmal getragen habe.« Also, so was macht er, das finde ich ganz niedlich. Und zu Neujahr kriege ich immer Löwenmaul von ihm, mittlerweile ist es eine Art Ritus geworden. Dabei habe ich gar kein Löwenmaul, ich bin ganz friedlich mit ihm. Aber diese Art von Aufmerksamkeiten ölen das Ganze ein bisschen. Auch bei anderen Menschen vergisst mein Mann solche Dinge nicht. Wir waren lange mit einem Künstler und dessen Frau befreundet, vor ungefähr 20 Jahren starb der Mann. Da erzählte die Frau uns, dass er ihr zu Weihnachten immer eine Orchidee, einen Frauenschuh, gekauft hatte. Seitdem denkt Hans jedes Jahr daran, dass sie ihren Frauenschuh bekommt. Und wenn sie Weihnachten verreist, bekommt sie ihn zu Silvester. Er bestellt die Blume, ich brauche mich gar nicht darum zu kümmern.

In diesem Jahr feiern wir Goldene Hochzeit – dabei haben wir 1954 nur standesamtlich geheiratet, die kirchliche Trauung war ein Jahr später. Aber, nun gut, bei 50 Jahren kommt es nicht auf ein Jahr mehr oder weniger an. Und da wir jetzt in einem Alter sind, wo man nicht genau weiß, was nächstes Jahr ist, wollen wir in diesem Jahr feiern. Goldene Hochzeit – das ist natürlich ein Punkt, an dem man denkt: »50 Jahre schon! Sie sind ja wie im Flug vergangen!« Man fragt sich, wo die ganze Zeit abgeblieben ist – auch wenn man ein ziemlich abwechslungsreiches Leben hatte wie wir. Mal ganz davon abgesehen, dass es heute ja nicht mehr so viele Paare schaffen, überhaupt zehn oder 20 Jahre zusammenzubleiben. Aber ich bin nicht besonders stolz darauf, dass es bei uns so lange gehalten hat. Wir haben ja nicht aus einem momentanen Überschwang der Gefühle geheiratet, sondern wir meinten es ernst. Als wir heirateten, hatten wir die Überzeugung: Es sollte möglichst eine Bindung auf Lebenszeit sein. Bei dieser Überzeugung ist es geblieben, und aufgrund dessen kam man niemals auf den Gedanken: »Na ja, ich kann auch mal etwas anderes probieren.« Man hatte zum Zeitpunkt der Eheschließung auch schon das Bewusstsein: Es können schwierige Zeiten kommen, es kann Erkrankungen oder andere Probleme geben. Aber es gab von vornherein den ganz starken Willen, die möglichen Schwierigkeiten gemeinsam zu meistern. Ich denke, dieser Wille festigt das Fundament.

Man muss auch bedenken: Mein Mann ist 1929 geboren, ich bin Jahrgang 1926. Wir beide haben als Heranwachsende den Krieg erlebt. Der Vater meines Mannes war während der Nazizeit aus politischen Gründen inhaftiert und ist 1944 gefallen. Hans wurde selbst noch eingezogen – heute würde man von »Kindersoldaten« sprechen. Er geriet in Gefangenschaft, er war in einer Art Kindercamp bei den Engländern. Ich habe Tieffliegerbeschüsse erlebt, und es gab Mitschüler von mir, die nicht wiederkamen. Ich musste auch Rüstungsarbeiten machen, saß mit jungen russischen Mädchen an einem Tisch und montierte irgendwelche Sachen, die auch gegen die Russen eingesetzt werden konnten. Dann kam die schwierige Nachkriegszeit mit viel menschlichem Elend. Warum ich das alles erzähle: Man hatte damals schon in jungen Jahren die schwierigen Seiten des Lebens kennen gelernt und war dadurch mit einer relativ großen Ernsthaftigkeit ausgestattet. Man bemühte sich, vernünftig zu sein. Es war nicht drin, bei der Heirat zu sagen: »Versuchen wir es doch mal, wir können ja in drei Jahren wieder auseinander gehen und einen neuen Lebensabschnitt beginnen.«

Ich habe nach dem Krieg, 1947, das Abitur nachgeholt. Dann war es mein Wunsch, Sozial- und Staatswissenschaften zu studieren, aber ein Studium war für mich nicht machbar: Die meisten Universitäten waren noch kaputt, und als Erste bekamen die jungen Leute einen Studienplatz, die schon während des Krieges zu studieren angefangen hatten. So beschloss ich, erst einmal praktisch zu arbeiten. Die Gewerkschaften bauten sich damals wieder auf, ich ging zur Gewerkschaft Öffentliche Dienste nach Hannover und wurde hauptamtlich in der Jugendarbeit tätig. Später habe ich auch Frauenarbeit und anderes gemacht.

Mein Mann machte eine Ausbildung im Verwaltungsdienst, nachdem er aus der Gefangenschaft gekommen war, er schlug die Inspektorenlaufbahn ein. Dann ließ er sich vom öffentlichen Dienst beurlauben, um in seiner Heimatstadt Bremen Gewerkschaftsarbeit für Beamte zu machen. Gleichzeitig engagierte auch er sich in der Jugendarbeit. In diesem Zusammenhang trafen wir uns: Die Zentrale der ÖTV war damals in Stuttgart, wir beide kamen zu einer Sitzung dorthin. Es war ungeheuerlich: Ich saß gerade im Sekretariat, da ging die Tür auf, Hans kam rein, guckte und sagte: »Oh, so eine Dicke haben die in Hannover!« Na ja, ich war schon immer ein bisschen kompakt. Aber diese erste Begegnung hätte mich doch eigentlich warnen sollen!

Mit der Zeit lernten wir uns besser kennen. Er arbeitete ja in Bremen, ich in Hannover, und es gab einiges abzustimmen. Manches Mal hatten wir unterschiedliche Meinungen, es kam zu Reibereien. Deshalb waren meine Kollegen höchst überrascht, als irgendwann herauskam, dass wir zwei ein bisschen liiert waren. Sie hielten es nicht für möglich. Dennoch zogen sich in unserem Fall nicht nur die Gegensätze an, wir hatten auch eine Menge gemeinsamer Interessen. Grundsätzlich waren wir beide an Politik und an Geschichte interessiert, auch bei der Gewerkschaftsarbeit näherten wir uns sehr an. Gemeinsame Interessen: Das halte ich für eine wichtige Voraussetzung bei Partnerschaften. Es kann sicherlich ganz spannend sein, wenn Partner auch mal unterschiedliche oder gegensätzliche Interessen haben – aber das ergibt sich mit der Zeit sowieso. Dass zwei Ehepartner einander in allen Bereichen gleich sind, ist höchst unwahrscheinlich. Aber wir hatten eine ähnliche Basis – und dadurch eine gewisse Stabilität in der Ehe.

Was allerdings kompliziert war: Mein Mann ist Protestant, ich bin katholisch. Von vornherein waren wir uns darüber im Klaren, dass wir keine gegenseitigen Bekehrungsversuche unternehmen würden – jeder sollte in seiner religiösen Bindung bleiben. In den vergangenen Jahren sind die beiden Kirchen ja enorm aufeinander zugegangen. Dennoch gab und gibt es Verschiedenartigkeiten, die bei uns immer wieder ein Thema waren. Auch für diesen Aspekt unserer Ehe gilt: Wir haben versucht, uns nicht dem Überschwang der Gefühle hinzugeben, sondern wir wollten die Dinge immer so klären, dass sich Probleme gar nicht erst ergeben. Das haben wir bis heute durchgehalten.

Wir beide wollten uns aus Überzeugung kirchlich trauen lassen, doch da es die ökumenische Form noch nicht gab, standen wir vor einem Problem. So heirateten wir erst mal nur standesamtlich – ich brauchte unter anderem einen Trauschein für den Zuzug nach Bremen, sonst hätten wir keine Wohnung bekommen. Dann gab es eine Menge Gespräche und Vorklärungen, um das religiöse Problem gemeinschaftlich zu meistern. Wenn eine Katholikin mit einem Nichtkatholiken die Ehe schloss, musste sie sich verpflichten, die Kinder katholisch zu erziehen. Dazu erklärte mein Mann sich bereit, er sagte zu mir: »Die Erziehung wird ohnehin in erster Linie bei dir liegen. Deshalb bin ich damit einverstanden, dass die Kinder katholisch erzogen werden.« Damit war die Frage gelöst, die kirchliche Trauung konnte stattfinden – in einer katholischen Kirche.

Zu jener Zeit waren wir beide beruflich sehr viel unterwegs, ich war eine Zeit lang auch noch im Vorstand des Deutschen Bundesjugendringes. Der erste schwierige Punkt kam dann für mich, als 1957 unser Sohn geboren wurde. Es war noch nicht so selbstverständlich, dass man sein kleines Kind irgendwo unterbrachte. Und aus praktischen Gründen war keine familiäre Unterstützung möglich: Meine Eltern wohnten im Westfälischen, meine Schwiegermutter hatte zwei jüngere Geschwister meines Mannes zu versorgen. Also sah ich ein: Ich musste erst mal aufhören zu arbeiten, es blieb mir nichts anderes übrig. Aber es fiel mir schwer, denn im Laufe der Zeit war man ja in diese Aufgaben hineingewachsen, und es kamen immer mehr interessante Aufgaben hinzu. Vor allem im Bereich der Frauenerwerbsarbeit: Es gab die Frage des gleichen Lohnes bei gleicher Arbeit, es wurde ein neues Mutterschutzgesetz entwickelt und vieles mehr. Wenn ich heute sehe, was aus unserem Sohn geworden ist, dann denke ich: Für das Kind hat es sich gelohnt, dass ich zu arbeiten aufhörte. Wahrscheinlich würde ich es für ein Kind heute wieder tun, zumindest in den ersten Jahren.

Für einen Mann würde ich heute wahrscheinlich nicht meinen Beruf aufgeben. Meine Idee war ja auch damals gewesen: »Wenn der Junge etwas größer ist, kann ich noch studieren oder wieder eine Funktion in der Gewerkschaft ergreifen, mich vielleicht auch politisch engagieren.« Aber dieser Plan wurde durch die Entwicklung meines Mannes blockiert. Praktisch habe ich meine Chancen zugunsten der Familie aufgegeben. Als mein Mann im Senat war, gab es für mich eine Menge protokollarischer Verpflichtungen. Es wurde damals von den Ehefrauen der Politiker wesentlich mehr erwartet als heute. Mittlerweile ist es selbstverständlicher, dass Politikerfrauen auch mal wegbleiben. Deshalb denke ich: Heute würde ich es anders machen.

Mich selbst parteipolitisch zu engagieren, war nicht nur wegen meiner protokollarischen Pflichten schwierig. Es bestand auch die Gefahr: Hätte ich meinem Mann zugestimmt, hätten die Leute gesagt: »Sie redet ihm nach dem Mund.« Hätte ich ihm widersprochen, hätte es geheißen: »Was ist denn da los? Die zanken sich ja!« Mir hätte es auch nicht gefallen, in Verdacht zu geraten, ich wolle »in seinem Fahrtwind« Karriere machen. Nun gut: Aufgrund all dieser Umstände habe ich mich auf dem politischen Gebiet zurückgehalten.

Ohnehin war für mich immer genug Arbeit vorhanden, nur war diese Arbeit eben ein bisschen fremdbestimmt. Übertreibend könnte man sagen: Es war ein Leben aus zweiter Hand. Ich hatte nicht die gleichen Möglichkeiten, wie mein Mann sie hatte. Das Mandat hatte er, ich konnte keine Nebenregierung machen, das ist ja klar. Die Frauen der Politiker kommen in der Verfassung nicht vor, aber es wurde erwartet, dass sie bei vielen Veranstaltungen erschienen. Vor allen Dingen, wenn ein ausländischer Gast auch seine Frau mitbrachte – und wir hatten viele Botschafter zu Gast.

Ich will all diese Erlebnisse nicht klein reden, es war oft interessant. Aber es kostete auch Zeit, man musste sich vorbereiten und versuchen, das Kind wenigstens stundenweise unterzubringen, was manchmal nicht ganz einfach war. Und viele Begegnungen waren sehr flüchtig. Bei einem Staatsbesuch ist man in ein Protokoll eingebunden, man hat sich auf eine ganz bestimmte Art zu bewegen und bleibt hinterher nicht in Kontakt mit jemandem wie der Königin von England. Auch wenn man sich nicht nur einmal sah, sondern über Jahre hinweg zum Beispiel immer wieder denselben Botschafter traf: Irgendwann ging er wieder weg, ein paar Jahre lang schrieb man noch Weihnachtskarten, dann war das vorbei. Es war nicht einfach, im beruflichen Zusammenhang Freundschaften aufzubauen und zu pflegen – und im privaten Umfeld blieb dafür kaum Zeit. Man musste private Dinge und persönliche Neigungen zurückstellen.

Aber ich hätte doch nicht um der eigenen Karriere willen oder um persönlicher Neigungen willen meinem Mann im Wege stehen können! Nein, das hätte ich nicht für korrekt gehalten! Weil die Konstellation sich nun einmal so ergeben hatte, fiel es mir zu, ihm den Rücken frei zu halten. Zum Glück neige ich nicht dazu, mich allzu wichtig zu nehmen. Außerdem hat mir die Natur einen Sack voll Humor mitgegeben. Ich muss nicht alles tierisch ernst nehmen. Ich rege mich selten böse auf – auch in der Ehe halte ich es für eine Dummheit, sich an Kleinigkeiten aufzuhängen. Kleine Streitigkeiten lösen wir mit Humor, alles andere wäre Zeitverschwendung. Natürlich ärgert man sich mal ein bisschen, es kann vorkommen, dass ich denke: »Mensch, eben erst hast du dem Alten das Mittagessen gekocht, und jetzt fängt er an zu meckern!« Vielleicht ärgere ich mich eine halbe Stunde lang, dann merke ich schon wieder: »Christine, es hat doch gar keinen Zweck!« Also scherze ich ein bisschen, und alles ist wieder in Ordnung.

Hin und wieder gab es wohl auch richtigen Streit, manchmal wurde es laut. Eine Küche, in der es nie raucht, halte ich nicht für normal. Wenn Leute sagen: »Wir sind jetzt schon so viele Jahre verheiratet, und es gab noch nie ein böses Wort« – da denke ich, die leben ziemlich nebeneinander her. Wer mir egal ist, kann reden, was er will, das interessiert mich nicht. Aber wenn er mir wichtig ist und ich habe das Gefühl, es gibt eine Ungerechtigkeit, dann ist es mir eine Auseinandersetzung wert. Man kann doch nicht alles runterschlucken! Man darf doch nicht Magengeschwüre eines Mannes wegen kriegen! Nur: Mir fällt beim besten Willen nicht ein, worüber wir gestritten haben. So wichtig waren diese Angelegenheiten wohl nicht. Ich glaube: Wegen wirklich großer, bedeutender Fragen hatten wir keinen Krach. In solchen Fällen haben wir uns immer bemüht, auf vernünftige Weise gemeinsam eine Lösung zu finden.

Diskussionen gab es bei uns oft über politische Themen. Gerade solche Männer brauchen Gelegenheiten, wo sie ungeschützt etwas sagen können und wo auch mal jemand erwidert: »Hör zu, ich glaube, du überlegst es dir noch einmal. Vielleicht ist es doch anders, als du denkst.« Ich wollte mich nie aufspielen, aber man sollte zumindest seine Bedenken vortragen, das ist gut für ihn, und als Frau fühlt man sich dann nicht ganz so überflüssig. Bis heute sehe ich auch Zeitungen für meinen Mann durch, er kann es ja nicht schaffen, sie alle selbst ganz zu lesen. Ich sortiere ihm die Zeitungen nach seinen Interessengebieten, und besonders wichtige Artikel schneide ich für ihn aus. Wenn ich weiß, dass er einen schwierigen Vortrag zu halten hat, suche ich ihm manchmal Material zusammen. Oft hat er den Vortrag erst auf die letzte Minute fertig, aber wenn noch etwas Zeit bleibt, lese ich mir den Vortrag durch. Dann gibt es gelegentlich miese Stimmung, weil ich schon beim ersten Satz anfange, Korrekturen zu machen. Ich sage: »Nein, so kannst du das nicht formulieren« – und er wird gleich nervös, er meint: »Nun lies es doch erst mal ganz durch, du kannst es doch nicht jetzt schon bewerten!« Dann muss ich geduldig sein, es zu Ende lesen, und danach reden wir in Ruhe darüber. Also: Manchmal ist es nicht unkompliziert, aber wenn ich ihm ein bisschen helfen kann, mache ich das auch.

Sicher hat es mir geholfen, dass ich eine relativ solide Verpackung habe, dass ich mit einer gewissen Großzügigkeit den Dingen begegne und dass ich zusätzlich politisch interessiert bin. So konnte ich es genießen, dass ich durch meinen Mann immer hervorragend informiert war über politische Belange. Ich kannte die Zusammenhänge und erkannte auch die Notwendigkeit, wenn er sagte: »Ich kann nicht zu Hause bleiben, ich muss diese Arbeit machen, ich muss zu jener Veranstaltung.« Er hatte ja immer recht gute Wahlergebnisse – was mich zwar freute, aber oft hatte ich auch das Gefühl: »Um Gottes Willen, was erwarten sie jetzt alle? Er kann doch keine Wunder wirken!« Manches konnte einfach nicht gehen, weil das Geld nicht da war oder weil andere Voraussetzungen fehlten. Gelegentlich war es ein bisschen erdrückend. Mich haben ja auch Leute angesprochen: »Ich habe meinen Job verloren, können Sie mir nicht helfen?« Oder: »Ich habe keine Wohnung.« Prinzipiell habe ich mich bemüht zu helfen – und sei es nur, indem ich die Menschen an die richtigen Stellen vermittelte. Andererseits kam es auch vor, dass zum Beispiel jemand anrief und sagte: »Ich habe meine Miete nicht bezahlt, jetzt steht ein Wagen vor der Tür, meine Wohnung soll geräumt werden! Was soll ich bloß tun? Bitte, helfen Sie mir! Die Familie des Bürgermeisters muss doch etwas tun können!« In solchen Fällen konnte ich aber nichts ausrichten, ich konnte nur sagen: »Es tut mir so Leid, ich würde Ihnen gerne helfen, aber es geht nicht, auch wir sind an die gesetzlichen Möglichkeiten gebunden.« So habe ich am eigenen Leib erfahren, wie mein Mann sich manchmal fühlte.

Als man ihn dann fragte, ob er nach Mostar gehen wolle, sagte ich zu ihm: »Ja, das solltest du tun. Du solltest dich nicht davor drücken, sonst würdest du dir wahrscheinlich bis an dein Lebensende Vorwürfe machen.« Genauso habe ich es gesagt – obwohl ich wusste, dass es nicht ungefährlich war, zu der Zeit wurde dort noch geschossen. Aber ich tröstete mich ein bisschen damit: Andere Berufe sind auch gefährlich, ein Seemann kann Schiffbruch erleiden, ein Arzt kann sich eine schwere Infektion holen. Mein Mann erfüllte alle Voraussetzungen für die Funktion des Wiederaufbau-Administrators: Nachdem er in Bremen auf eigenen Wunsch zurückgetreten war, hatten die Bremer ihn in den Bundestag gewählt. Mit Ende der Legislaturperiode 1994 endete auch dort sein Mandat, er hatte das 65. Lebensjahr erreicht – ein Grund für ihn, nicht wieder zu kandidieren. Er hatte ja auch selbst Krieg und Wiederaufbau erlebt, und er hatte als Präsident des Senats 18 Jahre lang Erfahrungen bei der Entwicklung des Stadtstaates gesammelt. In dieser Zeit hatte er auch als Präsident des deutschen Städtetages für mehrere Jahre nationale und internationale Aufgaben übernommen. Dies alles trug dazu bei, dass ihn die Bundesregierung um seinen Einsatz in Jugoslawien bat. Er kannte Jugoslawien und seine Geschichte, und obwohl er nicht mehr der Jüngste war, wollte er sich nicht hinter seinem Alter verstecken. Er traute es sich zu, in Mostar etwas Positives zu bewegen.

Als er schon unten war, gab es einmal ein Bild im Fernsehen:

eine alte Frau, die ziemlich ärmlich aussah. Sie hatte ein einziges Blümchen in der Hand und reichte es ihm. Dieses Bild bestärkte mich in meiner Überzeugung, dass er am richtigen Ort war.

Zwei Attentate wurden auf ihn verübt, zum Glück ist es beide Male gut gegangen. Als ich davon erfuhr, war ja schon klar, dass er überlebt hatte, also fragte ich zuerst: »Was ist passiert? Ist jemand verletzt?« Und es hieß: »Nein, Gott sei Dank ist niemandem etwas geschehen!« So herrschte erst einmal große Erleichterung. Dann stellte sich die Frage, ob er dableiben solle. Unser Außenminister hatte ihm die Möglichkeit eröffnet, die Sache abzubrechen, er sagte, er würde so eine Entscheidung mit großem Verständnis akzeptieren. Auch jeder Mitarbeiter hätte in Anstand und Würde gehen können. Aber niemand ist gegangen. Sie wollten sich nicht von den Terroristen vertreiben lassen und ihnen das Feld überlassen. Wenn ein junger Mensch nach Hause gegangen wäre, hätte ich das sehr gut verstanden. Aber mein Mann hatte sein Leben ja schon gelebt, er hatte interessante Chancen gehabt, er musste ja dankbar sein. Da hätte ich es nicht so gut gefunden, wenn er in dem Moment davongelaufen wäre, wo es darum ging, sich noch einmal zu bewähren.

Aus verschiedenen Gründen konnte ich nicht mit nach Mostar gehen. Vor allem, weil es sehr aufwändig gewesen wäre. Ich hätte nicht nur einen Dolmetscher gebraucht, sondern auch Personenschutz. Das wäre nicht sinnvoll gewesen. So blieben wir zwei Jahre getrennt, zweimal war ich Weihnachten allein. Aber mein Mann und ich telefonierten täglich, ich habe Handreichungen für ihn gemacht, habe ihm Zeitungsausschnitte gefaxt, Spenden gesammelt und auch mal Veranstaltungen für ihn besucht. Einmal im Monat kam er nach Deutschland, meist nach Bonn, da trafen wir uns dann. Es hat funktioniert, wir haben die Zeit ganz gut überbrückt.

Wenn ich heute auf diese ganzen Zeiten zurückblicke, dann denke ich schon: Es war oft interessant, ich hatte – trotz allem – viele Chancen. Zwar hatte ich nicht die Möglichkeit, mich direkt politisch zu betätigen, so nahm ich stattdessen Verbindungen auf zu zig Organisationen. Ich war im Vorstand der Freunde des Focke-

Museums, ich hatte Kontakt zum Hausfrauenbund und und und. Später war ich Mitbegründerin der Deutsch-Polnischen Gesellschaft von Bremen, lange war ich dort im Vorstand tätig, es entstand die Städtepartnerschaft Danzig-Bremen. Noch unter den Kommunisten, zur Zeit des Kriegsrechts reisten wir nach Danzig, wir hatten in einem Verein zusammen mit anderen Geld für eine Kirchenorgel gesammelt und weihten die Orgel in der Marienkirche mit ein. Diese Reise war ein ganz dramatisches, überwältigendes Erlebnis – übrigens war ausnahmsweise mal mein Mann als mein Begleiter dabei! Ja, und seit einiger Zeit bin ich im Kuratorium der Bremer Krebsgesellschaft, ich habe weiterhin allerlei Termine und Kontakte.

Auf manches musste ich verzichten, und manches musste ich im Leben allein machen, aber immerhin: Ich machte viele Erfahrungen, die ich höchstwahrscheinlich nicht gemacht hätte, wäre ich damals in dem kleinen Ort im Sauerland geblieben. So bin ich eigentlich sehr zufrieden. Man weiß es nicht, man kann es nicht wissen – aber manchmal denke ich: Es hat wohl alles so sein sollen, wie es gekommen ist.

DANKE! DANKE! DANKE!

Voller Zuneigung und Hochachtung bedanke ich mich bei allen, die mir – und unseren Lesern – die Geschichte ihrer Liebe erzählt haben. Dass dieses Buch ohne sie nicht entstehen konnte, war von vornherein klar. Dass mir jedoch so viele liebende Menschen mit so grenzenloser Offenheit, mit großem Vertrauen, mit Herzlichkeit und Wärme begegnen würden – damit hatte ich nicht gerechnet.
Leute, ihr habt mich beeindruckt, und zwar heftig!
Ihnen und euch allen wünsche ich von Herzen, dass Ihre, eure Liebe ewig hält.

Für tatkräftige und mentale Unterstützung danke ich meiner Mutter und meinem Vater, meinen Geschwistern und Neffen; Andrea, meiner Freundin; Claudia Wuttke, meiner Kollegin. Und vielen, vielen weiteren lieben Menschen.

An Bernd, meinen Mann – für alles, für immer: Danke.

Nele-Marie Brüdgam, im März 2004

Du bist nicht meine erste Liebe

Zwanzig Frauen und Männer erzählen vom Umgang mit ihren Ex-Partnern

Den perfekten Partner? Gibt's nicht, oder? Aber wir geben die Hoffnung nicht auf, ihn zu finden. Und bereichern unsere Vergangenheit mit jedem gescheiterten Beziehungs- oder Eheversuch um einen (weiteren) Ex-Partner. Nicht jeder von ihnen hat noch Einfluss auf unser aktuelles Leben – der eine oder die andere schon.

In diesem Buch erzählen 20 Frauen und Männer zwischen 20 und 45 über ihr Verhältnis zu ihren eigenen Verflossenen und denen ihrer Lebensgefährten. In den authentischen Geschichten geht es um Freundschaft und Feindschaft, um Sex mit dem Ex und gemeinsame Kinder, um Beziehungsideale und abschreckende Beispiele, um den Wunsch, mit der Vergangenheit abzuschließen oder sie in die Gegenwart zu integrieren. Melanie, 32, über ihren Ex: »Harald ist heute der liebste, zuverlässigste Freund, den man sich vorstellen kann. Ein guter Zuhörer, ein Ratgeber. Immer für mich da. Mein Bruder, mein Vater, mein Ehemann – einfach alles. Wahre Liebe vergeht eben nie.« Rudolf, 45, wünscht sich der gemeinsamen Tochter zuliebe ein besseres Verhältnis zu seiner Ex. Beate, 37, trifft ihren Ex täglich auf der Arbeit – er ist ihr Chef. Ralf, 30, hält sich seine Ex warm. Lilly, 29, fühlt sich von der Ex ihres Verlobten in die Ecke gedrängt. Eines jedenfalls können sie alle bestätigen: Einen Ex-Partner kann man nicht einfach ablegen wie eine getragene Unterhose.

Maja Roedenbeck
DU BIST NICHT MEINE ERSTE LIEBE
Zwanzig Frauen und Männer erzählen vom Umgang mit ihren Ex-Partnern
304 Seiten, Taschenbuch
ISBN 3-89602-484-1
9,90 EUR

Weitere Titel aus dem Programm »Liebe, Lust und Leidenschaft«

Sag nie, ich bin zu alt dafür

Erotik und Sex ab Fünfzig

Sex und Erotik jenseits der Fünfzig – eines der letzten Tabus der heutigen Zeit? Nur selten wird darüber offen geredet. Die meisten gehen unverändert davon aus, dass nach dem 50. Geburtstag Ruhe in den Betten einkehrt – auch mit Hinblick auf die eigenen Eltern. Dieses Buch beweist, dass es nicht so ist. Auch Liebe mit 75 kann sehr erotisch und befreiend sein. Zwar liebt man anders, wenn die Hitze und die Frische der Jugend vorbei sind, aber man tut es nicht weniger intensiv – und meist mit mehr Gespür für die Partnerin oder den Partner.

Zum ersten Mal sprechen Frauen und Männer der Generation 50 Plus offen über ihr Liebesleben. Nachdenklich, temperamentvoll, manchmal resigniert, aber auch voller Witz und mit Mut zum erotischen Detail. Sogar von Orgasmen am Rande der Ohnmacht ist die Rede – und in nahezu allen Fällen von der Sehnsucht, die zuletzt stirbt.

Die Presse:

»Die Autoren haben mit 28 Männern und Frauen der ›Generation 50 plus‹ gesprochen, die erstaunlich offen über ihr Liebesleben berichten – nachdenklich, temperamentvoll und mit viel Mut zu erotischen Details.«

BERLINER MORGENPOST

»Die einfühlsamen Protokolle aus Ost und West beweisen, dass Liebe mit 75 durchaus sehr befreiend und erotisch sein kann. Sie stecken voller Mut, Witz und großer Sehnsucht nach Liebe.«

F.F. DABEI

Inge Lona Koch & Rainer Koch
SAG NIE, ICH BIN ZU ALT DAFÜR
Achtundzwanzig Liebesläufe von Männern und Frauen
560 Seiten, Taschenbuch
ISBN 3-89602-454-X
14,90 EUR

www.schwarzkopf-schwarzkopf.de

IMPRESSUM
Nele-Marie Brüdgam
IN GUTEN WIE IN SCHLECHTEN ZEITEN
Langzeitpaare erzählen ihre Erfolgsgeschichten

ISBN 3-89602-485-X

BILDNACHWEIS
Titelfoto: Stock Image / Mauritius

KATALOG
Wir senden Ihnen gern unseren kostenlosen Katalog.
Schwarzkopf & Schwarzkopf Verlag GmbH / Abt. Service
Kastanienallee 32, 10435 Berlin
Telefon: 030 – 44 33 63 00
Fax: 030 – 44 33 63 044

INTERNET
Ausführliche Informationen zum
Verlagsprogramm finden Sie im Internet.
www.schwarzkopf-schwarzkopf.de

E-MAIL
info@schwarzkopf-schwarzkopf.de